흰 그늘의 길

2

김지하 회고록

흰 그늘의 길 2

ⓒ 김지하, 2003

지은이/김지하
펴낸이/우찬규
펴낸곳/도서출판 **학고재**

초판 1쇄 발행일/2003년 7월 10일
초판 2쇄 발행일/2003년 7월 20일

등록/1991년 3월 4일(제1-1179호)
주소/서울시 종로구 소격동 77
홈페이지/www.hakgojae.co.kr
전화/736-1713~4, 팩스/739-8592

주간/손철주
편집/김양이, 천현주, 문해순, 김은정
관리·영업/김정곤, 박영민, 이창후, 김미라

인쇄/독일P&P, 제본/영신제책

값 13,000원
ISBN 89-5625-018-9 04810
ISBN 89-5625-016-2(전3권)

김지하 회고록

흰 그늘의 길 2

학고재 2003

글머리에

오늘은 단기 4335년, 서기 2002년, 양력으로 6월 11일, 음력으로는 5월 1일 경술庚戌. 단오와 하지가 멀지 않은 날이고 월드컵 대회 중 한국 대 미국전이 일 대 일 동점으로 비긴 바로 그 이튿날이다.

이번 제2부부터 회고록이 끝나는 제3부까지 온라인에서는 인터넷 신문《프레시안》, 오프라인에서는《월간중앙》7월호부터 동시에 연재가 시작된다.

지난 1부를 열 때에도 간략한 머리글을 쓴 것처럼 2부를 여는 오늘도 또 하나의 머리글이 필요할 것 같다. 1부 연재를 마치며 가진《프레시안》과의 인터뷰를 통해 "내 회고록은 실패한 꿈에 대한 기록"이라는 말을 남겼다. 그것과 똑 마찬가지 마음으로 우리가 살아온 김대중 씨의 민주당 정부 오 년간을 '실패한 꿈의 연대'라고 표현하고 싶다.

김대중 씨와 민주당은 명백한 실패작이다. 그 숱한 '게이트' 문제만 가지고도 얘기는 다 끝난 셈이다. 그러나 좀더 확실하게 말한다면 김대중 씨와 민주당이 실패한 것이지, 4월혁명에서 시작된 우리의 이른바 저 길고 긴 민중민족운동이 실패한 것은 결코 아니다. 그것마저 실패작으로 보려는 태도가 있다면 한마디로 그것은 운동의 내용과 역사를 전혀 모르는 사람의 무식한 태도일 것이다. 바로 그러한 문제점에 관해서 나의 회상이 독자들에게 조금은 도움이 되기를 바란다.

옛 박정희 정권이 녹지 보전 하나 잘한 것 빼고는 아무것도 잘한 것이 없듯, 현 김대중 정권도 아는 바와 같이 모두 다 그렇고 그렇지만 단 하나 남북관계의 단추를 풀어내는 데에 온 힘을 쏟은 것만은 훗날에도 평가받을 만 하다고 다들 그렇게 말한다. 물론 전체적으로 보아 긍정적이지만, 세부로 들어갈수록 좀더 깊이 있게 말한다면 나와 나의 벗들 그리고 민중과 민족이 참으로 마음 깊은 곳에서부터 바라 마지않는 남북문제의 참된 해결과는 거리가 있다. 그것이 과연 무엇인지 제2부에서 그 단서를 찾아주었으면 한다. 단지 단서일 뿐이요, 그것도 모색 과정의 단서일 뿐이다. 그런 점에서 또한 제2부 역시 다름 아닌 실패한 꿈의 기록일 것이다.

어제, 나는 놀라운 것을 보았다. 퍼부어 내리는 빗줄기 속에서 붉은 셔츠를 입고 끝없이, 가없이 무섭고 기이한 열기에 들떠 춤추고 흔들어대면서 '대~한민국'을 연호하는 십대·이십대·삼십대의 전국적인 물결을 본 것이다.

그리고 또 본 것은, 그 물결에서 참으로 엄숙한 마음으로 내가 목격한 것은 오늘 이후 이 나라에 자연스럽게 조성될 것이 분명한 어떤 민족문화, 어떤 민족담론에 대해 이제 더는 함부로 폄하하거나 무책임하게 비아냥거릴 수 없게 되었다는 역사적 숙명이었다.

물론 지금은 '세계화'의 시대요, '반反세계화'까지 그 나름으로 세계화의 한길이 되는, 그러한 거부하지 못할, 명백한 '글로벌라이제이션'의 시대다. 그러나 동시에 현대를 지배하는 카오스와 복잡성의 원리는 또 무엇을 우리에게 요구하는가? '중심 없는 중심'을, '작은 것 속의 큰 것'을 요구하고 있지 않은가? 그것이, 우리의 경우에는 무엇인가? 세계에서의 동북아, 그 지역 속의 '허브'란 것은 중심인가, 탈중심인가, 주변인가, 아니면 중심 아닌 중심인가?

남북이 공유할 수 있는 민족과 동북아의 전통에 뿌리를 두되 당연히 세계적 보편성과 우주의식을 압축한 것, 민족적인 작은 것 속의 전 인류적인 큰 것이 아니던가. 비록 실패는 하였으나 나는 이것들을 추구해왔다. 그러기에 감히 '실패한 꿈의 기록'이라는 표현을 쓴 것이다.

나는 결코 자랑거리로 나의 회상을 시작하지 않았고 지속하고 있지도 않으며 끝을 맺지도 않을 것이다. 다만 실패한 꿈의 기록 속에서 다시는 되풀이하지 말아야 할 관성의 유혹과 다시금 다시금 마땅히 되풀이해야 할 창조적인 비약의 가능성을 동시에 발견해달라는 것이다.

벌레 먹고 새가 쪼아 구멍을 만들고 비바람 세월에 늙어 시커멓게 그늘진 매화, 옛 그늘의 흰 꽃, 그것은 간단한 꿈이 아니라 '흰 그늘'이다. '흰 그늘'은 갈데없이 나의 '라이트 모티브'인 것이다.

단기 4335년(2002년)
양력 6월 11일
일산에서
김지하 모심

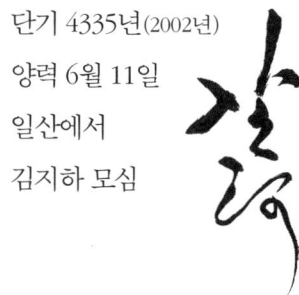

차례_ 흰 그늘의 길 2

글머리에 _ 3

152 그 겨울 _ 19
153 성병 _ 22
154 화형 _ 29
155 쇠루탄 문학 _ 31
156 민족적 민주주의 장례식 _ 35
157 6·3으로 가는 길 _ 38
158 계엄령 _ 43
159 첫 미소 _ 48
160 김기팔 _ 56
161 박재일 _ 59
162 사상 _ 65
163 청맥 _ 71
164 최한기 _ 75

165 청강 _ 79
166 전선 _ 84
167 여장부들 _ 89
168 선언문 _ 93
169 답십리 _ 96
170 남상 _ 102
171 굽이 _ 105
172 오윤 _ 110
173 봄 _ 114
174 첫여름 _ 118
175 철학의 과정들 _ 121
176 영화 _ 125
177 모색 _ 128

178 주선생 _ 133
179 김신조 _ 136
180 스테이션 러브 _ 138
181 진달래 필 때까지 _ 142
182 악어 형 _ 146
183 마케팅 _ 150
184 쓰레기 위에 시를! _ 152
185 현실동인선언 _ 156
186 등단 _ 160
187 나폴레옹 꼬냑 _ 163
188 오적 _ 166
189 오적 이후 _ 171
190 끝 _ 176
191 불꽃 _ 180
192 물 흐르는 곳 _ 184
193 새로운 시각 _ 187
194 한 영상 _ 190
195 미치코 _ 193
196 루시아 수녀 _ 195
197 원주 시위 _ 197
198 가톨릭 문화운동과 민족문화운동 _ 201
199 노동자 문제 _ 204
200 전학련 _ 207
201 윤배 형님 _ 211
202 비어 _ 217
203 홍수 _ 221
204 지학순 주교 _ 223
205 김수환 추기경 _ 225
206 공소 _ 228
207 가라 주로 _ 230
208 쓰루미 슌스케 선생 _ 232
209 남북회담 _ 234
210 결별 _ 237
211 그 사람 _ 241
212 정릉 _ 243
213 야설본사 _ 246
214 회귀 _ 254
215 사랑 _ 258
216 병실 _ 262
217 창녕 할배 _ 264
218 약혼 _ 266

219 결혼 _ 270
220 원주의 나날들 _ 273
221 현장 다큐 _ 278
222 현해탄 저쪽 _ 281
223 포위 _ 285
224 주석균 선생 _ 287
225 황성모 선생 _ 290
226 동생들 _ 292
227 천관우 선생 _ 295
228 아내의 모습 _ 299
229 파도 _ 301
230 조영래 _ 309
231 김대중 씨 _ 312
232 함석헌 선생 _ 321
233 이철 아우 _ 326
234 테르툴리아누스 _ 331
235 절두산 _ 336
236 민청학련 _ 338
237 박정희의 코 _ 340
238 모래내 _ 344
239 홍도 _ 346

240 부두에서 _ 350
241 제6국 _ 352
242 슬라이딩 태클 _ 357
243 인혁당 _ 360
244 군사재판 _ 364
245 통방 _ 367
246 징역 _ 371
247 석방 _ 374
248 사제단 _ 377
249 여론 _ 380
250 기독교회관 _ 382
251 원주에서 보낸 며칠 _ 383
252 동교동 _ 385
253 서울역 _ 388
254 하동 _ 389
255 민주회복국민회의 _ 391
256 제7국 _ 393
257 노란 책 _ 397
258 양심선언 _ 398
259 문세광의 방 _ 401
260 안팎 _ 404

261 소리들 _ 409

262 성경 _ 414

263 재판 소묘 _ 416

264 공부 1 _ 420

265 공부 2 _ 422

266 벽면증壁面症 _ 430

267 백 일 _ 433

268 독재자의 죽음 _ 436

* 회고록 발표 시기 : **1**~**43**은 1991년, **44**~**88**은 2001년,
        89~**229**는 2002년, 그 이후는 2003년

흰 그늘의 길 1

글머리에

1 앞글
2 내력
3 증조부
4 주아실
5 할아버지
6 할아버지의 여인들
7 할머니
8 외가
9 외할아버지
10 외할머니
11 아버지
12 어머니
13 나의 출생
14 사쿠라마치
15 고통
16 해방
17 연동

18 문태 숙부
19 정일담
20 수돗거리
21 검은 함석집
22 로선생
23 땅거미
24 표랑
25 흰 운동화
26 여선생님
27 불알친구들
28 빛
29 집
30 물
31 정치
32 종교
33 대지
34 그림
35 손
36 큰집

37	성性	61	뒷방
38	오줌싸개	62	신호
39	소감小龕	63	달밤
40	기러기 훨훨	64	입산
41	빛나던 날들	65	해병
42	길	66	체포
43	우리집	67	병정놀이
44	방송	68	하산
45	개 운동회	69	음독
46	불빛	70	나산
47	만세	71	입대
48	깃발	72	흉년
49	유회	73	광인
50	학교	74	전쟁
51	소년단	75	대구
52	인민군	76	연극
53	영채 형	77	장미집
54	뚜갱이	78	유달산
55	서만열	79	채석장
56	부줏머리	80	양비와 옥청
57	뱀과 개구리	81	쌀
58	휘파람	82	천승세
59	상리	83	대전
60	대공습	84	여자들

85 미술
86 문학
87 연극열
88 음악
89 밤
90 사투리
91 치악산
92 극장
93 귀신
94 벗들
95 포르노
96 무실리
97 도벽
98 미학
99 전봉흥
100 미군
101 서울
102 어쭈!
103 늑막염
104 삼청동
105 명동
106 백일장
107 문학의 밤
108 최초의 철학

109 생활
110 하숙집들
111 빨치산
112 박선생
113 자상한 어른들
114 최선생
115 검은 텐트
116 원주에서
117 연애편지
118 수음
119 삼총사
120 그레이엄 그린
121 졸업
122 시험날
123 데생
124 김윤수 현상
125 주변
126 조풍삼
127 전곡
128 암야의 집
129 4·19
130 혁명
131 농성
132 달빛 있는 생신

133 인촌 김성수
134 민통
135 방랑
136 판문점
137 귀향
138 땅끝
139 가난
140 거지
141 술꾼들
142 스승
143 시화
144 윤노빈
145 조동일
146 김현
147 봉제 삼촌
148 순애 고모
149 황톳길
150 광주공민학교
151 미국

흰 그늘의 길 3

글머리에

269 병사에서 1
270 병사에서 2
271 병사에서 3
272 병사에서 4
273 오월
274 출옥
275 감시
276 동학과 생명론
277 새벽
278 생명사상 세미나
279 번뇌
280 무릉계
281 난초
282 벗들, 아우들
283 담론들
284 대령들

285 허문도
286 원주 사변
287 외로움
288 애린
289 탑골
290 찬우물
291 바가본도
292 두 사람
293 민중문학의 형식문제
294 사상기행
295 외국의 벗들
296 나카가미 겐지
297 촛불
298 탈脫원주
299 문경새재
300 최동전
301 아내의 집
302 손님들

303 백방포
304 음유시인
305 무화과
306 향목
307 검은 산 하얀 방
308 현실 1
309 현실 2
310 제주
311 재발
312 기독병원
313 해창에서
314 되돌아간 그곳
315 광주
316 쉰
317 카를 융
318 척분
319 정신병동에서
320 줄탁
321 그물코
322 탑
323 일산
324 서거
325 변산의 밤
326 슬픈 사랑

327 안데스
328 치우
329 율려
330 흰 그늘
331 삼남민족 네트워크
332 일본
333 산에서
334 부용
335 등탑암
336 민족미학
337 동대문병원
338 아내에게
339 역易
340 순례
341 회갑
342 묵란전
343 지용
344 붉은 악마
345 만해
346 중심 없는 중심들

다시 회상을 마치며
김지하 연보

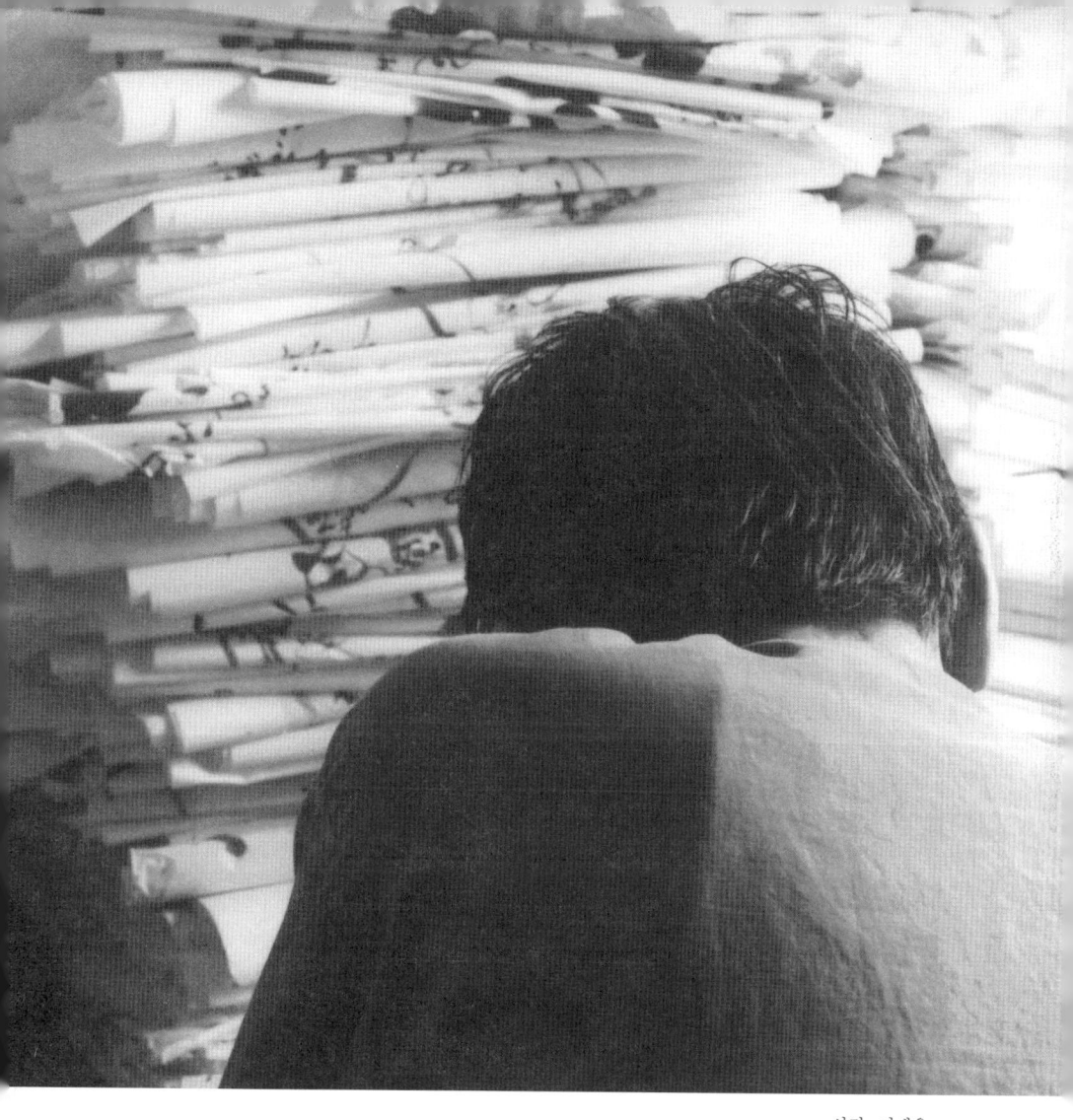

사진_ 이재용

152_그 겨울

1963년 겨울.

그 겨울 나는 원주에서 꼼짝하지 않았다. 그 겨울, 나는 원주의 한 다방에서 시화전을 열었다. 현실과 몽상, 과거의 어두운 기억과 미래에의 판타지, 모더니즘적이거나 쉬르적인 것과 민족적이고 민요적인 것이, 국가의 현실에 대한 날카로운 비판과 의식의 황홀에 대한 깊은 집착이 두서없이 참으로 무질서하게 마구 엇섞이고, 흑백적인 요소와 무지개적인 요소가 이리저리 엇갈리는 이른바 '혼허混虛'의 시화였다.

매일 밤 마시는 술잔 가까이 세 사람이 늘 있었다. 시인 마종하馬鍾河와 주먹 손창성과 요염한 천주학쟁이 로사였다.

그 겨울을 나는 조폭적인 삶의 폭력성과 스테인드 글라스의 그 형언키 어려운 아름다움의 모자이크 사이에서 일어난 일시적인 콤비네이션으로 기억한다. 천주학, 즉 가톨릭에 대한 깊은 관심이 그 무렵 나의 정신적 중심을 어둠컴컴한 성당 안의 저 촛불 혼자 외로이 타오르는 제단으로 이끌고 있었기 때문이다. 가리누스, 신학생 김육웅이 내 삶 안에 들어온 것이 그때다.

우리는 밤을 새워서 우주의 기원과 인간의 구원에 대해, 사회의 변혁과 영혼의 정화에 대해 토론하고 토론했다. 밤을 꼬박 새우고 잎담배를 신문지에 말아 피우며 맞이하던 조그마한 만종의 그 시골집 창문 밖에 찾아온 푸르스름한 여명이 어쩌면 밤을 새운 토론과 고민에 대한 대답이었는지도 몰랐다. 걸어서 걸어서, 공복의 새벽길을, 그 멀고 먼 흙길을 걸어서 걸어서 변두리 만종에서 원주 시내로 돌아오면서 가리누스는 이렇게 예측했다.

"김형은 언제인가는 모르지만, 그 언젠가는 가톨릭으로 입신할 거요. 유물주의자는 그 유년기의 특징이 김형과는 판이하게 다릅니다. 불교여도 좋아요. 유물주의자는 김형 나이에 우주의 기원이나 영혼의 정화 같은 데에 관심이 없어요. 현실의 모순을 찾아내고 그것을 극복하든가, 아니면 타협하려 들지요. 그나저나 김형은 괴로움이 많을 거예요. 일찌감치 신神에게 귀의하는 길을 한번 적극적으로 생각해보세요."

"야, 이 씨팔놈아! 난 널 친구로서 좋아한단 말이야, 이 씨팔놈아!"

주먹 손창섭의 술주정이다. 그것이 그의 우정의 표현이었다. 조폭다운 우정, 그리고 로사를 통해서 관능과 금욕이 얽히는 죄스러운 기도, 그레이엄 그린의 저《권력과 영광》의 모순적 세계에 매혹되면서 맑은 고요와 혼탁한 폭력의 동거에 관심을 갖게 되었다.

그 무렵 읽은 것이 정지용鄭芝溶이다. 그에게서 나는, 물론 차원은 다르지만, 나와 비슷한 심한 혼란을 보았다. 모더니즘과 문화적 민족주의와 깊은 가톨릭 신앙이 통합되지 않은 채 이리저리 엇섞이면서 회전하는 한 상상력의 나선을 보는 듯했다. 그러나 지용은〈백록담〉에서 그 모든 혼란을 통합하지 않고 그대로 둔 채로 한 차원을 높여버리는 시적 기적을 창조하였다. 내가 좋아하던〈인동차〉는 이미 친북자로서의 부역 운운하는 한계를 일찌감치 넘어서는 '경건한 매혹'을 이루고 있었다.

원주의 그 겨울은 지난해의 민족민중적 혁명문학에 대한 나의 관심과 충돌을 일으켰다. 솔직히 말해서 나는 무슨 일관된 '주의자'가 될 수 없었다. 이념은 사회변혁을 위해 방법적으로 필요하다고 보았다. 그러나 그에 바로 이어서 영적인 평화와 새로운 내면의 발견, 정신적 수양의 중요성이 머리를 들곤 했다. 불교에 대한 관심과 가톨리시즘에 대한 흥미도 또 하나의 갈등이었다.

원주에서의 그 겨울은 따뜻했다. 극심한 혼란 속에서도 가슴이 따뜻했던 것은 손창섭의 조폭적인 매혹이나 로사의 '벌거벗은 수녀' 같은 금지된 관능이 아니라 마종하의 고정 시어였던 '베로니카' 때문이었던 것 같다.

'베로니카'에 대한 구체적인 실감이나 영상이 없으면서도 시행詩行이 이른바 '에어포켓'에 빠지려 하면 그 틈을 '베로니카'가 땜질하는 마종하의 시작詩作이나 그것을 중심으로 한 그의 이매지네이션은 내게 이상한 친밀감, 마치 친아우의 익숙한 장난 같은 느낌, 한겨울의 페치카 같은 따뜻함을 주었다.

생각하면 그 겨울은 내게 긴 장정 직전의 휴가 같은 것이었다. 그리고 그것을 분명히 예감하면서 다시 한 번 내가 살벌한 정치적 폭력이나 투쟁보다 한 줌의 곡식이나 한 줌의 보드라운 흙이나 한 줌의 꽃씨를 더 사랑하고 있다는 것을 조금은 알게 하였다.

153_ 성병

요절한 영화감독 하길종을 기억할 것이다. 서울대 불문과를 나와 도미하여 UCLA에서 〈대부〉의 감독 프랜시스 코폴라와 함께 영화를 공부하고 돌아온 하길종을 기억하는 사람도 아직은 많을 것이다. 그의 〈화분花粉〉〈한네의 승천〉〈병태와 영자〉 등은 현대 한국영화의 큰 두 갈래, 즉 신세대의 청바지 모더니즘과 민족적 정서의 아픈 기억 사이에서 고민한 당시 한국 영화의 기념비이기 때문이다.

그 하길종과 관련된 이야기다. 그는 나와 고등학교 때 한반 친구다. 그래서 가깝고 더욱이 앉으면 뿌리를 뽑고야 마는 술친구다. 그가 졸업하기 전이니까 아직 미국행이나 영화계 한참 전의 이야기다.

그 해 봄, 1964년 봄, 김중태·김도현·현승일玄勝一 등이 '3·24 제국주의자 화형식'을 전개하던 그 봄날 전후 무렵 어느 날, 중동고등학교 동창들의 야유회가 있던 날이다.

세검정 밖으로 놀러갔다가 술이 잔뜩 취해 뿔뿔이 흩어져 돌아오는 버스에 그와 내가 함께 탔다. 술김에 둘이서 합의한 것이 낙원동에 가서 술을 더 먹자는 것이었다. 그러나 나는 돈이 땡전 한 닢 없었다. 그러자 길종이 제 바지 주머니에서 미군 군표(달러 대체표)를 반쯤 꺼내 살짝 보이며 자랑했다. 홀딱해버린 나는 헤헤거리며 길종을 따라 소위 '나이아가라'라고 불리던 낙원동 바가지 유흥가를 함께 어깨동무하고 신바람나게 들이닥쳤다. 종로 2가, 3가의 하꼬방들이었는데 이층까지 있었다. 우리는 삐꺽대는 사다리를 타고 천장이 낮은 이층방으로 올라가 술을 마시기 시작했다.

열두 시가 넘었다. 통금이 있을 때다. 그런데 길종이 미군 군표를 꺼내 흔들어대며 접대부 여자들에게 술과 안주를 직접 가져오라고 밑으로 내려보낸 뒤 사방을 두리번거리고 천장을 살피더니 천장에서 밖으로 뚫린 조그마한 출구를 하나 발견하고는 나더러 튀자고 했다.

"왜?"

"나 돈 없어."

"아까 군표는?"

"그거 시효가 넘은 거야. 튀자!"

얼떨결에 일어나 길종이 먼저 사다리를 타고 올라가 지붕으로 무사히 나갔는데 그 뒤를 따라 사다리로 오르던 내 다리를 밑에서 두 여자가 붙들고 저희 몸을 뒤로 젖혀버렸다. 나는 여자들과 한덩어리가 되어 쿵쾅 하며 방바닥으로 굴러 떨어졌다. 떨어지자마자 여자들과 아래층에서 올라온 '요짐보(用心棒, 술집을 지키는 주먹)'에게 여기저기 한참 동안 된통 얻어터져서 코피가 나고 입술이 찢어진 채로 뻗어버렸다.

출구 밖으로 해서 지붕에 올라간 길종이 "영일아! 영일아!" 부르며 땅으로 훌쩍 내리뛰는 소리가 들렸다. 그러고는 바람처럼 달아나버렸다.

돈이 될 만한 가죽 점퍼는 요짐보가 이미 잽싸게 벗겨가고 홑셔츠 바람에 피투성이로 나 혼자 남았다. 두 여자가 좌우에서 나를 지켰다. 밤새 그랬다. 새벽녘에 술에서 완전히 깨어난 내 피투성이 얼굴을 보며 둘 중 전라도 가시내가 말했다.

"우리도 할 수 없었당께! 우리 원망 마쑈, 잉! 할 수 없제, 잉!"

몹시도 미안해하는 얼굴이었다. 다른 한 여자는 아예 눈을 내리감고 졸고 있었다. 전라도 가시내가 또 말했다.

"으디요? 고향이 으디여라우?"

"나도 전라도요. 목포요 목포!"

"오메, 목포라우? 나는 영암인디!"

"엇! 그럼 가깝네."

"정말 가깝구만이라우, 잉!"

정말로 반가워하는 얼굴이다. 얼굴에 다정스러운 애교가 돌아왔다.

이얘기 저얘기, 해 뜰 때만 기다리며 주고받는데, 그 여자가 내내 내 얼굴을 보며 찢어진 피투성이 상판이 못내 마음에 걸리는 눈치였다.

"내가 으뜨케 해줬으면 좋겄소?"

"……."

잠에 곯아떨어져 아예 새우처럼 구부리고 있는 자기 동료를 흘긋흘긋 보면서 나를 짙은 눈빛으로 바라보며 한다는 소리가

"나…… 해도 좋은디…… 나 그것밖에 없응께…… 그란디 쬐끔 안 좋아서……."

"뭣이?"

"아니어라우. 그란디 어쩐당가? 자꾸만 마음이 가는디…… 그녘한테…… 먼 일일까, 잉? 고향 친구도 같고 동네 오빠도 같고…… 내가 쬐끔

안 좋은디…… 으짜면 좋으까?"

느낌이 왔다. 좋아한다는 얘기다. 낯선 타향에서 그래도 고향 사람 만났다고…… 쯧쯧, 팔자도…….

결국 날이 훤히 샐 무렵 둘이 그냥 얽혀버렸다. 여자가 위로 먼저 올라가 포개져서 씨근덕거리다 동료에게 들켜버렸다. 사나운 눈매로 우리 둘을 쏘아보는 여자더러 내가 "내가 어떡하면 좋을까?" 하자 경기도 말씨의 그 여자 가로되,

"도망친 사람이 딸라 갖고 있었죠?"
"그래."
"그 사람 찾아갑시다. 가만 보니 댁은 땡전 무일푼인 모양이니까! 우리 둘이 책임져야 돼요. 그러니까 그 사람 만나러 같이 갑시다. 일어나요!"

아침 첫 햇살을 받으며 눈을 찡그린 채 동숭동 문리대까지 셋이서 천천히 걷기 시작했다. 가는 길에 영암 여자가 그래도 정을 줬답시고 내 곁에 찰싹 붙어서 재잘거렸고 그 동료는 잔뜩 찌푸리고 걸었다.

대학 정문 앞에 이르자 둘이 다 깜짝 놀란다.
"오메! 진작 얘기하제!"
대학생이어서 뜻밖이란 뜻이다.
경기도 여자가 정말 뜻밖의 제안을 했다.
"믿을 만한 사람 같으니까 우리는 여기서 기다릴게요. 빨리 찾아서 돈 받아가지고 오쇼!"
"그라쑈, 그래! 아이고, 니 잘 생각했다 야, 빨리 가보쑈, 어서!"

결국 길종을 잡긴 잡았다. 그러나 돈이 있을 리 없었다. 그도 불문과 여학생들에게 뒤통수를 긁적긁적하며 아쉰 소리 해서 돈을 구해왔다. 나도 친구들에게 또 거지짓을 해서 그 일부를 구해왔다.

지금도 잊을 수 없다. 돈을 내미는 내 손을 그 여자, 그 영암 여자가 두 손으로 꽉 쥐고는 눈물 그렁그렁하며 잽싸게 손등에 입을 맞추었다. 흠칫 놀란 나를 뒤로 하고 두 여자는 빠른 걸음으로 이화동 쪽으로 사라졌다. 나는 바보처럼 입을 쩍 벌리고 정리가 잘 안 되는 머리로 그냥 거기 그렇게 서 있었다.

그날 이후 나는 임질을 앓았다. 성기 속이 쓰라리고 누런 고름이 흘렀다. 그러나 미움도 후회도 낙망도 없었다. 그냥 아름다웠다! 왜 그랬을까? 그것을 감히 사랑이라고 불러도 좋을까? 욕하는 사람이 없을까? 심한 욕만 안 한다면 난 그것을 사랑이라고 부르고 싶다. 그야말로 '풋사랑'!

벌거벗은 내 생각의

새 뿌리가 자라는 곳

뒷골목의 시궁창 까마귀 벌판

진종일 이마 위를

얇은 생각의 삽질만이 스쳐 지나는 자리

가슴의 뜀질마저 나직나직한 자리

아, 고름이 흘러

흘러 놀랄 때 놀라 깨어 외칠 때

나는 이미 옷이었다.
횃대에 걸려 잠든 옷

눈초리는 눈초리대로
신문지는 신문지대로
소매 끝에 앞섶에 바지 주름에 기어다니고
걷고 지껄이고
나빈 양
펄럭이는 옷
단 한 벌의 깨끗한 눈치 빠른 옷

땅거미가 지고
뒷짐을 지고
시뻘건 주둥이를 허옇게 웃는 뒷골목
가자 부산집으로
히히 웃으며 주물렁탕 하러 가자
나비들이 살풋 앉을 때
지분 냄새 콧가에 설핏 스칠 때
나는 이미 알몸이었다
주무르고 벗기고 악을 쓰고 빨고 핥고
나는 고름 담긴

술 한 잔의 고름

시궁창 속 얼굴이
달과 내 오줌에 맞아 깨어질 때
울다 칼부림하다 단 한 벌의 옷이 깨끗이
술값에 벗겨질 때
이마 깊이 찬바람이 와서 화살 되어 박힐 때
알몸에 알몸에 아아 고름이 흘러
벌거벗은 내 생각의
새 뿌리가 자라는 곳
뒷골목의 시궁창 까마귀 벌판.

154_ 화형

'3·24 제국주의자 화형식'을 보고 있었다. 그날 나는 도서관 아래 숲속에 앉아 정문 안쪽에서 고장난 책상다리 등을 모아다 불질러 일본 제국주의자의 허수아비를 태우는 동료들을 가만히 지켜보고 있었다.

김중태 형이 연설을 했다. 과연 그는 웅변가였다. 여기저기서 플래시가 터지고 불길이 사납게 솟아오르고 기자들은 연설 내용을 열심히 따라 적고 있었다. 학생들은 땅바닥에 앉아 흥분과 격정으로 샛노오래진 얼굴들을 하고 이마에는 흰 띠, 손에는 플래카드를 들고 환호하고 있었다.

그리고 조금 지나 대열이 움직이기 시작했다. 일본 외상 오히라와 한국 쪽 특사 김종필의 불타는 허수아비들을 발로 짓밟으며 교문 밖으로 진출하기 시작했다. 진압은 없었다. 시위가 전개되었다. 구호가 외쳐졌다. 주먹이 공중으로 공중으로 무수히 솟아올랐다.

나는 처음부터 끝까지 지켜보고 있었다. 뛰어들고 싶었다. 풍덩실 그 격정과 신념의 불꽃 속으로 뛰어들고 싶었다. 그러나 나는 성병! 나는 성병 환자였다. 자격이 없었다. 한 시구가 그때 내 가슴을 맴돌았다.

뛰어들고 싶어라
뛰어들고 싶어라
풍덩실 나도 저 속에 뛰어들고 싶어라

문둥이는 서서 울고

데모는 가고.

한하운韓何雲의 시다. 문둥이보다 더 나쁜 성병! 나는 성병 환자였다. 누런 고름이 소변 마려울 때마다 속옷을 더럽혀 썩는 냄새가 주위에 풍겼다.

조동일 형은 모습을 감췄고, 서정복이나 하일민·주섭일 형 등 민통 멤버들은 보이지도 않았다. 보이는 건 김중태·김도현·현승일 형 등 신진 리더들, 뉴 페이스들이었다.

나는 그날 저녁 속으로 내내 울음을 삼키며 캄캄한 원주로 내려갔다.

155_최루탄 문학

원주에서 나는 매일 밤, 매일 낮 바로 그 선교사 '이발소의 땅'으로 갔다. 가서 속으로 서투르게나마 기도했다. 조국과 나를 위해 나의 죄를 용서해달라고.

조동일 형에게서 원주로 소식이 왔다. 상경하라는 거였다. 반가워 쏜살같이 올라왔더니 대학가는 거의 매일 데모였다. 진압의 강도가 점점 높아지고 있었다. 처음에는 일본을 경계하는 민족적인 우국충정을 이해한다고 떠벌렸던 박정희가 점점 야박하고 겁주는 소리를 해대고 야당과 언론은 거의 매일 학생 데모를 지지하며 정부를 비판·공격했다.

대학로와 종로 5가 등지에선 거의 매일 최루탄이 터졌다. 재채기와 눈물의 바다였다. 조형 왈,

"최루탄 어떻게 생각해?"

"처음 쓰는 것 아닌가? 미8군이 공급한다면서?"

"그래! 그러나 국내에서도 생산 채비를 한다는군!"

"그래서?"

"최루탄 문학회, 어때?"

"최루탄 문학회?"

"응! 그 이름으로 풍자시, 정치시를 여럿 써서 시화전을 해보자고 불렀어."

"……."

"왜 그래?"

"좋긴 좋은데……."

"하자고! 왜 자네 요즘 소극적인가?"

"……."

"자! 내가 스타트를 끊을 테니 하자고! 을지로 5가에 우리 술집 연 것 알지? 거기 홀에다 전시하면 좋을 거야. 매스컴에 알리면 사람들이 구경올 거고. 그럼 술장사도 잘되고. 허헛!"

그날 저녁부터 일이 시작되었다. 술집 안방에서 조형과 나는 시화를 제작하기 시작했다.

술을 마셔가면서 농담하면서 한켠으로 시를 쓰고 다른 한켠으로는 그림을 그렸다. 조형과 나는 자기 이름으로도 여러 편을 쓰고 여러 그림을 그렸지만 또 없는 사람의 가명을 만들어 공격적인 풍자시들을 다량으로 '제작'했다. 그 이름들이 모두 괴상했다. '마달수' '김미친' '송절편' 등 모두 이 따위였으나, 하긴 우리만 그런 건 아니었다. 데모대 체포가 한창 시작된 뒤 경찰서에 붙들려간 학생들 이름이 신문에 주욱 나오는데 "고려대 외교학과 양재기" "건국대 행정학과 주전자" 이런 식이었다. 아마 그때만 해도 학생이나 경찰이나 속으로는 군부정권을 비웃는 심경이 같았던 것 아닌가 한다. 아니면 '김미친'이 어찌 신문 문화란에 통하며 '양재기' '주전자'가 어떻게 경찰 조서와 사회면 신문기사에 오르겠는가.

지금 생각나는 작품은 조동일 형의 〈일월산日月山〉이란 시와 〈신돌석

申瓦石〉이란 시다. 좋은 작품이었다. 조형은 글도 잘 썼지만 그림도 잘 그렸다. 더욱이 잊히지 않는 것은 두 사람, 독문학과 안삼환安三煥 씨의 두 작품 〈최루탄탄 대로변에 할머니가 울고 있네〉라는 최루탄 시와 〈청재비〉라는 극채색의 아름다운 민요시 한 편이었고, 또 한 사람, 하길종 형의 〈태胎를 위한 과거분사〉라는 다분히 난해한 쉬르적인 시다.

최루탄 문학회의 시화전 직전에 문리대 도서관 밑 숲속 나뭇가지에 걸었던 교내 시화전에서도 하길종은 시어와 부서진 거울 조각을 번갈아가며 이어붙여 기괴한 시연詩聯을 만들어내는 초현실주의 실험도 했었다.

최루탄 시화전 내용이 신문에 인기리에 게재되었다. 많은 사람이 보러 왔는데, 그 오프닝에서 시낭송회를 열었다. 그때 불문과에 다니는 한 샹송 잘하던 친구가 샹송을 불렀는데, 그때 그가 가정교사 하던 집의 주인인 라디오 드라마 작가 한운사韓雲史 선생이 구경왔던 기억이 선명하다.

왜냐하면 그 무렵 한운사 선생은 라디오에서 〈가슴을 펴라〉 혹은 〈대학가의 건달들〉이라는 학생 주인공의 청춘 드라마를 준비하며 샹송 하는 불문과 친구를 통해 나, 송철원 형 등 몇 사람을 성북동 자기 집에 초대해 드라마의 뼈대 짓는 일에 도움말을 원했고, 나더러는 목소리가 바리톤이어서 느낌이 좋다며 현지 대학생 출연을 부탁해왔기 때문이다.

하마터면 팔자에 없는 성우가 될 뻔했다. 방송국까지 갔다 거기서 만난 김기팔 형의 강한 만류로 그만두었으니⋯⋯. 내가 잠깐 최창봉 선생의 충고를 잊고 있었음을 방송국에서 학교로 돌아오면서 기억해내고 참으로 크게 안도했었다. 나는 역시 개인 예술가였다.

그 무렵 나는 시화전 등을 통해 자신감을 회복하고 약물로 병을 치료하여 차차 송철원·박지동·손정박·김도현 형 등 직접행동 역량들과도 만나 여러 가지를 의논했다.

156_ 민족적 민주주의 장례식

5월 20일이었다. 당시 박정희와 김종필이 내건 정치이념이란 허명虛名은 '민족적 민주주의'란 것이었다. 우리가 지향하는 민중 주체의 민족주의, 민중민족혁명의 이념을 도용한 것이 분명했다. 말인즉슨 유럽이나 미국식 민주주의는 민도民度가 낮아서 아직 이르니 한국의 낙후한 실정에 알맞은 일종의 '군부에 의한 교도민주주의'가 불가피하다는 것이겠는데, 실은 그것이 바로 파시즘이었던 것이다.

우선 우리의 지향과의 변별성이 강조돼야 할 필요가 제기되어 이 이념의 허구성을 먼저 강력하게 폭로·비판하고 그 이름 아래 저질러지는 대일 굴욕외교와 매판자본의 도입 등을 매장하는 장례식 형태의 집회와 시위가 바로 '5·20' 행사였다.

그 장례식 조사弔辭를 내가 쓰고, 그 책임과 발표·낭독 등은 정치학과의 똘똘이 송철원이 맡았다. 송철원 형은 본디 경기고 출신의 서울 토박이에 장안 깍쟁이인데, 당시 중앙정보부의 비밀 학생 프락치 조직이었던 'YTP', 즉 '청년사상연구회'의 정체를 폭로해 세간을 놀라게 하고 곧 정보부에 붙들려가 손가락 사이사이를 담뱃불로 마구 지지는 등의 고문을 받고 나와 또다시 그 사실을 언론에 폭로한, 말하자면 정보부가 혀를 내두를 정도의 독종 중의 독종이었다.

지금 생각해도 〈5·20 민족적 민주주의 장례식 조사〉는 그리 잘 쓴 명문은 못 되었다. 그러나 처음 쓰는 문장이라서 도리어 '투'가 없고 산뜻한 '풍자미'가 곁들여져 신선하게 받아들여졌던 것 같다.

박정권을 아예 초장부터 시체요, 썩어가는 송장으로 단정하여 일단 죽이고부터 들어갔으니, 이 노골성이 그들의 기분을 몹시 상하게 했다고 한다. 나중에 들으니 박정권의 고위층까지도 "이런 죽일 놈!" 했다는 것이다. 그러나 책임을 진 송철원 형이 피신해 체포가 안 되어서 내게는 그리 심각한 피해가 없었다.

그날 민족적 민주주의를 상징하는 커다란 검은 관을 맨 앞으로 한 학생들이 교문을 나서자 이화동과 혜화동 두 방향에서 강한 진압이 들어오고 최루탄이 발사되었다. 교내로 쫓겨 들어온 학생들이 아마 데모 시작 이후 처음으로 돌을 던지기 시작했을 것이다.

대규모 시위였다. 언론은 쿠데타 이후 민주 세력의 최대의 반격으로 표현했다. 서울과 각 도시의 대학들이 데모를 시작했다.

"반동이 오면 또 싸워야지!"

4·19 날 조풍삼 형의 말이었다. 그 말이 그대로 현실이 되고 있었다.

그날 저녁과 이튿날 오전까지 밤을 새우며 나는 송철원의 집에서 손정박·박영호·박지동 형과 모임을 가졌다. 제일선 리더십이었던 삼인조, 김중태·김도현·현승일 형이 동국대의 장장순 형 등과 함께 전국에 현상수배되어 몸을 감추었기 때문이다. 제이선의 리더십이 일선으로 나오면서 구축되고 있었다.

우리는 장기적인 연좌단식농성 '시위'를 계획했다. 장소는 문리대 캠

퍼스의 4·19 학생혁명기념탑 아래였고 시일은 아마도 5월 25일경부터였던 것 같다. 이번에는 김덕룡金德龍 형의 문리대 학생회를 끌어들이기로 하고 총책임을 손정박이 맡았다. 나는 농성시 가장 중요하다는 '방송선전반'을 맡았다.

157_6 · 3으로 가는 길

　　5월 25일이던가 28일이던가, 일요일이어서 등교한 학생들도 별로 없었는데 이십여 명이 먼저 단식농성을 시작했다. 머리에는 흰 띠를 두르고 검은 작업복이나 교복 차림으로 가마니 위에 모두 누워 있었다. 그리고 마이크를 통해 방송반이 모든 의사표시를 했다.
　　정문 밖과 안으로 쌍방향 확성기를 설치한 방송반은 선언문, 결의문, 성토문과 감각적인 선동 문건들을 계속 읽어대고, 매일 밤낮으로 풍자니 화형이니 성토니 하며 한두 가지씩의 이벤트를 반드시 마련했다. 촌극도 하고 징과 장구, 꽹과리 등의 풍물도 등장했다.
　　누군가 말했다.
　　"예술제로군!"
　　훗날 우리가 듣건대 독일의 신좌익 '원외운동院外運動'을 이끈 루디 두츠케 그룹이 신문을 통해 우리의 농성 뉴스를 내내 듣고 영향을 받았으며 많이 모방했다고 한다.
　　이미 5 · 20 때 조동일 형은 〈원귀怨鬼 마당쇠〉라는 마당굿을 시도하였고 그것은 단식반의 〈박산군朴山君〉을 거쳐 훗날 〈호질虎叱〉과 〈야, 이놈 놀부야!〉 등의 탈춤이나 마당굿으로 발전했으며, 그 이후 풍물과 마당극을 중심으로 한 민족문화운동의 꽃다운 남상濫觴이 되었다.
　　밤낮으로 외쳐대는 선전방송이 끔찍하고 애처로웠다고 한다. 숫자는 이삼십 명 정도에 불과한데 일본 제국주의의 그 숱한 만행의 기억과 반민족·반민중적인 군부 파쇼의 매판성을 비판·성토하는 목 쉰 소리 소리가 도서관으로, 강의실로, 잔디밭과 벤치로 흩어져 마음이 편치 않았고 내내 고민하게 만들어 결국은 스스로 단식반의 가마니 위에 참여하게끔 만들고 있었다.

숫자는 매일 기하급수적으로 늘어났다. 우리 주장의 강도도 날이 갈수록 높아졌다. 그러나 끝끝내 타도나 혁명과 같은 급진적인 표현은 절대적으로 삼가고 있었다.

그때 가마니 위에서 정치과의 여러 친구들과 내가 의논·합의한 것도 주周나라의 무왕武王처럼 군사력으로 주왕紂王을 방벌放伐할 것이 아니라 문왕文王처럼 박해와 영어 속에서도 끝끝내 기다려 민심이 따르도록 참고 견디며 사리를 밝히고 그 잘못된 것을 성토해야 한다는 그런 요지의 이야기였다. 그때 우리가 합의한 것이 바로 《주역》에 나온 수괘隨卦의 의미였음을 뒷날에야 알고 참 감개 무량했던 적이 있다.

6월 2일에는 문리대생의 거의 삼분의 일과 법대·의대·상대·사대 등과 함께 고려대·이화여대·숙명여대 등이 가담해 숫자가 거의 몇천 명, 1만여 명이 되고 서울과 지방의 각 대학 앞 거리거리는 시위대로 가득가득 넘쳤다.

나는 그때 민요조의 선전가요를 하나 지었으니 그 뒤로 데모 때면 학생들이 항상 불렀던 〈최루탄가〉가 그것이다.

> 탄아 탄아 최루탄아
> 팔군으로 돌아가라
> 우리 눈에 눈물지면
> 박가분朴家粉이 지워질라.

> 꾸라 꾸라 사꾸라야
> 일본으로 돌아가라
> 네가 피어 붉어지면
> 샤미센三味線이 들려올라.

거기에 손정박이 3절을 추가했다.

> 법아 법아 반공법아
> 빨갱이로 몰지 마라
> 데모하면 빨갱이냐
> 폭력정치 더 나쁘다.

이 무렵 어떤 신문에 김수영 시인이 기고문에서 학생들 시위현장에서 나온 최루탄 노래 같은 것이 민중의 시가 될 수 있다고 씀으로써 그의 예전의 반민요적 태도를 수정하는 듯했다.

미남의 철학도 최창한崔昌漢 형이 가마니에 누워 평소의 작사·작곡

실력을 발휘한 때도 이때다. 그의 〈민주학생의 노래〉는 동아방송 등을 통해 전국으로까지 번지고 있었다.

내 목은 완전히 쉬어 곁에서 친구들이 방송을 하지 말라고 말리고 또 걱정했으나 피를 뱉으면서도 쉰 목청이 도리어 선전성을 갖는다고 주장하는 등 지금 생각해도 내가 퍽 독했던 것 같다.

많은 여대생들이 방송반에 참가했다. 여성들의 부드러우면서도 날카로운 고성은 나라와 민족의 위기를 내용이 아니라 그 목청 자체로써 이미 드러내 알리고 있었다. 몸을 숨겼던 김중태·김도현·현승일 형 등이 나타나 제각기 명연설을 남기고 의도적으로 자수했다. 그것은 우리 운동을 순식간에 합법적 차원으로 끌어올렸다. 학생회의 김덕룡 형도 가담하여 지도부에서 움직였다.

방송반을 보위하고 전체의 조직적 활동을 보장한 뛰어난 공로자들은 후배인 박삼옥朴三玉·김헌출金憲出·안택수安澤秀 형 등 삼인조와 최성진·심재주 형 등이었다. '5·20' 이후 몸을 드러내지 않던 박재일朴才一·최혜성崔惠成·송철원 형 등이 차츰 나타났고 최동전崔同田·하일민河一民 형 등이 자주 들러 격려해주었다.

김중태 형이 나타난 6월 2일 밤과 그가 공개연설을 한 6월 3일 오전에는 수천 명, 아니 만여 명에 가까운 학생들의 그 정신적 지향이 완전히 일치하고 한덩어리로 단결되었으며, 이것은 우발적인 움직임이 아니라 배후에 그 전후前後한 시기의 '민비民比', 즉 '민족주의비교연구회'나 경북고 출신 등의 조직적 움직임이 있었음을 뚜렷이 드러냈다.

그러나 나는 혼자였다. 수많은 동료들의 지지와 호위가 있었지만 나는 혼자였다. 그리고 각오하고 있었다. 나는 언제나 조직 밖의 활동가임을.

생각난다. 그때 전혀 예상 밖의 한 인물이 참가해왔던 것을. 시인 김화영金華榮이 그다. 도서관과 강의실에서 목이 쉰 채 외쳐대는 내 목소리가 하도 애처롭고 끔찍해 할 수 없이 왔다고 하며 벌쭉 웃었다. 웃으며 방송문 한 장을 내밀었다. 내 쉰 목청에 맞을 거라고 했다. 명문이었다. 나는 목이 쉰 성음을 낮게 깔면서 신음하듯 나직나직이 마이크 앞에서 그 명문을 읽어나갔다.

엉겅퀴 가시나무 돌무더기가 있는 황량한 지평에 우리는 섰다.
아, 우리는 골목골목 헤매다가 거리거리 외치다가…….
아아, 우리는 저 보릿고개의 가난을 대변한다. 아아, 우리는 저 도시의 뒷골목 골목 몸을 팔아야만 한 끼를 먹을 수 있는 고향의 벗들, 그 가슴속 깊은 슬픔을 대변한다. 아아, 우리는 억울하게 짓밟힌 삼십육 년의 길고 긴 저 식민지의 아픔을 대변한다…….

여기저기서 흐느끼는 소리가 들려왔다. 다시 한 번 밝히지만 명문이었고, 김화영 형은 참으로 진정한 시인이었다.

158_계엄령

〈계엄령〉이라는 알베르 카뮈의 작품이 있다. 다 읽고 난 느낌은 '상황'이 주인공이라는 것. 그것이 지나쳐, 하긴 지나칠 만도 하지만, 종교의 신神 대신 실존적인 신, 즉 '신적神的인 것'이 되었다는 것이 나의 독후감이다.

그날 오후, 방송반의 후배 참모들, 박삼옥 형 그룹의 판단, 농성장 뒤에 있는 신축건물 속에서 진행되던 단식농성의 책임자 손정박 형과 학생회장 김덕룡 형 및 여러 학생회 간부들의 판단, 그리고 학교 뒤켠에 있는 《새세대》 편집실의 '민비' 조직활동 멤버들의 판단이 서로 어긋나 나도 정확히 판단을 내릴 수 없었으나, 각 지역과 서울의 거의 모든 대학생이 가두 진출을 하고 있어 4·19 수준에 육박한다는 하일민의 제보 등으로 가까스로 판단을 통일할 수 있었다. 판단은 계엄령 가능성이었고 그럴 바에는 진출해야 한다는 것이었다. 다섯 시 조금 전에 우리는 가두 진출과 함께 청와대로 방향을 결정했다.

조금이라도 불편하거나 기력이 없는 사람들은 모두 들것에 실었고 어떤 학생은 링거를 꽂은 채 의대생들의 호위를 받으며 가두 진출을 하기 시작했다. 내 주위에는 성능 좋은 라디오가 서너 대나 집결해 있었다. 우리가 가두로 나서면서부터 동아방송이 흥분하기 시작했다. 그 현장 스케치는 끔찍했다. 뭔가 흉흉하고 불측한 느낌마저 풍겼다. 종로 5가를 돌아 파고다공원 앞을 지날 때 동아방송에선 이런 말이 흘러나왔다.

"학생 시위대는 지금 막 파고다공원을 통과했습니다. 청와대로! 청와대로! 일보 또 일보!"

똑 북쪽 방송 같다는 느낌마저 들었다. 화신 앞 십자로에서 하일민 형이 제보했다.

"청와대로 방향을 잡은 것을 확인하고 즉각 오늘밤 계엄령을 선포하기로 결정했단다. 청와대 부근까지 진출했다가 어두워지기 전에 학교로 후퇴하는 게 좋겠다. 또 상황을 알려줄게!"

광화문 입구 동아일보 앞에서 다시 대오를 정비했다. 맨 앞에 거대한 태극기를 열 명 가까운 학생들이 붙들었고, 바로 그 뒤에 박삼옥 그룹과 내가 어깨동무하여 열 짓고 그 뒤를 문리대 검도반원들이 따랐다. 중앙청 바로 뒤에 솟은 백악과 먼 곳 보현봉의 푸른 모습이 일본 제국주의 조선 침략의 지휘부였던 중앙청의 흰 대리석 건물과 전혀 어울리지 않음을 새삼스레 느끼며 정문을 돌아 해무청海務廳 앞에서 정지했다. 청와대 입구 방향에 군 트럭들, 큰 판자들을 붙여 저지막을 형성한 군 트럭들이 뒤로 돌아서서 열 지어 있었다. 그 주변에 방독면을 쓴, 비정한 기계와 흡사한 군인들이 삼엄하게 늘어서 있었다.

우리는 바로 그 앞에서 연좌에 들어갔다. 일어서서 앞으로의 행동 방향에 관해 말하던 내가 갑자기 쓰러져 실신해버렸다. 서울의대 앰뷸런스에 실려 급히 의과대학 응급실로 향했다. 거기서 응급조치를 받고 난 나는 끝내 고집을 세워 앰뷸런스로 다시 해무청 앞 연좌시위대로 돌아왔다.

격려의 박수 속에서 마이크를 잡고 꽉 쉬어버린 목소리로 단 한 마디만 되풀이 되풀이하여 강조했다.

"이 자리에서 죽읍시다. 어떤 경우에도 자리를 뜨지 맙시다. 우리의 각오에 따라 상황은 결판날 것입니다."

아마 서너 번 되풀이한 것 같다. 그리고 나

한일회담 반대투쟁으로 김중태·현승일·김도현 등과 함께 투옥되었을 때 재판정에서. 맨 앞줄 오른쪽에서 두번째가 필자.(1964)

의 쉰 음성은 가까스로 동료들에게 전달되었다. 또다시 박수가 터져나왔다. 찬성의 표시였다. 해가 기울고 있었다. 하일민 형이 다시 왔다.

"지금 곧 진압이 시작된다!"

일민 형의 말이 끝나자마자 순식간에 최루탄이 머리 위에 우박처럼 쏟아졌다. 눈을 가린 채 나는 이렇게 소리 질렀다.

"움직이지 마시오!"

그러나 눈에서 손을 떼어보니 이미 군중은 모조리 일어나 중앙청 정문 쪽으로 뛰어 달아나고 있었다. 텅 빈 해무청 앞 아스팔트에 우박같이, 우박같이 최루탄만, 최루탄만 쏟아지고 또 쏟아졌다.

나 역시 중앙청 앞으로 뛰어가 대오를 다시 정리하고는 방향을 동숭동으로 바꿔 잡았다. 행진하면서 〈민주학생의 노래〉와 〈해방의 노래〉 등을 선창하게 했다.

땅거미가 내리기 시작하고 중앙청 건물로 불방망이와 수없이 많은 돌과 화염병들이 쏟아져 들어가기 시작했다. 일민 형이 또 왔다.

"흩어지면 안 돼! 폭동은 반대! 문리대로 돌아가 다시 정리해!"

구두닦이인지 신문팔이인지 조폭인지 '홀로주먹'인지 알 수 없는 한 청년이 내게 가까이 와 마구 덤비며 겁을 주었다.

"비겁한 새끼들! 대학생놈들은 할 수 없어! 중앙청을 습격하자고! 불질러버리고 경찰서를 모두 때려부숴! 부숴버려, 이 새끼들아!"

내 마음은 도리어 차분해졌다. 나는 이번 이 운동의 상황을 현실적으로 파악하게 되었다. 4·19가 아니다. 희생을 줄여야 하고 폭력을 배제해야 한다. 왜냐하면 이 운동은 계속되어야 할 장기적인 민족운동이요, 반파쇼 민중운동이기 때문이다.

동아일보 앞에서 대오의 방향을 꺾을 때 일민 형의 제보가 또 있었다.

"군軍이 진주했다. 계엄령이 소급선포될 것이다. 빨리 돌아가 정리하는 게 좋겠다."

나는 대오의 걸음을 재촉하며 거리의 불빛들, 4·19 때와 달리 구경만 하는 시민들을 쳐다보며 생각했다.

계엄령! 상황이라는 실존적 조건이 신神이었다. 지금 우리를 움직이는 것은 집단이건 개인이건 인간적 의지나 신념이 아니라 계엄이라는 상황이었다. 상황이 주인공이었다. 왜 이렇게 된 것인지 동숭동으로 돌아가면서 내내 생각했다. 무엇인가 굴욕감이 꿈틀거리는가 하면, 반대편에 유리羑里의 감옥에 갇혀 온갖 위협과 핍박에 어금니를 악물고 하늘의 뜻을 따르려 한

주 문왕의 비폭력적 태도와 그 인욕의 자세가 환영처럼, 흰 사막의 외로운 검은 점 하나와 같은 기이한 환영처럼 스쳐 지나고 있었다.

문리대 단식농성장에 도착한 우리는 즉시 둘씩 둘씩 짝을 지었고 마이크는 그들에게 빨리 학교를 빠져나가라고 일렀다. 그리고 마지막으로 나는 쉰 음성으로 마이크를 통해 작별인사를 했다.

"이것은 시작에 불과합니다. 이제부터 장기적인 싸움이 시작됩니다. 부디 건강하십시오."

나는 박삼옥 형의 걱정에 따라 그들 그룹에 뒷정리를 넘기고 운동장 스타디움 끝에 있는 야구장 펜스의 철망을 넘어 피신했다. 미아리 집에 들렀다가 그 이튿날 바로 원주로 내려갔다.

짐을 챙겨 어딘가 강가에 가서 텐트를 치고 장기적으로 캠핑을 하려는 계획이었는데 내가 떠나기로 마음먹은 그 이튿날 이른 아침 형사들이 들이닥쳤다. 동대문경찰서로 끌려간 나는 나의 혐의를 연신 부인했으나 수도 없이 쏟아지는 나의 현장사진 때문에 아무 소리 못 하고 기소되어 서대문구치소로 넘겨졌다.

첫 감옥 체험이었으니 내 나이 스물셋이었다. 상황이 사람보다 더 드센 주인공이라는, 기이할 만큼 비극적인 패배의식을 안은 채 나는 감방으로 들어갔다.

159_ 첫 미소

나의 첫 감옥 체험을 형상화한 네 편의 시를 따라가며 기억을 정리해 본다.

노을녘, 수리 떼 떠도는
초여름의 옛 戰場에 돌아왔다
한 자루의 보습을 메고

흙 속에 묻히고 이미 바람에
흩어지고 수리의 밥이 되고
뜻 모를 시간의 흐름 속으로
사라져버리고 그러나
아직도 날카롭게 희게 빛나는
뼈들처럼 거친 더운 숨결이
살아 있고 어디서 들개가 짖는다
거친 숨결이 흙을 생동
시킨다 이 사멸하면서
살아나는 대지에
보습을 박는다 발을 대고 누른다

아아 부드러운 이 살의 탄력이여
살아 있는 흙들이
꿈틀거린다 나는
전신의 힘을 보습에
모은다.

〈서대문 101번지〉라는 시다. 이어서 혼자서는 활동도 못 하고 반드시 교도관이 곁에서 지키는 감방 생활에 대한 시가 있다. 〈삼천리 독보권三千里獨步權〉이다.

떨어져라 개비야
부디 떨어져라 미칠 나의 원수야
저 세상까지도 귀신 되어 붙어다닐
쎄리야 짜부야 개비야 떨어져라
태도 끊었다 떨어져라
고향도 인연 미련 모두 끊고 제어미 독불이다
오살것
三千里를 혼자 굶고 헐벗고 벌판에 자고
제멋대로 돌아칠란다 떨어져라
개비야 부디 떨어져라
꿈속에도 숨어

너는 나의 夢精까지도 엿본다

자면서도 너는 나를 지키고

네 마누라를 주무르면서도 너는 나를 근심한다

손톱에 묻은 똥을 너는 담뱃진이라

우겨 나를 친다 네 상전이 훔친 것을

훔친 죄 네 상전의 털난 꼬리를 보고

웃은 죄 네 상전의 상전이 원숭이라고

말한 죄 네 상전의 어머니가 내 첫사랑이라고

쌍말한 죄 네 상전이

하도 아니꼬워 네 상전이라고 바로

말한 죄밖엔

아무 죄도 없다 떨어져라

부디부디 떨어져라

죽어도 못 떨어지면

에잇 달라붙어라 찰싹

오오 내 징그럽게도 사랑스런 개비야 가자

쎄리야 짜부야

지옥으로 같이 가자

칼산지옥 불산지옥

송곳지옥 모기지옥

> 펄펄 끓는 유황지옥으로 개비야 가자
> 어서 가자
> 부디
> 오오 내 징그럽게도 사랑스런 개비야
> 부디 떨어져라
> 삼천리 독보권을 나에게 다오.

'개비'란 '마개비', 즉 병마개를 뜻하니 감옥의 교도관을 말하고 '삼천리 독보권'이란 감옥 용어로 교도관의 감시 없이 혼자 다닐 수 있는 권리를 말한다.

나는 김중태 형 등에 비하면 중죄인이 아니어서 일반 잡범과 합방을 했다. 한여름철이었다. 그때의 체험을 〈여름 감방에서〉에 시화詩化했다.

> 따통꾼 安씨는 만주서 왔다
> 전과 이십 범 마적대 출신
> 별명이 갈꾸리인 安씨는 곧잘 마적들의
> 붉은 술이 달린 短刀며 노을진 평원의
> 말 달리기며
> 마을을 통째로 들어먹고 중국년을
> 한꺼번에 셋씩이나 상관했다는
> 옛이야길 하다간 노상

인간은 모두 도둑놈이라고

험상궂게 악을 쓰며 침을 뱉는다

그렇지 않다고

착한 사람 애길 하단 벼락이 떨어진다

너두 도둑 정권도둑

그러나 未遂다 헤헤헤

나는 껄껄껄 웃고 만다

그런 날 밤엔 安씨와

빽질을 하며 나는 말을 타고

평원을 달리고 칼을 던지고

나는 흉악하고 흉악한 마적이 된다

중국년을 셋씩이나 상관하고

마을에 불을 놓는다

싸그리 통째로 들어먹는다

뿌우연 호박꽃을 쳐다보며

인간은 모두 다 도둑놈이라고

밤새워 중얼중얼거리며.

따통꾼은 아편 중독자를 말한다. 김민기의 노래 〈아침이슬〉 속의 "작은 미소를 배운다"라는 구절에 다음의 시상詩想이 연결된다. 〈첫 미소〉다.

잠에서 깨어
이슬 속 가득 찬 외침으로 깨어
새벽길 빛나던 하아얀 풀들
쓰러져갔네
쓰러져갔네
내 발길 아래
등뒤로 아득히 잊혀져갔네

가슴에는 뉘우침
천 근을 메고 달아났었네
허덕이며 숱한 산굽이 돌아 허덕이며
저 외침 저 머나먼 도시
끝끝내는 핏발 선 벗들의 저
눈동자 속
매질 속으로
녹슨 철창 속
저 허전한 자유 속으로
다시 새벽이 오고
더운 이마에 이슬 내릴 때
아아 그러나 일어서고 있었네
내 발길 아래

등뒤로 아득히 잊혀져간 풀들
일어서 여름 대지의
혼인 듯 새하얗게 타고 있었네
비탈도 골짜기도 산등성이도 모두 일어서
함성인 듯 불길인 듯 미쳐 일어서

나는 그때 처음으로 미소를 배웠고
나는 그때 처음으로 역사를 알았네
스물세 살 나던 해 뜨거운 여름
퍽도 어리숙한 시절이었네.

그랬었다. 스물세 살, 그때 처음으로 역사의 엄중성을 알았다. 그러나 동시에 역사와는 반대되면서, 그럼에도 역사로 돌아가는 민중의 삶, 그 내면적 카오스의 생성의 시간을 막연하지만 나는 이미 생득적으로 느끼고 있었다. 그것이 나의 고독의 근거였다.

그러나 그럼에도 불구하고 역사를 아는 만큼 나는 참여하기 시작했고 만신창이가 되어 오늘에 이르렀다. 접견 대기실에서 뭐라고 따따부따하는 교도관에게 현승일 형이,

"이래 봬도 대통령과 싸우던 몸이야. 말 함부로 하지 말라고!"

했을 때의 나의 놀람은 무엇일까. 그는 당차고 힘찬 사람, 앞으로 정치 할 사람이었다. 그러면 나는 무엇일까.

나는 애당초 정치나 권력과는 아무 상관이 없는 사람이다. 그것이 그 순간 분명해졌으니 바로 그 놀람 때문이겠다. 접견 가다 보니 건너편 옥사 독방에 벗 하일민 형이 철창을 붙들고 있었다. 가슴이 답답했다. '인혁당人革黨' 아니면 '불꽃회' 관계일 것이다. 내가 그에게 우정을 표현할 수 있는 것은 미소뿐이었다.

그러나 그 미소가 미소로만 그치지 않고 커다란 홍소洪笑로 변할 수도 있었으니, 그 안에서 푸른 옷을 입은 조형을 만났을 때였다. 조형이 대뜸 가라사대,

"감방 변기통 앞에 세워둔 나무 가림판 있지? 거기에 한자로 '吉佳貞仁'이라고 써 있지? 그거 누구 글자인 줄 알아?"

"모르겠는걸?"

"추사야, 추사! 완당阮堂이야, 완당! 우하하하하!"

그래, 그랬다.

160_ 김기팔

서대문감옥에서 석방되어 가족 외에 처음 만난 사람이 아마 김기팔 형일 것이다. 술자리였는데 최불암 형도 함께했는지 모르겠다. 아주 가깝고 오래된 술친구들이니까.

명색은 나를 위로한다는 술자리. 그러나 김기팔 형 표현대로 '러시안 제스처'였다. 러시안 제스처란 이런 것이다. 친구들끼리의 술자리에서 한 사람이 어떤 궁한 친구 하나를 동정하는 얘기를 꺼내면 다른 사람들이 돌아가면서 그를 도울 방법과 거기에 대한 자기 몫에 대해 한없이 부풀리며 착한 척 방정을 떤다. 그러나 그것은 술안주일 뿐이고 이튿날은 까맣게 망각한 채 이제 또 다른 사람 걱정을 시작하는 러시아인들의 술버릇을 말한다.

김기팔 형은 술자리 내내 "야! 빨갱이! 술 먹어! 이 빨갱이야!" 했다. 그러나 나는 화를 내는 대신 픽픽 웃기만 했다. 왜냐하면 그의 본마음을 알고 있었기 때문이다. 공연히 그래보는 것이다. 더군다나 그날은 전주前酒에 잔뜩 취한 최불암 형이 나더러 정색을 하고 꼭 연기하듯 심각하게 "영웅! 영웅!" 하고 치켜세웠기 때문에 더 그런 것이다.

하긴 영웅은 무슨 얼어죽을 영웅인가! 술 고픈 한낱 거지일 뿐! 첫 회에 이미 잔뜩 취하고 두번째를 가고 또 세번째를 가는데 김기팔 형 말대로면 이것이 모두 감옥에서 고생한 김 아무개를 위로하기 위한 술자리란다. 그러나 속내는 술 마시고 취하자는 목적 아니겠는가!

그러나 그럼에도 불구하고 "빨갱이! 빨갱이!" 하는 냉전적 호칭 속에 김형 나름의 숨은 아픔과 우정이 배어 있음을 모를 만큼 멍청한 나도 아니요, 또 그리 짧은 인연도 아니었으니, 술자리는 통금이 넘어 아예 정릉에 있는 김형의 방으로까지 연장되었다.

서울대 문리대 교정에서. 뒷쪽이 김기팔 형이다.

놀라운 일이 그 방에서 벌어졌다. 김기팔 형이 눈물바람을 한 것이다.

"야! 이 빨갱이! 이젠 다시 감옥에 가지 마! 엉! 이 빨갱이야!"

나도 눈물이 핑 돌았다. 그러나 이 모두가 그저 주책일 뿐일까. 김형이 별세하기 직전, 해남으로 낙향한 나를 보러, 생활 때문에 난초장사 나선 연극 연출가 박정기 형과 함께 해남 남동집에 와 밤새 술을 마신 적이 있다. 며칠간 대흥사며 초의스님의 일지암이며 강진 다산초당과 땅끝을 구경하고 나서 돌아가고자 작별을 고하면서 눈물이 그렁그렁한 얼굴로 말했다.

"죽지 마, 임마! 죽지 마! 꼭 살아야 돼! 오래오래 살아서 옛말 하자, 응! 지금 죽으면 너무 억울하다, 너무 억울해! 죽지 마! 죽지 마!"

꼭 어린애 같았다. 그러나 그 직후 내가 큰 병에 걸린 걸 보면 그이가 이미 무슨 예감을 한 것 아닐까.

그런데 죽을 것 같던 나는 살고, 죽지 말라던 그이가 그 직후 의료사고로 별세하고 말았으니 참으로 너무나 억울하고 너무나 허망하다.

그의 이런 인간성은 그의 드라마 작품에도 그대로 반영되어 가슴을 울컥하게 하는 인간적 아름다움이 작품 밑에 도도히 흐르고 있었다. 왜 가는가? 왜 정든 사람들은 일찍 가서 남은 자들을 서럽게 만드는가? 참으로 인생이란 무엇이란 말인가?

고등학교 2학년 때 만나 대학 시절 내내 함께 연극을 하고 함께 마시고 함께 딩굴던 그이가 보고 싶을 때가 많다. 요즈음도 외로울 때면 "기팔 형!" 하고 입 속으로 불러본다. 그러면 어디선가 허공에서 덧니를 드러내고 킬킬 웃으며 평안도 사투리로 "왜 그래? 이 빨갱이야!" 할 것 같다.

그리운 사람을 그리워하자고 말한 사람 역시 중앙학교 출신이었다. 참으로 오늘 이 글을 쓰며 그리운 형을 그리워한다. 이미 끊은 지 십 년이 넘은 술이지만 오늘은 어느 허름한 목로에 가 혼자 앉아서 기팔 형을 추억하며 조금만 마시고 싶다. 형수는 어찌 사는지, 아이들은 이제 다 시집을 갔는지, 경제적으로 궁핍하지는 않은지, 한 번도 못 찾은 내가 죽일 놈이라는 생각만, 생각만 들 뿐이다.

161_ 박재일

그 해 겨울이다. 그러니까 1964년과 65년 사이의 그 겨울. 지금 생각나는 것은 외우 박재일 형이 고향 경북 영덕에서 장가가던 일뿐이다. 구식 결혼이어서 나와 김중태·최혜성·김도현 형 등이 신랑 후배를 서러 영덕으로 내려갔다.

영덕 대게가 많이 잡히는 어항 강구 직전의 바닷가인 장사에서 내륙의 산간 지역으로 삼십 리를 더 들어간 산골 중의 산골로, 우리가 걷기 시작한 것은 해가 뉘엿뉘엿 넘어가는 땅거미 질 무렵이었다. 거친 시골길에 익숙지 못한 걸음으로 한밤중이 되고 시퍼런 하늘에 주먹만 한 별 떨기들이 번쩍번쩍 빛나는 한 저수지 근처에 가자 시커먼 산기슭에서 횃불들 열댓 개가 춤추듯 흔들리며 우리 쪽으로 내려왔다. 박형의 사촌동생인 박재두 씨 일행이었다.

놀라운 것은 우리가 산걸음에 지쳐 있을 것이라는 짐작에서 맛 좋은 농주 한 말과 삶은 돼지고기 닷 근을 김치와 함께 마을 청년들과 처녀들이 지고 이고 내려온 것이다. 감사해하는 예절을 지킬 사이도 없이 어적어적 돼지고기를 씹으며 꿀꺽꿀꺽 농주를 사발로 한없이 퍼마셨다.

마을 청년들과 인사부터 하고 나서 또 서둘러 산길을 걷기 시작했다. 산골짜기에서 바람이 세차게 쏟아져 내려왔다. 그 바람에 하늘의 별들이 우줄우줄 춤추는 듯했다.

박재일 형 결혼식 때 친구들과 함께. 두루마기에 갓을 쓴 이가 박재일 형이다.

'내가 취했나? 별이 춤추다니 내가 분명 취하긴 취했구나!'

그러나 이상한 것은 그 상쾌감이었다. 별과 아주 가까이 살고 골짜기의 개울물 소리와 바람 소리 그리고 솔들이 울부짖는 소리, 산속에서 별 이상한 새울음이 들려와 농촌에 내려오는 옛 전설 속의 도깨비 나라로 들어가는 듯했다.

이윽고 마을이 나타나고 박형이 동구에 서서 벌쭉 웃으며 우리를 맞이했다. 악수하고자 잡은 손을 그대로 이끌어 개울가에 있는 동생 재두 씨의 방으로 들여보냈다.

하하! 그 방 천장에는 삶은 돼지다리 한 짝이 갈고리에 걸려 있고 방바닥에는 김치 뚝배기들 곁에 커다란 양푼 가득가득히 농주가 찰랑거리고 있었다. 책상 위엔 타오르는 커다란 양촛불!

워낙 좋아하는 술들인지라 눈치코치 없이 마셔댔다. 세상에 맛있다는 말은 쉽게 하는 법이 아님을 알았다. 똑 양산박이나 청석골에 들어온 기분이었다.

이튿날에야 아버님, 어머님께 인사를 드리고 동네 사람들과 또 아침부터 한잔하는데 이번에는 솥뚜껑만 한 시뻘건 영덕 대게를 삶아 내놓았다. 아! 도대체 이렇게 먹고 사고 안 날까 걱정할 정도였는데, 사실은 며칠 그렇게 먹고 나서 모두 설사하느라 그 동안 먹은 좋은 음식이 다

박재일 형 결혼식 때 최혜성 형과 나는 갓을 쓰고 장난을 쳤다.

꺼져버렸으니 아깝고 또 아까웠다.

흰 두루마기에 검은 통영갓을 쓰고 앞서 걷는 박형과 마을 친구들을 따라 우리는 함을 지고 또 걷고 걸어 강구 포구 안쪽 한 중산간 마을에 도착하였다. 박형 처가집이었다. 시골 살림으로는 아주 크고 포실한 느낌이었고 집도 규모가 큰 초가였다. 사랑은 딴채로 지어져 있었다.

함을 중간에 놓고 흥정하는데 웃지 못할 일이 벌어졌다. 저쪽 상대는 신부의 오빠로 그 지방에서 한다하는 사람이라고 했다. 우리가 조금 인색하게 굴자 그의 입에서 대뜸 이런 말이 튀어나왔다.

"아니, 듣자니 나라와 국민을 위해서 일하는 청년들이라 카는데, 지금의 농촌 사정을 뻔히 잘 알 텐데도 그렇게 하시면 어떡합니까? 농촌에 무슨 돈이 있겠습니까? 그 점을 미리 생각해주십시오."

우리 후배들 중 가장 민감하고 제일 약한 것이 김중태 형이었다. 그 말

한마디에 얼굴이 버얼겋게 되며 눈살을 찌푸리더니 우리에게 단호한 목소리로 "그만 놓자! 그만 놓자고!" 했다.

그렇게 되었다. 그 다음부터는 먹자판인데 최혜성 형과 내가 너무 취한 끝에 옆방에 걸어놓은 시골 양반들 갓을 끌어다 쓰고 장난을 하는 등 난리를 피웠다.

그날 밤에는 박형 처가에서 나온 '이승만'이라는 이름의 친척 청년이 술 대접을 하는데 농촌 사람 같지 않게 꼬박꼬박 기발하고 영악스러운 대꾸를 해서 술 취한 우리의 비위를 상하게 했다.

내가 그랬던가, 최형이 그랬던가 하여튼 우리 중 누군가가 "이승만이 혓바닥을 쑥 뽑아놓겠다. 혀 내놔봐!" 했다.

그랬더니 그 청년이 널름 혓바닥을 내밀었다. 그 혓바닥을 손가락 사이에 쥐고 힘을 쓰니까 청년이 온몸을 쏠리며 아파하면서도 잘못했다는 소리 한마디는 기어이 하지 않았다.

누군가가 혀를 차며 말했다.

"정권 잡을 만하다!"

그날 밤. 달은 휘영청 밝은데 잔뜩 취한 나와 최형 둘이서 마당에 쌓인 긴 대를 하나씩 꼬나들고 신방 창호지 문을 들입다 쑤셔댔다. 방문 안에 세워놓았던지 병풍 같은 것이 안으로 퍽 하고 쓰러지며 박형이 문을 박차고 뛰어나왔다.

"니들! 정 이럴래?"

아이쿠! 둘은 정신이 펄쩍 들어 도망해버렸다.

이때의 사건을 두고 박형 부인이 가끔 왈,

"그때 그 장난을 해서 득남을 못 하고 계집애만 다섯 아닌가요!"

하기는 박형은 딸만 다섯이다. 어찌 됐든 미안하고 미안한 일이었다.

강구 포구에서 박형 친구 수광 씨와 또 마시고 떠나던 날엔 영덕경찰서에서 정보과장이 나와 우리를 대접했다.

그 술집, 꼭 꿈결에 본 듯한 고즈넉한 술집! 큰 마당 뒷곁에 대밭이 있고 그 대밭 너머에 산을 오르는 조용한 산길이 있는데, 웬일인지 내게는 6·25 전후해서 빨치산들 활동하던 풍경 같은 느낌이 강하게 왔었다. 기괴한 학살현장은 아닐까? 역사와 자연은 서로 연결되어 있으니…….

사단은 거기서도 났다. 상부에서 지시하는 일이라 우리를 대접하기는 하지만 신명이 날 리 없고, 가진 현금도 없어서였던지 정보과장이 외상을 긋자느니 주인 아주머니는 안 된다느니 한참 굿을 벌이는데, 정보과장이 공무원에게 감히 비협조적이라고 호통을 치며 주인 뺨을 치고 또 거기에 흥분한 김도현 형이 정보과장에게 호통을 치는 소란이 연이어 일어났다. 그리고 거기서 우리는 헤어졌다.

나는 김중태 형과 포항에 와서 하루를 자고 그 이튿날 서울로 돌아왔다. 가는 길이었던가, 오는 길이었던가. 그 무렵 경북 안동 시내에 있는 김도현 형의 집에 잠시 들러 김형의 큰형님이 주시는 제비원 도가의 옛날 소주 마신 일을 잊을 수 없다. 그 진짜배기 독한 소주를 목에 탁 털어넣으니 뱃속에서 갑자기 뜨거운 불이 확 솟아오르면서 코끝에 이상한 향기가 휘익 하고 감돌았다. 그래서 그때 내가 한마디 이용악의 시구를 읊었더랬다.

"불타는 술잔에 꽃향기 그윽한데……."

시만이 아니었다. 우리의 옛술, 우리의 옛날에는 소주마저도 예술이요, 풍류였다.

이것이 다만 복고주의일 뿐인가. 아니면 원시반본原始返本, 서양 말로 르네상스, 범부凡父 선생의 용어대로 '동방東方 르네상스'를 향한 정서적 회귀인가.

우리 술처럼 우리 고유의 사상 안에는 애당초부터 세계성·우주성이 들어 있으니 그것이 바로 생명, 평화, 극단 사이의 조화, 이렇게 세 가지 원리요, 사상이다.

162_사상

아이들이 장난하며 노는 한 놀이가 있다. 하나가 제 눈을 가리고 한 군데에 서서

"어디까지 갔나?"

하면 다른 하나가 저만큼에서

"방문까지 왔다."

또 묻는다.

"어디까지 갔나?"

"마루까지 왔다."

또 묻는다.

"어디까지 갔나?"

이번엔 거짓말로 답하여

"학교까지 왔다."

해버린다. 그럼 다른 한 아이가 눈 가렸던 손을 금방 내려버린다. 거짓말을 눈치챈 것이다.

그렇게 될까? 내 사상의 성장사에 관한 이야기도 그렇게 되고 말까?

자왈子曰 중에 "공공여야空空如也"란 말이 있다. 문자 그대로 '마음을 텅 비우고 나서'의 뜻이라 한다. 참으로 '공공여空空如'로 말하리라.

그 겨울 신접살림에서 올라온 박재일 형이 내게 종이가 낡고 겉장이

닳아빠진 《대중철학》 한 권을 가져다주었다. 쉽고 대중적으로 된 책이어서 진보철학적 원칙들에 대한 요해와 호감과 흥미는 갔지만 내 인생의 미묘한 구석구석에까지 해답을 주기에는 아득히 멀었다.

그 무렵 서울에 머물러 있던 내게 내면의 큰 바람을 일으킨 것은 도리어 붉은 러시아에서 음으로 양으로 박해받아 자살해버린 시인 세르게이 예세닌이었다. 해방 직후 오장환 시인이 일어판을 중역한 말똥종이 책이었다.

> 폭풍은 지났다
> 소수의 사람만이 무사하였다
> 이젠 소리 높여 서로를
> 이름 부르는 사람마저도 드물어졌다

〈소비에트 러시아〉란 시의 도입부다. 전율이 온다.

하일민한테였나? 영역판 레닌 저작과 강연집을 모두 빌려다 내내 읽으면서도 도리어 레닌의 쿨라크〔富農〕 착취와 농촌을 볼모로 한 도시노동자 중심의 산업정책에 반기를 들고 농업사회주의 쿠데타를 모의하다 적발되어 외국으로 망명해버린 사회혁명당의 마프노와 그 마프노의 절친한 친구인 예세닌에게, 아니 차라리 그들의 참혹한 운명에 나는 매혹되어 있었다.

훗날 유기농운동인 생명운동, 생태학에 입각한 환경운동의 철학인 '생명'의 깨달음과 경도 역시 여기에 줄을 대고 있다.

나는 어릴 적부터
차돌 같은 기상으로 이름났다.

　이렇게 고백한 예세닌의 그 무사기無邪氣한 시심과 달빛이 푸르게 비치는 방, 제가 태어난 제 고향의 바로 그 방, 그 침대 위에서 권총자살로 삶을 마감하는 예세닌의 슬픈 삶, 슬픈 시업詩業에 비해 마야코프스키는 얼마나 범속하며 데미안 베드누이는 또 얼마나 저속한가!
　철학과 친구들에게 빌려온 마르크스의《자본론》전석담 번역본 두 권을 그 해 겨울이 가고 초봄이 오는 눈부신 나날에 나가지도 않고 방구석에서 자나깨나 눈에서 떼지 않던 그 무렵의 놀라움과 깨우침의 폭탄 같은 위력을 가지고도 예세닌의 시 한 구절을 감히 어찌하지 못했다.

어머니
이제 더는 땅거미 지는 무렵
먼 도시에서 혹시 이 아들이 올까
철 지난 옷을 입고
자꾸만
신작로가로 나오지 마십시오.

　참으로 시란 무엇일까. 참다운 시는 가장 지혜롭고 최고로 과학적인 사상마저도 압도한다. 루나차르스키 등의 관료 지식인들은 아메리카 부르주아의 꽃 이사도라 덩컨과의 열애와 그로 인해 이제 막 일어서기 시작한 신생 소비에트 러시아를 감히 떠나 유럽 사교계를 유령처럼 전전하다 돌아온 예세닌에게, 그에겐 총살보다 더 지독한 비애국자라는 스캔들로 괴롭히고 또 괴롭혀 끊임없는 술주정과 싸움 끝에 마침내는 자살하는 데까지 몰아넣고 만다.

그러나 바로 그렇게 죽은 예세닌이 혁명에 대한 정열과 동시에 혁명이란 이름의 역사로부터 시작하고 공산주의 사회라는 역사로 돌아가거나 또는 그 밖의 역사로 되돌아갈 운명이기는 하지만, 그 자체로서는 이미 역사가 아니고 도리어 역사에 반대되는 민중의 내면적 삶의 생성, 그 미묘한 삶의 그늘을 내내 느끼게 하고 내내 깨닫게 만든 러시아 민중의 한 깊은 상처요, 한 추억이요, 한 사랑이었던 것이니, 훗날 파스테르나크에게, 예프투셴코와 솔제니친에게 깊고 깊은 영감의 샘물이 되지 않았던가!

나는 그 밖에도 바쿠닌이나 크로포트킨까지 파들었으니 잡탕 꿀꿀이 죽인 셈이었다. 나의 잡식성은 마오 쩌둥과 유럽의 뉴 레프트, 마르쿠제와 프랑크푸르트 학파, 그리고 실천에서 루디 두츠케나 다니엘 콩방디에까지 이르러 절정에 달했다.

철학과 최혜성 형의 도움이 매우 컸다. 학교의 커리큘럼은 헤겔·칸트·베르그송과 하이데거, 미학자 테오도어 립스나 니콜라이 하르트만, 실존주의 미학과 실존주의 사상사 등 유럽학이 판을 쳤고 동양미학 시간에는 공맹과 노장을 바탕으로 한 고전적인 동양미학과 규범적인 동양 사상사·미술사 등이 전면을 차지했다.

대학 재학 시절 연구발표회 때.(1965)

중국에서는 한창 마오 쩌둥과 장 칭江靑·야오 원위안姚文元·왕 훙원王洪文 등의 홍위병 문화혁명의 폭풍이 거세게 불고 있었고, 서부 유럽에서는 신좌익 등에 의한 소위 68문화혁명의 예비 전역이 태풍이 되어 휩쓸고 있었다.

동부 유럽에서는 반체제적인 비판운동, 아메리카에서는 흑인들의 인권운동이나 베트남전 반대운동, 히피 운동, 비트 제너레이션의 문화운동이, 베트남의 사이공 등지에서는 틱 꾸앙 둑 스님의 동료들이 끊임없이 불꽃에 몸을 던지는 소신공양을 계속하고 있었다.

그리고 아시아, 아프리카, 라틴 아메리카는 수카르노와 네루, 저우 언라이周恩來와 나세르 등의 지도로 '제3세계운동'을 장엄한 새 지구운동으로까지 전개하고 있었다.

나는 술에 취해서도 《반야심경》과 《금강경》 도입부를 중얼중얼 암송하며 선禪의 세계를 부질없이 동경했다.

아! 틀림없는 차원 변화인데, 문제는 그 어떤 새로운, 민족 고유와 주체의 사상 속에 동서양 사상과 함께 현대의 문화적 요동을 함께 담아 새 차원으로 끌어올릴 수 있는 바로 그 '씨올'이 무엇인가였다.

《주역》 이괘離卦의 처음인 초구初九에 "엇갈리고 얼크러진 잡다를 밟고 나가되 공경하는 마음을 놓치지 않고 집중하면 허물이 없으리라(履錯然 敬之無咎)"했다.

그것, 바로 그 '경지敬之'가 동학에서는 '시侍', 즉 '모심'이다. 혼돈 그 나름대로의 질서와 중심 아닌 중심이 바로 '모심'인데, 나는 그것을 몰랐고 모른 채 그 하나를 잡다 속에서 찾아야 한다는 강박, 그리고 그것을 찾지 못해 닥쳐오는 온갖 혼란과 부담감이 내 젊음을 내내 무거운 짐으로 느끼게 했으나, 바로 그것이 사실은 내 곁에, 우리 속에 있는 줄은 새까맣게 몰랐다.

문학평론가인 유종호柳宗鎬 선생이 어느 글에서 "청춘은 중하重荷였다. 빨리 늙기만을 바랐었다"라고 썼다. 그것은 참으로 바로 나의 말이다. 청춘의 중하와 그것을 벗어나게 해줄 내 속의, 우리 속의, 우리 나름의 그 어떤 것, 그 어떤 세계사상, 그것이 대체 무엇일까? 어떤 사상이요, 어떤 문화일까?

163_ 청맥

《청맥靑脈》이라는 민족주의 잡지가 그때 있었다. 문리대 선배인 김질락·이문규 씨가 발행하고 송복·구동태·심재주 씨 등이 편집하는 새로 생긴 진보적 민족주의 잡지였다. 나중에는 그것이 평양에 의해 남한에서 만들어진 '통일혁명당' 조직의 전위 기관지라는 사실이 그 당조직의 검거·와해와 함께 밝혀져 깜짝 놀란 적이 있지만 그 무렵으로서는 논조가 좋고 편집도 뛰어났다.

조동일 형은《청맥》의 좋은 고정필자였는데, 한번은 조형을 통해《청맥》에서 내게 동학의 갑오혁명을 주제로 한 한 편의 장편 민족서사시를 써달라고 부탁해왔다. 나는 그때 아무 계산도 없이 즐거운 마음으로 받아들였다. 왜냐하면 그 말을 듣는 순간 우리 집안이 동학 집안이라는 것과 어렸을 때 전설처럼 들은 해남에서의 대전투가 떠올랐기 때문이다.

영암 쪽에서 해남반도로 들어가려면 고개를 하나 넘는다. 그 고개가 우슬치牛膝峙인데, 우금치는 이미 다 알려진 장소이므로 우슬치라는 외진 시골에서 마지막 동학을 다루는 게 좋겠다는 판단이 순식간에 내려진 것이다.

우슬치에서 관군과 일본의 연합군에 맞서던 이천여 명의 동학군이 전멸했는데, 지금도 고갯마루에 달이 뜨면 하얀 갈꽃들이 "새야 새야 파랑새야"를 노래 노래 부른다는 외할아버지의 옛 이야기를 아주 어렸을 때 들은 적이 있었다. 외할아버지는 일제 통감부와 총독부 시절 해남에서 순검과 초등학교 선생님을 지내신 분이라 해남 이야기는 다 환했다.

나는 그 전설을 판소리 형식의 서사구조 안에 담고자 했다. 내용과 형식의 일치라는 미학적 요구 때문이었다. 한 이백여 행을 써나갔을까, 당시 출간돼 나와 있던 유일한 동학 관련 서적인 최동희崔東熙 선생의 《동경대전東經大全》을 열심히 읽고 그 뜻을 새기며 판소리의 현대화를 시도하려고 무진 애를 썼다. 그러나 백방으로 몸부림쳐 봐도 아직은 역부족이었다. 조형도 창작에 임해서는 그리 큰 도움을 못 주었다. 나는 할 수 없이 훗날의 작업으로 미루고 이백 행의 서정시 스무 묶음 분량의 이름뿐인 그 서사시를 불태워 버릴 수밖에 없었다.

동학의 사상적 특질을 철학적으로 이해하는 데서나 판소리의 현대 서사구조화의 미학적 기능에서나 나는 아직 걸음마에 불과했다. 《청맥》 쪽에 포기 의사를 전달했지만, 그 부채감이 내 평생 남게 되었음을 꿰뚫어본 사람은 조형뿐이다.

어찌 보면 〈오적五賊〉마저 바로 그때 시도했던 판소리 서사시를 위한 에튀드(시험작으로서의 소품)에 불과하며, 그 뒤에 나온 산문집 《밥》이나 《남녘 땅 뱃노래》 등도 그때 실패한 동학사상 이해의 한 부분적 시도에 지나지 않았던 것이다. 나는 그 숙제를 졸업 후 폐결핵 요양원에까지 갖고 들어갔다. 그것을 잘 아는 조형이 졸업 무렵 내게 알려준 말이 있다.

"지금 어디선가 창작기금을 받아 신동엽 시인이 동학 서사시를 쓰고 있어. 그 결과가 한 이 년 뒤에는 나올 것 같으니 그 결과를 보고 나서 김형이 시도해도 늦지 않을 것 같군. 조금 기다려!"

나는 기다렸다. 요양원에 가서도 기다렸다. 그래, 끈질기게 기다렸다.

이 년 뒤던가? 조형이 〈금강〉이라는 제목의 신동엽 서사시를 들고 서대문 역촌동 언덕 위에 있는 시립 폐결핵요양원에 올라왔다.

"한번 보면 알겠지만 '대하'가 아니라 도랑물 스무 개 묶어놓은 거야. 김형이 다시 써야겠어!"

다시 써야 한다? 다시 써야 한다?

그때 조형은 두 가지 매듭을 짓고 갔다. 그 중 하나는 자신은 문학평론을 하지 않고 대학에서 학문을 공부하겠다, 그렇게 해서 사회에 이바지하겠다는 것. 또 다른 하나는 평론은 염무웅廉武雄 형에게 맡기고 나는 창작에만 전념해줬으면 좋겠다는 것. 그리고 자기는 대구로 내려간다는 거였다.

병원생활 이후 한 번 그의 계명대 시절에 대구에 가 만난 적이 있으나 그 뒤 우리는 몇 년 만에 한 차례, 혹은 십 년 만에 겨우 한두 번 만날 정도로 멀어졌다. 그러나 우리의 우정과 우리의 토론 내용들과 합의가 사라진 것도, 멀어진 것도 아니다. 멀리서도 작품이나 논문으로 서로를 확인하고 있었으니까.

내가 해남으로 낙향하기 직전 작가 황석영 씨 등과 미리 해남에 들러 그곳 친구들의 대접을 받은 적이 있다. 우리가 좌정한 곳은 '구림'이라는 곳인데 대홍사와 진도 그리고 해남 읍내 세 갈래로 길이 갈라지는 병풍산 자락에 수십 채의 요릿집을 세워놓은 거품 식 관광단지였다.

한 방안에서 술을 마시는데 이상하게 심기가 불편했다. 뿐만 아니라 벽지의 문양이나 창문의 깎음새 등이 흐릿한 불빛 아래 괴괴하기 그지없었다. 황석영 씨의 얼굴을 바라보니 아주 기분 나빠하는 표정으로 잔뜩 일그러져 있었다.

"왜 그래? 기분 안 좋아?"

"형은 안 그러우? 이상하지 않아? 이 집 좀 이상해!"

"그렇지? 우리 나갈까?"

"나갑시다, 당장!"

우리는 일어나 나왔다. 나오면서 해남 토박이 친구더러 "이 집 터, 여기 어떤 데야?" 하고 물었더니 해남병원의 김동섭 형과 해남 YMCA의 김성종 형이 거의 동시에 외치듯 대답했다.

"아, 동학당 이천 명이 몰살당한 데 아니오!"

"아하! 그럼 여기가? 그럼 우슬치가 아니라 바로 여기 구림이?"

동섭이 말을 이었다.

"여기에 요릿집들 들어서기 전에 텐트를 친다든가 하면 꿈에 시커먼 농군들이 나타나 배고프다고, 밥 달라고 애원을 한다는구만요. 그리고는 코펠에 남은 밥이나 과자나 사과 같은 음식은 다 없어져 버린다는구만요!"

"아하! 여기로구나!"

요릿집을 나서는 우리 눈에 벌판 너머 밤하늘, 남쪽 하늘 시커먼 하늘에 무슨 빛줄기 같은 것이 휙 지나가는 듯했다. 혜성인가? 귀신인가?

164_ 최한기

"혜강惠崗 최한기에 대해서 알아?"

"몰라."

"녹문鹿門 임성주任聖周는 알아?"

"몰라!"

"그러면 황진이黃眞伊는 알아?"

"알아."

"황진이의 스승이 누구야?"

"그야 화담花潭 서경덕徐敬德이지, 물론!"

"이제 됐다. 그럼 화담부터 시작하자고! 우리나라의 기철학은 화담부터라고!"

"어어?"

"화담 아래가 녹문이고 그 밑에가 혜강이지! 기철학을 중심으로 해서 이기철학을 다시 보는 공부가 이제부터의 우리 철학 공부야! 그렇게 볼 때 율곡·퇴계·남명이 다 다시 보이지! 나머지도 물론이고!"

"뭐가 그렇게 쉬워?"

"우선 뼈대를 세우는 거니까 그렇지!"

"수운은? 최제우는?"

"아항! 니가 동학에 빠졌구나! 최수운은 기철학을 신비화·종교화한 사상가지. 그러나 선도仙道 속에서 기氣 중심으로!"

"그래! 그것 참 쉽네!"

수학과 학생으로 문리대 산악반의 리더였던 이돈녕李敦寧이 4·19의 충격으로 졸업 후 철학과에 학사편입하여 이른바 '기굴氣窟'에 빠진 것이다. 그는 입만 벌리면 기는 우주의 주재主宰요, 리理는 그러한 기의 조리條理란 말부터 시작해서 혜강 최한기의 일신운화一身運化는 대기운화大氣運化로 우주화, 대기운화는 다시 교접운화交接運化로 사회화, 그것이 결국은 또 다른 대기운화로 현실화·구체화하는 것이 통민운화統民運化며, 통민운화가 정치니 바로 '인정人政'이라 떠들었다.

나는 이돈녕에게 많은 것을 배웠다. 내가 이형에게 혜강 등을 배운 뒤에 비로소 박종홍 박사의 한국 근대철학사 강의가 시작되었으니 이형이 내게는 기와 혜강 최한기에 관해서 훨씬 더 선구적인 셈이었다.

별명이 '기철학' 혹은 '최한기'인 이형이 위장병, 아마 위암이 아니었을까, 결국 그 위병으로 세상을 일찍 떴다. 귀하고 가까운 사람이 어처구니없이 훌쩍 곁을 떠나고 보니 벗들은 도리어 철인哲人에게 욕을 했다.

"돈녕이가 왜 죽은 줄이나 아나? 밥 굶는다고 위를 상해서 병이 된 거라. 돈 없어서 굶은 게 아니지! 이유를 들으면 너희들 까무라친다. 바로 이거야! 가라사대 '혁명을 하려면 끼니를 잘 건너야 한다. 나는 지금부터라도 하루 한 끼 먹고 사는 훈련을 하는 중이다. 혁명은 목전에 와 있다.'"

친구들은 입술을 실룩일 뿐 웃지도, 욕을 하지도 않았다. 사실 너무도 어처구니없었다. 제일 가까웠던 조형이 나지막하게 한마디 씹어뱉을 뿐이었다.

"미친놈!"

내가 먼저 혜강의《신기통神氣通》을 읽노라면,

"인간의 진짜 능력은 추측에서 오는 거야.《추측록推測錄》을 먼저 읽어!"

이리 소리소리 지르고,《추측록》을 읽노라면,

"인식은 구체적 사물의 판단이 먼저 쌓이는 과정에서 신기神氣가 통하는 거야!《신기통》부터 먼저 읽어!"

하고 소리소리 지르는 저 홀쭉한 모습이 떠오른다.

그 영상 자체가 4·19다. 그의 존재 자체가 5·16에 대한 4·19의 전인적 반격이다. 그리고 그의 학문은 우리가 찾는 바로 그것, 그처럼 어려운 그것의 길잡이, 충실한 길잡이다.

얼마 전 나는 '시와시학사'에서 시상하는 정지용문학상을 수상하게 된 것을 계기로 조동일 형과 대담을 하게 되었다. 십여 년 만의 만남이었다. 그 대담의 결론으로 조형은 최한기로 대변되는 자기의 학문과 최제우로 상징되는 나의 문학이 하나로 만나는 것이 한국학의 결론일 것이라는 마지막 진단을 내렸다. 그러나 그 통합은 어렵고 자기와 나는 아무래도 예수가 아니라 세례 요한이라고 했다.

그때 나는 고운 꽃그늘로 노을을 이렇게 저렇게 변조시키는 시와시학사의 예쁜 이층 편집실 연둣빛 벽에 선 홀쭉한 등산쟁이, 문리대 마당에서 랜턴 파티를 열고 있는 고 이돈녕 형의 영상과 불그레한 눈자위, 새빨간 입술빛을 보는 것 같았다.

그가 어느 날인가 대학식당에서 밥 한 끼를 사주고 자기는 굶으면서 했던 말과 이 말이 거의 일치하기 때문이다.

"감성과 이성과 영성, 예술과 철학과 종교, 거꾸로 하면 천지인天地人, 이 셋이 합쳐져야 통일이 돼! 우선 최한기와 최제우가 통합돼야 해! 그러나 그것 꽤는 어려울 거라!"

나는 지금 이 두 벗의 두 사건을 비교하며 입 속으로 중얼거린다. 아직 자신이 없어서다.

'생극론生克論, 즉 상생상극론相生相克論과 불연기연론(不然其然論, 아니다와 그렇다, No와 Yes의 동시파악론)을 통합해야 한다. 불연기연은 보이는 차원과 보이지 않는 차원 사이의 상호 생성적 관계에 대한 테야르 드 샤르댕, 베르그송, 그레고리 베이트슨과 데이비드 봄 그리고 미셸 세르의 논리적 판단에서도 관통하고 있지만, 옛 원효의 일심불교一心佛敎 나름의 사연비연론(似然非然論, 비슷한 듯하나 전혀 그렇지 않다)에서 이미 그 모습을 보인다. 그것은 선도의 생명논리다. 그리고 생극론은 동양인이면 누구나 인정하는 도가와 유학에서의 음양과 태극이 아닌가!'

비록 오류라 하더라도 내가 이렇지 않을까 생각한다는 사실 자체가 통합과 통전에의 큰 한 걸음이다. 아니 그럴까?

165_ 청강

1965년 초여름 언젠가 원주에서 감옥을 출옥한 지 불과 몇 달이 안 된 장일순 선생을 만나 술과 밥을 먹은 일을 잊을 수 없다. 그때는 이미 한일조약의 국회비준을 반대하는 학생들의 움직임이 시작된 뒤다. 분명 시간적으로 뒤인데도 의미적으로는 그 앞에 위치한다. 기억이란 가치론적인 것인가.

생의 막역지기인 한 중국인의 가게에서였는데, 거기 장선생 외에 내가 악어라고 별명해 부르는 한기호 선배와 이미 고인이 된 이동규 형이 자리를 같이했다. 선생의 자호自號가 청강青江이다. 청강은 그 뒤 무위당无爲堂으로 바뀌고 다시 일속자一粟子로 바뀐다. 청강이란 아호는 선생의 스승인 차강此江 선생께서 지어주셨다 한다.

'청강' 하고 입 속으로 부를 때마다 수운의 시구인 "청강지 호호혜 소자 여객풍류(青江之 浩浩兮 蘇子 與客風流)" 열두 글자가 선명히 떠오른다.

이것은 분명 서정시지만 동학과 옛 선도의 모든 것이 그렇듯이 동시에 조직활동의 암호다. 길게 늘어놓을 틈은 없지만, 잘라 말해서 이것은 최고운崔孤雲의 〈난랑비서鸞郎碑序〉에 있는 풍류에 관한 설명 중 "포함삼교包含三教"에 대응한다. 동학도 이외에 유불도 삼교의 명망가들 중 동조자들과 함께 어울려 풍류, 즉 선도의 생명회생의 길을 가라는 것이니, 어찌 보면 통일전선이요, 다시 보면 그물, 즉 네트워크다.

왜냐하면 '함含'은 '품다'이지만 '포包'는 보따리나 소쿠리처럼 숭숭

청강 장일순 선생님과 함께.(1984)

구멍 뚫리거나 삐죽삐죽 물건 모습이 드러나고 속이 훤히 비치는 '얽힘' 속에서 서로 다른 이것저것을 함께 담는다는 뜻이니, 이는 곧 포접제抱接制의 '포'라는 것이며 혹은 '네트워크'란 말이다.

청강이란 그럼 뭘까? 더욱이 그것이 넓고 넓다면?

그 앞의 시구인 "청풍지 서서혜 오류 선생각비(淸風之 徐徐兮 五柳 先生 覺非)"가 주체인 동학도의 풍류의 때, 개벽의 시운이 자꾸 늦어져 가는 그 주체적인 까닭을 자신들의 수양과 조직 미비로 깨닫고 크게 반성하며 각오하는 뜻이라면 그 자체로는 '접接'이니 동학의 주인 기운이요, 줄기찬 추진력이겠다. 또한 그것은 천시天時가 가져다주는 세력이자 형세이다. 그런데 모든 병법은 바로 이 세勢, 즉 "호호浩浩한 청강"의 진척 앞에서는 그 어떤 장애도 있을 수 없다는 것을 강조한다.

그러하매 강풍류江風流의 주인공인 소동파蘇東坡는 나그네(삼교三教의 지식인들, 명망가들)와 어울려 풍류(생명의 변혁·선도혁명)를 놀게 된다는 뜻이다.

아, 청강이 그런 뜻인가. 그때 벌써 그런 청강의 뜻을 다 알았다는 말인가. 아니다. 그럴 리 있나! 안 것은 지금이다. 그러나 그때 이미 느낌은 있었다.

나는 청강 선생과 손을 잡고, 어렴풋이 그분을 모시고 나가야 한다는 것을 느꼈다. 내가 아마 그날 술에 대취했던가 보다. 내가 너무 좋은 나머지 선생에게 건방을 떤 모양이다. 악어 형이 나를 밖으로 끌어내서 한 대 쳤다. 그러자 나는 껄껄 웃었다고 한다. 이동규 형이 비아냥거렸다고 한다. 또다시 껄껄 웃었다고 한다.

청강 선생께서 모두 들어오라고 해서 들어가니 온화한 얼굴로 왈,

"먼길 갈 텐데 술자리조차 편치 않다면 어떻게 뜻을 모으나? 서로 사과들 하게!"

내가 대뜸 가로되,

"형님, 죄송합니다. 이형 미안하오."

악어 형은 할말이 없었다고 한다. 형님과 나 사이엔 그 뒤로 지금까지 조금이라도 얼굴 붉히는 일이 한 번도 없었다. 얼굴 붉히기는커녕 친형과 친아우 사이였다. 길고 긴 세월을 우리는 그렇게 서로를 사랑했다.

청강 선생은 이십대 청년 때부터 몽양 여운형 선생의 제자요, 추종자였고, 6·25 이후에는 죽산 조봉암 선생의 동조자였으며 4·19 전후에는 윤길중 씨와 같은 혁신계 동지였다.

선생의 사상은 단적으로 말해 좌우의 통합이었고 영성과 과학의 통전이었으며 동서양과 남북의 통일이었다. 4·19 직후의 총선에서는 사회대중당 후보로 원주에서 출마도 했으나 5·16 후 삼 년간 옥고를 치르고 나오신 뒤부터는 생각이 달라지셨다고 한다.

선생은 그날 술이 좀 깬 뒤에 이런 말씀을 하셨다.

"지금 베트남에서는 불교와 호치민 세력이 연대하고 있네. 남미에서

도 가톨릭이 혁명 세력과 함께 전선에 선 데도 있어. 카밀로 토레스 신부가 그 예야. 나는 이것이 아마 새 시대의 새로운 조류일 것이라고 생각해.

지금 가톨릭에서는 1962년부터 1964년까지 이 년간 제2차 바티칸 공의회를 열고 인간의 개인적 구원과 사회적 구원을 함께 추진하는 문제를 검토했다고 하네. 아직 그 결과는 알 수 없으나 몇 년 안에 큰 변화가 있을 것 같아. 벌써 여러 해 전에 사회와 정치와 노동문제에 대한 교황의 칙서가 발표된 일이 있으니까.

감옥에서 많이 생각하고 또 나와서 생각한 것인데, 이제는 정치 가지고는 아무것도 안 돼. 정당 같은 것으로는 소용없어. 종교를 우회해야 하네. 종교를 배경으로 하는 새로운 대중운동에 사활이 걸렸네.

이미 동양에서는 인도의 간디와 비노바 바베의 예가 있지. 힌두교와 인도철학을 배경으로 영국 식민주의에 저항하며 정치·경제·문화적으로 천민계급을 해방하는 여러 운동을 전개한 예가 있으니까. 우리도 그 길을 따라가야 하지 않을까?

나는 불교도 중요시하지만 우선 가톨릭, 그것도 새로운 혁신적 가톨리시즘에 기대를 건다네. 전 교황 요한23세께서 영면하시기 직전에 이런 말을 했다지 않나!

'답답하다. 창문을 활짝 열어라!'

지금 가톨릭은 어둡고 답답해. 그러나 이제 창문을 열기 시작하면 개인 구원과 사회변혁의 새로운 에너지원이 될 거야. 그 힘을 타고 개혁과 민주화와 통일의 길을 찾아보세. 그 과정에서 우리 나름의 새로운 사상과 노선과 세력과 근거가 나타나지 않겠나!"

한기호 형과 이동규 형이 다 함께 가톨릭에 비판적인 견해를 내놓았다. 그러나 나는 잘 알 수 없었다. 판단 이전에 많이, 깊이, 넓게 생각하고 또 생각해보리라 다짐했다. 혹 이것이 내가 찾는 '내면의 평화와 외면의 사회 변혁의 통합', 곧 '요기-싸르'의 길은 아닐까?

술은 이미 다 깨버렸다. 청강 선생이 다시 술을 권했다. 정종을 큰 자장면 그릇에 따라주셨다. 다 마셨다. 또 따랐다. 다 마셨다. 따르고 마시고 따르고 마시고.

캄캄한 내 마음 허공에 반짝 푸른 별 뜨듯이 영롱한 몇 가지 생각이 사뭇 샛별처럼 빛나기 시작했다. 그리고 이날이 내 생애에서 중요한, 매우 중요한 날이 되리라는 예감에 몸을 떨었다. 나는 비틀거리며 아버지와 어머니가 세들어 사는 좁은 방구석으로 들어가 누웠다. 무언가 새로운 느낌이었다. 나는 이날 이후 이른바 '원주 캠프'의 한 사람이 된 것이다.

'요기-싸르'에의 꿈! 그 가능성에 미소를 띤 채 나는 달콤한 잠에 빠져들었다.

166_ 전선

한일조약 비준반대운동은 거대한 전선을 구축하기 시작했다. 학생측의 김중태 형과 정당 쪽의 윤보선 대통령간의 연대가 그 중심이었다. 그리고 여기에 두 개의 힘이 가세했다. 하나는 장준하·백기완 씨 그룹이요, 다른 하나는 고려대의 박상원, 이화여대의 진민자陳敏子 그룹이었다.

전국 각 대학에 학원방위군學園防衛軍을 조직하여 장기적으로 학교를 근거지와 해방구로 해서 다방면으로 저항해나가며, 나아가서는 조약을 비준하는 비준국회를 마비시킨다는 계획도 섰다. 이백여 명의 특공대 조직도 구상되고 또 현실화하기 시작했다. 비준국회 때에는 '폭음만 크게 나고 살상력은 없는 사제폭탄'을 다수 만들어 단상에서 이를 폭파시키고 '비준 모라토리엄'을 선포하게 만드는 계획이었다.

나를 폭탄과 특공대 책임자로 결정하였다. 왜였을까? 아마도 지난해 연좌단식농성 때 너무나 끔찍하고 너무나 독살스러운 시위를 해서였던 것 같다. 자업자득이다.

어느 날 새벽 손정박 형의 집에서 자고 있을 때 김도현 형이 검은 가죽가방을 하나 들고 바삐 들어왔다. 소리만 크게 나고 다치지는 않는 폭탄을 제조하는 데 쓰일 거액의 돈다발이었다.

내가 회의감을 표시했다. 그런 폭탄이 있을 것 같지 않다는 거였다. 그러나 김도현 형은 막무가내였다. 김형의 눈 속을 가만히 들여다보며 '우리가 바로 제2의 독립운동을 하고 있구나' 하고 생각했다. 손정박 형도 자꾸만 권해 안 맡을 재간이 없었다. 중요한 일이기 때문에 다부지고 어른스러운 사람이 맡아야 한다는 거였다. 김형, 손형, 화약 취급자 그리고 나, 이 네 사람만으로 비밀을 좁히기로 결정하고 나는 검은 돈가방을 들고 그 자리를 떴다.

원주로 갔다. 간 곳은 원주의 집이 아니라, 집에는 그때 안 들르고 바로 서울로 돌아왔지만, 내 친구 '나코빨갱이'가 경영하는 커다란 고물상이었다.

'나코빨갱이'는 본명이 나형수로, 서울대 농대를 나왔고 고물상을 경영하며 미군부대에서 나오는 화약 등을 광산 쪽으로 소비시켰기 때문에 간 것이다. 아니나 다를까! 나형도 회의적이었다.

"그런 폭탄이 어디 있어?"

"그래도 실험해봐. 돈은 넉넉히 있어. 구애받지 말고……."

"어려워…… 어려워…… 어려워……."

그러나 사용 목적을 자세히 들은 나형은 일단 해보자고 결론을 내렸다. 실험을 나형에게 맡기고 나는 청강 선생께 들러 비밀리에 거기서 며칠 쉬고 다시 나형을 만났다. 나형은 사흘 동안 쉼없이 다종다양한 방법으로 부론강변에 나가 고기 잡는 체하며 실험에 실험을 거듭했지만 결과는 불가능이었다.

"김형! 똑바로 들어둬! 자재 부족이 절대 아니야. 자재는 쓸 수 있는 모든 것을 다 써봤어! 불가능이야! 소리가 클수록 살상 효과가 높아! 안 그러면 폭죽밖에 안 돼! 몰로토프 칵테일 정도의 화염병밖에는 안 돼! 어느 정도의 찰과상이나 타박상 정도는 각오해야 하는데, 그 정도로는 큰 폭음도 기대할 수 없어! 내 충고 하나 할게! 이 계획은 좀 유치해! 포기하도록 설득하는 게 나을 것 같아!"

돈을 조금 쓴 것 외에는 그대로였다. 돌아가기로 했다.

서울길은 쓸쓸했다. 손정박 형의 집에서 다시 김도현 형을 만나 돈가방을 돌려주고 포기를 권유했다. 거기서 다시 '몰로토프 칵테일' 이야기가 나왔다. 원주에서 검토했는데 거기서는 칵테일이 시가전용이지 실내폭음용은 안 된다고 했었다. 나는 다시 포기를 권유했다.

김도현 형은 의기가 매우 저상해 있었다. 꼬치꼬치 물으니 대답이 이러했다.

"황 아무개라는 주먹 대학생이 특공대 지휘자인데, 이자가 한 여학생 때문에 배신해서 당국에 이 계획을 찔러버렸어."

이렇게 해서 폭탄과 특공대 일은 모두 중단된 셈이다.

거리는 거의 매일 학생 시위대로 가득 차기 시작했고 최루탄 연기가 가실 날이 없었다. 정부는 학생시위를 노골적으로 좌파로 몰기 시작했으며 외신까지도 시위를 "한국의 좌파 학생들(The Leftist Students of South Korea)"로 표현하기 시작했다.

하긴 유럽과 미국과 일본에서까지도 신좌익들의 동조나 지지 발언이 나왔다. 교포들 속에서도 북한에서도 일본의 양심 세력 속에서도 그랬다.

그러나 이 사건은 두 가지 문제로 압축된다. 하나는 삼십육 년간의 착취와 억압, 무자비한 식민통치의 결과를 보상금 몇 푼으로 씻어낼 수는 없다는 것이고, 또 하나는 그에 따르는 차관 공여 등으로 일본에의 경제 예속과 매판화가 추진된다는 위험이었다.

박정희의 과거 친일경력이 크게 불거져 나왔고 이를 주공主攻한 이는 특히 일제 침략시 중국에서 몸소 항일무장투쟁을 경험한 장준하 선생이었다. 그리고 그 곁에는 저 유명한 백기완 선생이 있었다. 나는 백선생과 얘기도 많이 하고 술도 많이 했는데 처음 만난 그날이 생각난다.

김중태 형이 아주 큰 '물건(그는 그때 일본 말로 '모노'란 용어를 썼다)' 하나를 소개해준다고 날 데려간 명동의 한 다방에서였다.

'날카로움'과 '힘', '저돌성'과 '꾀'. 그랬다. 그런 것이 뭉쳐진 검은 가죽 점퍼의 한 커다란 주먹왕초님이 한 분 거기 앉아 있었다. 우리는 아무 말도 하지 않았다. 내내 나를 웃음기 없는 얼굴로 뚫어져라 쳐다보더니 조용히 일어나서 나갔다.

그런데 꼭 어디서 본 얼굴이었다. 어디서 보았을까. 한참을 기억하려 애써도 떠오르지 않더니 저녁 대학가의 술집 '쌍과부집'에서 막걸리를 한잔 먹다가 홀연 생각났다.

자유당 시절 고등학교 3학년 때 나는 고등학교 학생들의 산림녹화대로 소집된 적이 있다. 서울 시내 산림녹화대가 함께 모인 명동의 시공관에서 어느 날 연설회가 있었다. 그때 한 깡마른 젊은이가 한 사람 무대에 올라왔다. 나 말고는 다들 알고 있는 유명한 사람인가 보았다. 박수와 웃음소리가 연이어 터졌다. 그가 빙그레 웃더니 "웃지 말라우" 했다.

이북 사투리였다. 웃음소리와 박수가 더 거세졌다. 그러고는 내리 '썰

說'을 푸는데 보통이 아니었다. 당시 인기리에 상영되던 〈누구를 위하여 종은 울리나〉의 스토리를 바로 우리들 한국 젊은이의 실존적 상황으로 바꾸어 실감나게 표현하고 웅변으로 우리를 격동시켰다.

"다다다다다다!"

게리 쿠퍼가 손가락으로 방아쇠 당기는 마지막 장면의 시늉을 하면서 마이크에 기관총 연발음을 내보이는 얼굴이 샛노오란, 깡마른 젊은이, 그가 바로 한국학생녹화대장 백기완 선생이었다.

기관총 연발음을 끝내자 눈을 부릅뜨고 주먹을 쥐어 흔들어 보이며 크게 외쳤다.

"이렇게 살라 이 말이야! 죽지 말라우! 살아! 살란 말이야! 죽더라도 이렇게 쏴대며 죽으란 말이야! 그게 산 거야! 알갔어?"

철저한 민족주의자 백기완 선생과 나의 인연은 이렇게 시작되었다.

167_여장부들

학생운동 전면에 이화여대가 돌출하기 시작했다. 미국인지 독일인지 한 신문에 최루탄 연기 속에서 시위하는 여대생 집단의 커다란 사진을 싣고 '좌익 학생들'이라는 제목을 달게 한 것은 바로 이화여대 학생들이었다. 그만큼 활발했다.

그 리더의 한 사람인 법과대학의 신춘자(辛春子, 뒤에 辛仁羚으로 이름을 바꿨다) 씨를 만난 것은 명동에서였다. 중태 형이던가, 김도현 형이던가 누군가가 나를 소개했다. 무슨 말을 했는지 기억이 안 난다. 나는 듣고 주로 그녀가 말했다.

무슨 이야기를 했던가. 다만 바로 그 전날 새로 사 입은 싸구려 위아래 '쑥덕베' 양복이 신경에 거슬려 자꾸 손이 가던 일 말고는 생각이 잘 안 난다. 그 뒤 신춘자 씨는 자기 나름으로 공부도 일도 다 잘해서 지금은 이화여대의 훌륭한 선생님으로 재직하고 있다.

오직 그 얼굴이, 그때는 그렇게 외로워 보이던 그 얼굴이 사실은 외로움 따위와는 아무 인연도 없는, 아주 매서운 사람이라는 걸 그 뒤에야 들어서 알게 되었다. 사실을 똑바로 아는 데에는, 그러니까 실사구시하는 데에는 시인詩人이란, 외롭다느니 스산하다느니 하는 따위 시적인 인식이란 아무 소용이 없음을 알게 되었을 뿐이다.

또 한 사람의 이화여대생은 당시 총학생회장이던 진민자 씨다. 그때 내가 늘 틀어박히는 둥지였던 문리대 시멘트담 곁의 포장마차 '길'에 여러 학생들과 함께 어느 날 밤 진씨가 왔다. 꽉 들어차 몸놀림이 불편한 속에서 진씨와 내가 몇 마디 불유쾌한 대화를 주고받았고, 불이 나갔다. 아마 모두들 나와서 흩어졌을 것이다. 그 뒤에 남은 것은 또한 그 불유쾌한 몇 마디 대화의 기억뿐이다.

그런데 최근 몇 년간 나는 진씨를 간혹 만나 민족문화, 특히 여성의 민족문화에 관한 얘기를 많이 나누게 되었다. 진씨는 졸업 후 입산하여 오랜 참선생활로 삶의 코스를 바꾸고 또 그런 방향에서 여성문화운동을 하고 있다. 이런 것을 격세지감이라고 하는 걸까.

진씨는 학생 시절 그야말로 여장부였다. 나는 진씨가 이 비색否塞한 시국에 진정한 여장부로서 여성만이 아닌 전체를 위한 마고복본(麻姑復本, 1만 4000년 전의 여성민족 시대의 문화를 회복하는 것)의 민족문화운동에 나서주기를 바라고 있다.

여장부, 여장부 하지만 김중태 형의 애인이었던 고 손혜영孫惠英 씨만한 여장부도 드물다. 그녀는 김형만이 아니라 나를 포함한 학생운동 리더들 거의 전원을 자기 치마폭에 넣고 주무르고 다스리는 진짜 여장부였다. 늘 술과 밥을 사주었고 갈 곳이 없을 때는 후암동에 있는 커다란 자기 집 이층 방을 내주곤 했다.

고인을 생각하면 한 사건이 꼭 뒤따라 기억난다. 그 이층 방에서 한겨울 혼자 자다 깨어 가까운 서가에 꽂혀 있는 조르주 루오의 화집을 보았다. 인쇄가 너무 좋고 영어로 된 해설이 너무 아름다워 그만 그 책을 옷 속에 얼른 감춰넣고 새벽에 슬며시 나와버렸다.

도둑! 도둑질이었다. 용서받을 수 있을까. 고인에게 용서를 빈다. 책 도둑은 도둑이 아니라지만 그것은 신의信義의 도둑질이었다. 후회한다.

그러나 도둑질한 재물은 또 누군가가 도둑질해 간다더니, 곁에 두고 보고 또 보고 그리도 아끼던 화집을 얼마 안 가 도둑맞고 말았다. 마땅한 벌을 받은 것이다. 손씨의 명복을 빈다.

'유키'! 한자로 외자 이름 '설雪'이었다. 최설崔雪은 '설'보다 '유키'로 더 알려져 있었다. 무교동 뒷골목의 한 스낵바 주인. 그러나 유키는 한국의 민주학생운동과 사회운동의 뒤켠에서 이를 열심히 도운, 참으로 몇 안 되는 숨은 일꾼 중 하나였다. 큰돈은 아니었지만 나와 나를 통해서 동료들, 특히 후배들에게 돌아간 그 숱한 밤낮의 술과 밥, 교통비, 담뱃값 등이 유키의 노동의 대가였고 그 조그마한 바에서 나온 수입의 일부였다.

일본계였을까? 이름이 왜 그랬을까? 왜 한마디도 자기 신상에 관한 말을 하지 않았을까? 일본 사무라이같이 짙고 쭉 치켜올라간 두 눈썹, 찢어진 두 눈, 조그마한 붉은 입술과 흰 피부가 똑 일본의 '우키요에浮世繪'에 나오는 게이샤 같았다.

내가 온종일 왔다갔다 사람들 속에서 지쳐 노을녘에 타는 듯 목이 마를 때 들어가 털썩 목로에 앉으면 유키는 항상 미소지으며 "웰컴 홈!" 했다. 그 한마디를 듣고 나면 웬일인지 피로가 싹 가시고 산골짜기의 맑은 샘물처럼 신선한 새 생각과 새 정서, 새 기운이 졸졸졸 흐르고 흘러 몸에 가득 차기 시작했다.

그녀는 꼭 미소짓는 보석 같았다. 마치 나의 그 '애린'처럼! 아니, 그녀가 곧 '애린'이었다. 그런 그녀가 자취를 감춰버렸다. 남은 소식은 아무것도 없었다. 상상을 차단해버리고 떠났다.

어디로 갔을까? 애린! 너는 지금 어디 있느냐?

168_ 선언문

김중태 형 등의 제일선이 무너졌다. 나, 박재일, 송철원, 최혜성 형 등이 새로운 전선을 구축하기 위해 제2선언문을 작성했다. 그때 우리가 참고로 한 여러 문건 중 과거 코민테른의 〈국제공산주의운동 선언문〉 한 쪽이 있었는데 그 중에 이런 표현이 보였다.

"이빨에서 발톱 끝까지 무장한 제국주의, 신식민주의자들은……."

이 구절을 놓고 우리는 한참을 몹시 웃어댔다. '무장'이란 말이 꼭 코미디 같았기 때문이었다. 찬반 양론이 한참 맞서다 드디어 그 표현을 갖다 쓰기로 했다. 이 부분이 훗날 크게 문제가 된다.

내가 잠시 시골에 간 사이에 친구들은 시내버스를 함께 타고 가다 한 정류장에서 갑자기 포위당했다. 중앙정보부 제6국이던가 동대문 공설운동장 옆 고양군청 바로 옆에 있는 서울분실로 끌려갔다고 한다.

정보부는 선언문 내용과 그 작성 과정을 이미 환히 알고 있었고, 그 때문에 좌익이라는 자백을 끌어내고 운동의 장래 방향에 대한 정보를 이끌어내기 위해 몹시 닦달했다고 한다. 지하실에서 멍석으로 몸을 둘둘 말아 물을 축이고 나서는 야구 방망이로 직신작신 타작했다고 한다.

운동하는 사람의 한 불문율이기는 하지만 견디다 못하면 안 잡힌 사람에게 모든 혐의를 넘기는 것이 상례다. 그러나 그리하면 사건이 더 커지고 자신의 죄질과 형량도 훨씬 나빠지고 늘어나기 때문에 슬기로운 사람은 좀 견디고 말지 불어대지는 않는다.

그러나 학생이, 우리들의 그때가 '꾼'은 아니었지 않은가! 폭탄, 특공대, 돈가방에 이어 코민테른 선언문 인용 책임까지를 몽땅 아직 안 잡힌 나에게 넘겨버렸다.

나에 대한 수배가 전국에 내려졌다. 그리고 친척들 집과 친구들 집, '길'과 같은 나와 연관 있는 모든 곳, 모든 사람에 대한 조사와 호출, 타작이 시작되었다.

한번은 장위동 작은이모집 골방 캐비닛에 숨어 그 방까지 들이닥친 정보부원들의 눈을 잠깐 속이고 캐비닛을 빠져나와 꽁무니 빠지게 도망친 적도 있다. 그 대가로 작은이모가 혼이 났다.

그날 밤, 나는 수유리에 숨어 있었다. 그때, 나를 지키기 위해 내 곁에 있던 정남, 한때 김영삼 정부에서 교육문화 수석비서관을 한 그 김정남金正男이 시내에 갔다 와서 정보부가 내 어머니, 아버지를 잡아다 나 숨은 곳을 대라고 전기고문을 서너 차례나 한 끝에 아버지가 졸도하고 고혈압이 크게 터져 이제 더는 전기회로나 정밀기계도 못 보는 반병신이 돼버렸다는 얘기를 나직나직 들려주었다.

우리는 소주를 마셨다. 희뿌옇게 먼동이 터올 때 뒷산 의암 손병희 묘소 근처에서 밝아오는 동쪽을 바라보고 혼자 속으로 굳게 맹세했다.

'내 눈에 흙이 들어가기 전까지는 반드시 박정희를 무너뜨리겠다!'

들끓는 가슴과 부릅뜬 두 눈에서 붉은 핏덩이가 계속 터지는 것 같았다. 이를 악물었다. 그것은 '독毒'이고 '폭력'이었다.

내가 팔 년간 감옥에 있는 동안 운동의 관성에 따라 혹은 전술에 따라 나를 철저한 마르크스-레닌주의자, 불요불굴의 혁명투사로 만들어 바로 그 허상이 젊은이들 속에 퍼져나갔던 모양이다. 그만큼 독해서일 것이다.

그러나 이 자리에서 분명히 말해두지만, 내 행동의 과격성, 특히 이 무렵은 일종의 남아로서의 맹세의 힘에 속하지, 사상의 치열성에서 온 것은 아니다. 나는 그때나 지금이나 그것, 그 '중심의 씨올' 같은 '초점'을 찾아 헤매는 한 사람의 구도자일 뿐이지 단련된 투사나 철두철미한 혁명가가 전혀 아니다.

그러나 박정희를 미워하는 마음이 가슴에 가득했던 것은 사실인데 그것은 맹세의 결과요, 일종의 복수심의 결과였다. 그랬기 때문에 그리도 오랜 세월을 무너지지 않고 견딜 수 있었지만, 그랬기 때문에 내 마음속의 폭력 때문에 그리도 오랜 시간을 정신병적인 질환 속에 갇히게 된 것이다.

폭력은 폭력을 낳는다. 남을 향한 폭력은 곧 자신의 내면을 향한 폭력의 어머니다. 그러므로 최초부터 폭력에 의지하지도, 함부로 그 마귀를 불러내지도 말아야 한다.

정보부는 점점 더 수색의 강도를 높이고 나는 나날이 더 갈 곳이 없어졌다. 어머니를 지프에 태워 앞세우고 친척과 친구들의 집을 일일이 찾아가 집적거림으로써 나를 어디에도 발붙이지 못하게 하는 것이었다.

169_ 답십리

원주의 청강 선생과 연락이 되었다. 악어 형을 통해서였다. 형의 친척 동생인 정현기 형의 답십리 장한평 집에 가 피신할 수 있게 되었다. 정형은 지금 문학평론가이자 연세대 교수다.

지금은 어찌 변했는지 모르지만 그때는 그곳이 시골과 아주 흡사했다. 너른 벌판에 둑이 있고 수로가 있고 수문도 있었는데, 정형 집은 바로 수문 근처에 있었다. 정형의 작은 방에는 출입문 외에 자그마한 창문이 하나 있어 세상으로 열린 나의 시야가 대저 이 작은 창문 정도밖에 안 되었다.

그러나 나는 그 작은 방에서 창으로 들쳐드는 흰 볕살에서 고향을 떠나 돈 벌기 위해 서울길 가는 한 이름 없는 처녀의 얼굴빛을 보았다. 놋쇠 빛깔이었다. 왜 하필이면 그 방에서였을까. 그 방에서 시 〈서울길〉이 쓰여졌으니 그 까닭이 뭘까.

대답은 이렇다. 내게 중요한 것은 그때까지만 해도 남이 이름 지은 사물이나 사태의 특징들이 아니었다. 어떤 사물이거나 공간이거나 간에 내가 내 공간으로 변형하는 데서 새로운 특징이 생겨났고 나는 그것에 의지해서 객지와 타향을 견뎌낸 것이다. 그러하매 때로 내가 건방지고 주제넘어 보이고 아쉬운 말을 하면서도 우쭐댄 것이다.

그러나 그 시절은 이미 갔다. 나이는 나를 수줍어하고 쓸데없는 정도의 염치를 살피는 소극적인 사람으로 만들어놓았다. 그러나 조금이라도 예절을 차릴 수 있는 변화에 나는 안도한다. 하마터면 '불가촉 천민不可觸賤民'이 될 가능성이 농후했었으니까.

서울을 향해 출발하는 사람의 마음엔, 그러므로 반드시 돈만 있는 것은 아니다. 시골의 형편에서는 이룰 수 없는 인간으로서의 최소한의 품위, 그것을 찾고자 하는 가치 지향이 내재해 있다 할 것이다. 아무데서나 함부로, 되는대로 살 수 없는 게 인간이며, 그렇게 살기 시작할 때 어떤 의미에서의 이른바 '불가촉 천민'이 되고 마는 것이다. 그래서 떠나고, 그래서 고개를 넘는다. 그래서 가고 또 가는 것이다.

간다
울지 마라 간다
흰 고개 검은 고개 목마른 고개 넘어
팍팍한 서울길
몸 팔러 간다

언제야 돌아오리란
언제야 웃음으로 화안히
꽃피어 돌아오리란
댕기 풀 안쓰러운 약속도 없이
간다
울지 마라 간다

모질고 모진 세상에 살아도
분꽃이 잊힐까 밀 냄새가 잊힐까
사뭇사뭇 못 잊을 것을
꿈꾸다 눈물 젖어 돌아올 것을
밤이면 별빛 따라 돌아올 것을

간다
울지 마라 간다
하늘도 시름겨운 목마른 고개 넘어
팍팍한 서울길
몸 팔러 간다.

몇 개월인지 장한평에 죽치고 있는 동안 청강 선생이 한 번 오셨다. 악어 형과 함께. 그리고 그날 말이 헤프고 정신이 너무 방만한 이동규 형에 대한 숙정肅正이 있었다. 그때 내가 느낀 것은 잔혹함이었다. 아, 선생은 철저한 정치가로구나! 무섭다.

정형의 방에서 이백 미터 정도만 가면 나와 동갑내기인 김철수의 집, 그 오리농장에 이른다. 아버지, 동생들과 함께 살고 있는데 낯이 익고 가까이 사귄 뒤에 들어보니 그의 어머니는 이름난 공산주의자로서 6·25 이전에 이미 월북해버렸다고 한다.

정형과 나와 철수 그리고 철수 동생 영수 그렇게 넷이서 늘 어울리며 한 시절을 보냈다. 국문학을 전공한 정형과 문학 얘기도 많이 나눴으나 무엇인가 외국문학이나 우리 고전문학의 이미 확립된 체계와 유행의 세계가 둘 사이를 가로막고 있음을 느꼈다.

겨울이 가고 이듬해 봄이 되어 벌판에 점점점 풀이 돋고 물빛은 날로 정다워지는데, 답십리시장 근처에서 어머니를 한 번 만나 안심시켜드리고 손혜영 씨와 함께 서대문감옥 뒤켠 담 너머에 있는 한 지인의 집 마당에서 바로 마주 보이는 감방 창문을 통해 거기 감금된 박재일 형과 통방을 한 번 시도한 것 외에는 특별히 한 일이 없었다.

박형은 나더러 나타나지 말라고, 붙들리면 크게 고생한다고 걱정이 태산이었다. 나는 오른팔을 들어 허공에다 오른편에서부터 역순으로 큼직큼직하게 글자를 썼다.

'건강' '신념' '낙관'

그렇게 쓴 것 같다. 이상한 것은 그때 허공은 그냥 허공이 아니라 무수한 점으로 이루어진 암호문자의 체계로서 내가 글자를 쓸 때마다 무수한 점들이 모이고 흩어지면서 어떤 부호를 만들어 그 글자 이면의 마음을 전달하는 듯한 착각이 들었다는 것이다.

그 지루한 세월 정형의 서가에 꽂힌 문학 책을 많이 읽었고, 자주 찾아주는 악어 형과 정치나 운동 등에 관해 숱하게 견해를 나누었다.

서울신문사에 나가던 악어 형이 은평구 갈현동에 새 집을 마련하고 나를 초대했던 날 밤이다. 그 자리에는 악어 형의 처남인 작곡가 강준일과 문화기획자인 강준혁, 형수 강연심, 선배의 여동생들, 그 남편들 그리고 철수와 악어 형 친구인 권오춘 선배 등이 모여 새벽까지 먹고 마셨다.

새벽의 일이다. 늦게 잠들었는데도 왠지 일찍 깨어 일어나 이부자리 위에 오똑 앉아 있었다. 나 일어난 걸 어떻게 알았는지 악어 형이 조간신문을 들고 들어와 아무 말도 없이 신문지 한 면을 손가락으로 지적했다. 읽어보라는 뜻이겠다.

"에르네스토 체 게바라 사살" 기사였다. 콜롬비아 산중에서 체포, 사살되고 그의 게릴라 조직이 와해되어 전 남미 대륙의 공산화운동이 물거품이 되었다는 내용이었다.

내가 눈을 들어 악어 형의 눈을 바라보았다. 형은 말없이 나를 보고만 있었다. 그러더니 천천히 고개를 가로저었다. 내 마음이 그때 악어 형 마음을 어떻게 읽었는지는 알 수 없다. 그러나 분명 읽고 있었다. 그것은 교조적 공산주의, 무장혁명, 게릴라전 등은 이제 희망 없다는 것, 그런 쪽에 기울어져 있다면 꿈을 깨라는 뜻인 듯했다.

복잡한 잡다 속에서 벡타를 결단해나가는 한 구도자로서 오해받기 쉬운, 결코 쉽게 이해받기 힘든 나의 사상적 경향이 이미 형에게도, 청강 선생에게도 오해되고 있는 듯했다. 그리고 형은 그것이 젊은 나로서는 당연한 것이라고 미리 셈하고 나서 다음 단계가 자기 뜻이라고 표시하는 듯했다.

나는 대답했다. 고개를 천천히 위아래로 끄덕였다. 당신 말이 옳다고, 나도 동의한다고!

그것으로 얘기는 끝난 것이다. 우리는 우리의 길을 가야 하고 반드시 그렇게 될 것이라는 뜻이었다.

우리의 길!

우리만의 길!

그것은 참으로 고난의 길이었다. 한편에는 소모적인 극좌가, 반대편에는 거대한 우파적 안일의 유혹이 입을 벌리고 있었으니…….

170_ 남상

민족문화운동의 남상濫觴은 언제부터였을까? 4·19 직후 최창봉 선생이 내게 건넨 충고에도 불구하고, 나는 물론 장래에 연극배우나 연출가가 되겠다는 계획이 없었음에도 불구하고 계속 학생연극에는 참가하고 있었다. 그것이 나를 공부와 삶의 지루함에서 탈출시켰기 때문일까.

나는 〈인촌 김성수〉 이후 윌리엄 서러이언의 〈혈거부족穴居部族〉, J. M. 싱그의 〈서쪽 세계의 멋쟁이〉, 그리고 누구의 것인지 기억에 없는 코미디 〈위대한 곡예사〉 등에 참가했고, 원주에서는 〈춘향전〉의 연출을 돕기도 했다.

내가 쓰고 연출한 단막극 〈두 개의 창窓〉이 생각난다. 태풍으로 파선한 두 선원이 한 외로운 섬에 상륙하여 그곳의 외진 주막에서 겪는 어두운 기억과 환영의 고통 그리고 폭풍 속에서 새롭게 자라나는 현실의식과 우정의 아름다움을 표현한 것이다. 무척 환상적이고 '쉬르적'이었다.

그 이후 조동일의 장막극 〈허주찬, 궐기하다〉가 있었다. 그러나 아직 이른바 '민족문화운동'은 시작되지 않았다. 그 시작, 그 남상은 언제부터일까. 그것은 1964년 '5·20 민족적 민주주의 장례식' 행사와 시위 때 상연된 조동일 작 〈원귀 마당쇠〉일 것이다.

세트도 없는 문리대 운동장의 스타디움에서였기 때문에 아직 '마당'과 같은 원형圓形을 확보하지는 못했으나, 그런 한계에도 불구하고 〈마당쇠〉는 마당극이나 마당굿 등 소위 민족문화운동의 틀림없는 원조요, 남상이다.

그 뒤를 이어 내가 각색하고 연출한 박연암의 〈호질〉과 조동일이 쓴 〈야, 이놈 놀부야!〉가 나온다. 〈호질〉은 마당이 아닌 나무 마루의 강당이었지만 무대는 완벽한 원형이었고, 이른바 '협동적 시각'을 구현하는 연출기법이었으며 〈놀부〉는 서울대 본부의 돌계단 앞 마당에서

대학 시절 출연한 한 연극 공연에서. 맨 오른쪽이 필자.(1965)

였으니 초기 '스케네', 즉 간단한 배경이 있는 희랍식 원형 무대인 셈이었다.

반독재 민주화운동의 전 시기에 언더그라운드를 휩쓸었던 민족문화운동의 전위는 문학과 함께했지만 그보다는 마당극, 마당굿, 풍물과 놀이운동이 오히려 더 첨예했다. 노래도 미술도 무용도 영화도 다 앞서거니 뒤서거니 함께였지만 그 종합성·대중성·영향력과 현장성 등에서 연희예술 쪽이 가장 진취적이었는데, 이미 그 특징이 〈원귀 마당쇠〉와 〈호질〉과 〈놀부〉에서 드러난 것이다.

그 밖에 부질없는 사족인지 모르겠으나 그 무렵 탁월한 이론가이기도 했던 외우 서정복 형이 나의 시 〈황톳길〉을 두고 "최초·최후·최고의 시"라고 평하고 "한 편으로 충족됐으니 시를 그만 쓰는 게 좋겠다"라고 한 극찬이 생각난다.

자랑하기 위함이 아니다. 문학 방면에서의 민족문화운동, 그 남상의 성격을 짚어내기 위함인데, 아아! 그 시 〈황톳길〉에 이미 생명과 살해, 즉

'살림'과 '죽임'의 대결이 나타난 것을 어찌 보아야 할까. 시퍼런 탱자와 물 위를 뛰어오르는 숭어들, 그리고 갯가의 거적 속에서 썩어가는 송장, 아비의 송장! 내가 감옥에서 체험한 허공을 울리던 그 '생명'의 에코, 그리고 출옥 후에 동학과 함께 강조한 생명의 세계관이 너무 한가하다는 정도의 평을 넘어 배신, 변절, 혹세무민의 사이비로까지 폄하된 일을 어찌 생각해야 할까.

동지에 이미 여름이 시작된다는《주역》의 복괘復卦에 담긴 깊은 뜻, 그리고 복괘가 다 떨어지고 나면 단 하나의 과실을 말하는 박괘剝卦가 바로 다음에 오는 역리의 숨은 뜻은 이것과 무슨 관계일까? '역易'이 다름 아닌 '생명학'임을 강조하는 동양 학자들의 일치된 견해는 또 무엇을 뜻하나?

〈호질〉의 둥근 무대에 이미 모난 방형方形이 아닌 '시각의 시너지' 또는 '협동적 시각'에 응한 '생명적 연희'의 씨울이 잉태됐다는 얘기에는 또 어찌 대응할 것인가.

훗날, 문화운동의 차세대인 김민기 그룹의 빛나는 창조력의 한 샘물로 평가되는 그 남상에 나와 조동일 형의 우정과 협조가 있었던 것을 예술사·문학사적인 면에서는 어떻게 평가해야 할 것인가? 자화자찬이 너무 지나친 건가?

답십리에 숨어서 나는 결단했다. 내가 설 곳은 쾨쾨한 냄새가 나는 대학의 미학이 아니라 싱싱한 피가 도는 생명과 한스러운 죽임, 그 살해가 일반화해가는 상상 속에서의 살아 있는 미학, 곧 민족문화운동임을 결단한 것이다. 서운하고 아쉬웠다. 그럼에도 불구하고 동시에 시원하고 자랑스러웠다. 그러나 그때 이미 나는 몸과 마음이 퍽이나 지쳐 있었다.

171_ 굽이

악어 형이 어떤 정확한 통로로 해서 정보부와 경찰에 알아본 결과 내 사건은 이미 지난 초겨울에 종결되어 더는 찾을 이유가 없다는 것이 확인되었다.

나는 대학가에 모습을 드러냈다. 원주에 다녀오고 친구들을 만났다. 그리고 마지막 학기 등록을 마쳤다. 나는 1966년 여름 졸업 예정으로 꼬박 칠 년 반 동안 학적을 유지한 셈이다.

폐결핵 증세가 심해져 식은땀을 줄줄 흘리고 해골처럼 마른 몸에 쿨룩쿨룩 끊임없이 기침을 하며 끊임없이 피가래를 뱉어냈다. 어떤 때는 기흉 氣胸을 의심할 정도의 호흡장애도 왔다. 그러나 술은 끊을 수 없었고 이젠 술도 이미 술이 아닌 아편이 돼버렸으니 독한 소주에 기껏해야 돌소금이나 사과 반쪽이 소주 한 병에 대한 안주의 전부였다.

아버지, 어머니는 나 때문에 서울로 직장과 집을 옮기려던 터에 마침 명륜동 명륜극장 영사주임 자리가 비어 있어 그리로 가시기로 하고 집을 이사했다. 가회동 입구에 방 두 개를 세들었다.

이미 답십리 시절에 결심은 서 있었다. 대학원 진학을 포기했고 교수의 꿈도 접었다. 졸업논문도 그저 건성으로 써서 내던졌다. 끝났다. 이제 새로운 출발이, 어쩌면 무서운, 무서운 새 출발이 기다리고 있을 것이었다.

졸업 전에 원주에서 비밀모임이 있었다. 문화운동을 통해 투쟁의 길을 닦아가는 것, 잡지 구독자가 바로 조직원이 되는 새로운 이념잡지 출판의 길, 내면의 영적 평화와 사회구조의 변혁을 통한 자유와 평등 성취의 새롭고 빛나는 통합의 길.

우리는 경영난에 허덕인다는 소문이 끊이지 않던 《청맥》을 단계적으로 접수한다는 청강 선생의 구상을 그 추진 방향으로 결정했다. 처음엔 동업으로 시작해서 편집 방향과 경영 방식에서 점차 우위를 점해나가 저울의 균형을 뒤집는 대책을 치밀하게 강구했다.

그때까지도 우리는 《청맥》이 평양의 지휘 아래 있는 통혁당의 기관지라는 사실을 까맣게 모르고 있었다. 무지하면 용감하다더니 졸업 전후한 시기부터 서서히, 그러나 담대하게 초단계 작업에 착수했다.

교섭은 내가 맡아야 했고, 아마도 후일 우리 쪽 편집 책임도 내가 걸머져야 할 것이었다. 우선 《새세대》 시절에 인간적으로 가까워진 심재주 형을 만나 《청맥》 내부 사정을 샅샅이 들었다. 곤란하기는 곤란한 모양이었다.

졸업 후 초가을쯤에 김질락 선배와 공동 발행인인 이문규 선배를 만났다. 내가 《청맥》에 관심 갖는 것을 좋게 생각하며 함께 일할 생각 없느냐고 제안해왔다. 생각해보겠다고 대답하고 가을이 깊어갈 무렵, 《청맥》의 재정이 바닥을 헤매고 있다는 정보가 나도는 상황에서 나는 김질락 선배를 독대했다. 그때 내가 공동 경영, 공동 편집을 제안하자 김선배가 갑자기 낮은 소리로 이상한 말을 했다.

"이 잡지 이거, 우리들 기관지입니다. 그것을 먼저 생각해주오."

기관지? 우리들? 나는 건성으로 생각하고 건성으로 대꾸했다.

대학 졸업식 날 4·19 학생혁명기념탑 아래서 동료들과 함께.(1966)

"그러믄요. 알지요. 우리가 《청맥》을 얼마나 아끼는데요. 아, 그래서 이렇게 돕고자 하는 것 아닙니까?"

"돈 얘기는 김형에게 안 맞습니다. 공동 편집이 좋군요. 우선 팀에 들어와서 함께 일해봅시다. 김형이 들어온다면 우리 잡지가 크게 사기가 올라갈 거요."

"내 얘기는 나 혼자의 얘기가 아닙니다. 강원도에서 사업하는 한 선배가 나를 생산적인 차원에서 돕고자 합니다. 잡지를 해보라고 하는데 마침 《청맥》에서 운영난을 겪고 있다고 해서 내가 감히 선배님께 공동 경영을 제안하는 겁니다. 어떤가요? 의심스러워하는 눈치인데, 그 선배를 일차로 만

나보시렵니까?《청맥》일꾼 모두와 함께 저녁이나 같이 들지요?"

조금 생각에 잠기더니 이내 그가 대답했다.

"좋습니다."

이렇게 해서 어느 날 저녁 청진동 한 식당 안방에서《청맥》식구 전원과 나와 원주의 김영주金榮注 형님이 함께 식사를 하면서 상견례를 치렀다. 영주 형님은 원주에서 청강 선생과 일을 시작하기 전에 강원도지사 비서실장과《강원일보》기자 등을 역임하여 참으로 세상사에 능란한 형님이었다. 훗날 천주교 원주교구청 기획실장을 거쳐 사회개발위원회 위원장으로 수십, 수백억 원의 독일 자금으로 강원·충북·경기 세 도의 농촌·어촌·광산·도시 근로자에 대한 지원과 조직사업을 할 때 정말로 훌륭한 조직자의 역할을 성공적으로 수행하여 독일의 지원단체 '미세레올'로부터도 상찬을 받은 분이다.

나는 항용 형님을 또 하나의 저우 언라이라고 부르곤 했는데 그건 헛소리가 아니었다. 영주 형님은《청맥》의 수고를 치하하고 그 고난을 위로하며 자기가 도울 수 있는 길을 찾아보겠다 하고, 그 연락과 의논을 김지하에게 일임한다고 못박았다.

김질락 선배는 나 개인의 입사만을 원했고 공동 경영과 우리 쪽의 투자에 대해선 대답을 자꾸 연기했다. 분명 일방적인 거절은 아니었다. 내 감각으로도 그가 어떤 결정이나 결정적 판단을 기다리고 있는 듯한 느낌이었다. 그것이다! 그렇다. 김선배는 평양에 보고하고 평양의 판단을 기다리고 있었음이 틀림없다.

한번은 악어 형과 함께 버스를 기다리다 길 건너편에서 김질락 선배가 다가오는 것을 보고 순간적으로 악어 형이 몸을 피해 위기를 넘긴 적도 있다. 두 사람은 문리대를 같이 다녔고 서로 잘 아는 사이였다. 그 악어 형이 나와 함께 있는 것 자체가 김선배에게는 의문이요, 나의 제안을 거부할 사유가 되는 것이었다. 왜냐하면 학교 다닐 때 악어 형은 김선배들이 중심이 된 '한사연'인지 '후사연'인지 하는 이름의 정치학 서클과는 무관한, 그러니까 마르크스주의자가 전혀 아니었기 때문이다.

　나는 이듬해 쌩고롬한 날씨의 이월 어느 날 요양원에 입원한 뒤, 그 해 초여름인가 통일혁명당과 임자도 그룹 그리고 그 기관지로서의 《청맥》에 관한 기소장 발표와 함께 김질락, 이문규 선배가 김선배의 삼촌인 백두일, 즉 김종태 씨와 함께 백두이, 백두삼 등의 암호명으로 평양을 여러 차례 왕래한 바 있다는 대문짝만 한 신문보도를 보고 참으로 깜짝 놀라 오른손으로 몇 번이고 몇 번이고 가슴을 쓸어내렸다.

　'어휴우, 호랑이 꼬리를 살짝 밟았구나!'

　폐결핵이 일을 그쯤에서 중단시킨 것이다. 건강했다면 아마 틀림없이 서로 손잡는 이야기가 계속되었을 것이고, 그랬다면 청강 선생의 전력 때문에라도 악어 형이나 영주 형과 나는 큰 고초를 겪었을 것이 틀림없다.

　그 여름, 조사를 다 끝내고 무사 방면된 심재주 형이 요양원으로 나를 면회왔을 때 참으로 내 넋의 밑바닥에선 신神을 부르는 소리가 쟁쟁히 들리는 듯했다.

　'다른 일을 시키려 하시는구나!'

172_오윤

눈보라가 휘몰아치는 캄캄한 겨울밤, 나는 수유리 쌍문동에 있는 미술대학생 오윤의 집, 소설가 오영수 선생 댁으로 가고 있었다. 버스도 끊어져 없는 수유리 돌개울을 비틀거리며 비틀거리며 서너 걸음에 한 번씩은 멈춰서서 숨을 갈아쉬며 피가래를 뱉으며 조금씩 조금씩 걸어나가고 있었다.

오윤은 화가 오숙희 선배의 동생이고 오숙희 선배와는 1960년 4·19 직후 미술대학의 농성시위 때 친해졌다. 오선배의 집에 처음 놀러간 날, 그 어느 여름날 오후 유리창으로 길고 붉은 석양이 비쳐들 때 그 노을빛 속에서 빛을 뿜는 한 자그마한 기름그림을 보았다. 그것은 얼른 보아 똑 적탱赤幀이었다. 몇 개의 낮은 구릉이 노을빛에 붉고 둥그스름하게 누워 있었다. 그것은 젖가슴이었고 농염한, 우주적인 육욕이었다. 그것은 살아 생동하는 생명이었다. 그리고 그 너머의 시퍼런 하늘은 잔혹한 금기요, 죽음을 선고하는 신의 무서운 눈초리요, 가차없는 파멸의 숙명이었다.

그러나 그것은 중요하지 않았다. 그 자그마한 그림이 미소짓고 있었다. 앙드레 말로의 저 '침묵의 소리' 가운데서도 절정으로 평가되는 반항의 아름다움, 희랍 흉상에 나타나기 시작한 최초의 미소, 신에 대한 반역의 시작을 알리는 불륜한 '육욕의 상징'이었던 그 엷은 미소, 불그스름한 살의 웃음!

나는 소스라쳐 놀라 오선배에게 이게 누구의 그림이냐고 다급하게 물었다. 오선배는 대답 대신 이미 문 안에 들어서고 있는 동생 오윤을 손으로 가리켰다. 고등학교 3학년이었던가.

"윤입니더."

나는 정신 잃은 사람처럼 웃어댔고 미친 사람처럼 떠들어댔다. 탱화를 비롯한 둔황 불교미술과 고려미술을 잘 보라고, 단원과 혜원을 잘 보라고,

《황토》 출판기념회에서. 맨 왼쪽이 오윤이다.(1970. 12)

프랑수아 라블레를 가능한 한 영어로라도 읽으라고, 브뢰헬을 재평가하라고, 그리고 멕시코의 시케이로스와 디에고 리베라를 깊이 공부하라고 쉽없이 주문한 것 같다.

그 뒤로 자주 내 집처럼 드나들며 오윤과 친해진 그 집. 그 아담한 집, 쌍문동 집으로 한걸음 한걸음 걸어가고 있었다. 그 뒤 오윤은 미술대에 입학하였고 내 영역에 자주 드나들었다. 그 오윤의 집으로 눈보라 몰아치는 캄캄한 겨울밤에 나는 가고 있었다.

문 앞에 도착하자 초인종을 눌렀다. 한참 만에 윤의 동생 영아가 나왔는데 윤이와 오선배가 함께 경상도 언양에 갔다고, 집엔 없다고 하고는 들어오라는 말도 없이 집안으로 들어가버렸다. 부모님이 아직 주무시지 않는 듯했다. 돌아섰다. 순간 심한 비린내와 함께 핏덩이가 꿀꺽 하고 넘어왔다. 눈 위에 흩어진 피가 시커멓게 보였다. 거의 기어가듯 더듬걸음으로 돌아가다가 개울 바닥의 돌덤부락에 쓰러지듯 앉았다.

내 앞엔 두 개의 길이 있었다. 그것밖에는 아무것도 없었다. 그리고 단 하나의 희망도 없는 마지막 굽이였다. 하나는 자살이었고, 다른 하나는 결핵요양원에서의 장기적인 투병이었다. 아직도 취기가 가시지 않았다. 소주를 도대체 몇 병이나 나팔불었던지! 결단해야 했다. 두 길 중 하나를 결단해야만 했고, 아마 그래서 윤이, 나의 윤이를 마지막으로 보러 갔을 것이다.

매서운 눈보라 속에서 땅땅 얼어붙은 개울바닥 돌덤부락 위에 쪼그려 앉아 담배를 꺼내 피웠다. 또 기침이 터졌다. 온몸이 다 강그러지도록 쿨룩거렸다. 핏덩이가 또 넘어왔다. 그리고 숨이 찼다. 그래도 담배를 깊숙이 빨아 마셨다.

'빨리 결정해야 한다! 결정하고 이 밤이 새기 전에 행동해야 한다.'

하늘도 땅도 집들도 캄캄했다. 내 마음도 캄캄하고 내 몸도 캄캄했다. 나는 왼손 장심에 침을 뱉었다. 그러고는 오른손 검지와 중지로 그 침을 탁 때렸다. 처음엔 침이 잘 안 나와서 두번 세번 그렇게 했다. 침이 오른쪽으로 튀면 요양원으로 들어가 몇 년이든 각오하고 투병할 것이며, 왼쪽으로 튀면 어느 낯선 시골로 내려가 사람 뜸한 숲에 가서 농약을 마실 셈이었다.

이미 용산철도병원 원장으로 계시는 송철원 형의 아버님께서 요양원 입원을 주선해주시겠노라 약속했다. 그리고 농약도 이미 치사량을 마련해 호주머니에 들어 있었다. 결정만 내리면 되는 것이다.

그렇다. 나는 그때 신라 적 만파식적의 그 대나무 분합처럼, 아득한 수천여 년 전의 동이족, 우리 선조들마냥 우족점牛足占 대신 '가래침 점'을 치고 있었던 것이다. 불을 질러 소 발굽이 갈라지면 흉이고 합쳐지면 길한 것이듯 침 튀는 방향이 오른쪽이면 살고 왼쪽이면 죽는 것이다. 네번째에야 제대로 침이 튀었다. 오른쪽이었다.

아아! 그 순간 나를 엄습한 치욕감을 지금도 잊을 수 없다.

'또 살아야 한단 말인가? 더럽고 더럽게시리 또 살아야 한단 말인가?'

눈보라는 무서운 소리를 지르며 내 상반신에 몰아쳤다. 아직 가시지 않은 취기 때문이었는지 나는 바람 속에서 소리소리 질렀다. 눈물, 콧물에 눈까지 뒤범벅이 되어 소리 질렀다.

"살란다아!

살아야 한단다!

네 에미 씹이다아아!"

걷고 걷고 또 걸었다. 수유리 입구였던가, 작은 여관에 들어가 소주를 시켜놓고 해 뜰 때만 기다렸다.

나는 며칠 뒤 서대문 역촌동 포수마을 저 안쪽 산언덕에 있는 역촌동 서대문시립병원, 그러니까 폐결핵요양원에 푸른 환의患衣를 입고 입원했다.

173_ 봄

'기흉'이었다. 기흉이란 기관지에 구멍이 뚫려 숨을 들이쉴 때 기관지를 통해 폐포와 늑막 사이에 공기가 들어차면서 그 판막문이 닫혀 숨을 내쉴 때 공기가 제대로 못 나와 폐와 늑막 사이에 공기가 가득 차서 숨이 가쁘고 심한 압박을 느끼다가 결국 질식해 죽는 병이다.

내 엑스-레이는 거의 하얗고, 검은 부분도 흰 선과 점들이 지저분하게 널려 있었다.

'기흉이군! 지저분하군! 오래 걸리겠군!'

엑스-레이는 폐의 호흡의 역사이니, 곧 그 폐 주인의 삶의 역사다. 기흉은 폭력적 삶의 증거요, 폐가 지저분한 것은 지저분한 삶의 자취요, 오래 걸리겠다는 것은 빨리 나빠지고 빨리 치료되는 '속립성'이 아니라 느리게 나빠지고 느리게 치유되는 '삼출성'이란 뜻이다. 제 성질을 따라가고 제 사람의 패턴을 따라간다는 것이다.

의사가 수술 대신 약물치료로 고치겠다고 결정을 내렸다. 아이나(INAH, 항결핵성 항균제)니 파스니 주사 등 약을 듬뿍듬뿍 먹어대니 차츰 기침도 줄고 피가래도 그쳤으며 숨도 덜 찼다.

종일 침대를 지고 있어야 했다. 그러나 밥과 고기반찬과 과일을 배 터지게 먹어야 하고 잠을 잘 자야 한다는 거였다. 폐결핵은 영어로 '소모(consumption)'다. 그야말로 '소모'였다. 그러나 나는 '모순(contradiction)'이라고 불렀다. 그야말로 '모순'이었다. 밥맛은 없는데 많이 먹어야 하고 온갖 생각이 출몰하는데 잠은 잘 자야 한다. 먹으면 토하기 십상인데도 꼬박꼬박 그 많은 약을 다 먹어야 하고 소화도 안 되는데 고기를 많이 먹어야 하며 우울증이 깊은데도 명랑해야 한다. 맨날 쉬어야 하니 돈을 벌 수 없는데도 돈이 무척이나 많이 들고 비싼 약만이 좋은 치료제였다. 여자 생각이나 술 따위 딴생각은 절대 하지 말아야 함에도 불구하고 그것을 멀리할 수 있는 책은, 그것도 철학적이고 심각한 책은 읽지 말아야 한다.

폐결핵 악화로 서대문시립병원에 입원했을 무렵.(1968)

폐결핵은 일종의 정신병이고 장기 입원환자에게는 더욱 그렇다. 이 병의 특징은 잠을 잘 못 잔다는 것. 그럴 수밖에 없는 것이 잡념이 많고 종일 누워 있어서 소위 '침대 휴식(베드 레스트)'을 해야 하니 낮에는 자고 밤에는 말똥말똥해 있는 게 오히려 정상이다.

내 옆방에 목사가 한 사람 입원해 있었다. 가만히 누워 있으면 그의 독특한 발자국 소리가 꼭 취침시간만 되면 들린다. 몇 개월을 똑같은지라 한번은 슬그머니 뒤따라가보았다. 그가 옥상으로 올라갔다. 옥상 귀퉁이 캄캄한 곳에 가 꿇어앉아 뭐라고 웅얼거리며 기도했다. 살금살금 다가가 뭐라고 기도하는지 가만히 엿들었다.

"하나님! 하나님! 잠을 주옵소서! 잠을 주옵소서! 부디부디 잠 좀 자게 해주옵소서! 아아아아메엔!"

예수쟁이 말이 나오니 또 이어지는 한 기억이 있다. 내 방에 지독한 예수쟁이 한 사람이 새로 들어왔다. 늘 숨을 헐떡이며 피를 뱉곤 하는 정강이라는 사람이 화장실에서 피가래를 뱉어 담는 '담통'을 부시는 걸 보던 그이가 자기도 모르는 사이에 한마디 뱉았다.

"아아, 저 고통! 회개해야지!"

순간 핏발 선 눈으로 그이를 보던 담통쟁이 정강 씨가 담통 속의 피가래를 그이 얼굴에 휙 뿌리며 외쳤다.

"아나, 고통! 아나, 회개!"

나는 내 침대 머리맡에서 시화전을 열었다. 그림은 돼지 그림이고 화제畫題는 '무조건 먹자!'였다. 그리고 그 여백에다 고구마 도장에 고추장 바른 낙관으로 예서체의 '담대심소(膽大心小, 간담은 크게 갖되 마음은 작게 가지라)'를 적어넣었다. 일반적으로 쓰이는 중국 사자성어겠지만, 내가 알기로는 항일전쟁과 6·25 때 연안파의 '무정武丁'이라는 장군이 부하들에게 내리는, 늘 두고 쓰는 문자였다고 한다.

창 너머에 오리나무 숲이 있었다. 입원할 때는 벌거벗었던 나무들이 봄이 되니 새파란 봄물이 올라, 그 눈부신 연초록빛을 바라볼 때마다 황홀한 생명의 아름다움을 느끼며 몰래 눈물짓곤 했다. 하늘빛이 푸르러지고 노고지리가 우짖었다. 밤에는 뒷산 숲속에서 소쩍새도 울었다.

아아! 살았다. 나는 이제 살아났다!

한 여자에게서 엽서가 왔다.

"이제 당신은 당신의 길을 갈 것이다."

너무 당연한 소리라 아무 느낌도 없었다.

다른 여자 하나가 면회를 왔다. 과일과 쇠고기를 가져왔는데 내가 입을 꾹 다물고 있으니 한참 앉아 있다가 멋쩍게 돌아갔다.

또 다른 한 여자가 면회를 와서 불광동까지 외출하자고 했다. 맛있는 저녁을 사겠다고 했다. 어쩌다 따라나섰다. 저녁만이 아니라 차까지 마시다가 밤이 깊어 조그마한 여관방에까지 갔다. 그녀가 아무리 나를 자극해도 내 마음과 몸은 꼼짝도 안 했다. 혼자 술을 마시던 그녀는 잠이 들고 나는 그 곁에 오똑 앉아 한 밤을 꼬박 뜬눈으로 지새우고 나서 이른 새벽 간단한 쪽지 하나 달랑 남긴 뒤 돌아왔다. 쪽지에 왈,

"잊어라!"

174_첫여름

매일 끊임없이 누워서 안정하다 보니 라디오가 친구였다. 낮이나 밤이나 뉴스 아니면 연속극. 그 무렵 한 연속극 주제가가 잊히지 않는다. 문주란의 목소리.

> 꽃이파리 숙어지고
> 새 잎새가 푸르르던
> 호젓한 오솔길에
> 훈풍은 분다
> 아, 첫여름, 첫여름에
> 다시 만난 그 사람
> 그러나 흘러가는 흰구름
> 눈부심만 가없어라.

김기팔 형의 연속극도 들었다. 제목이 〈천재 시대〉. 계속 듣다 보니 주인공 '천재'의 모델이 바로 나임을 알 수 있었다. 그가 이해하고 받아들인 최근 몇 년간의 나였다. 불만은 있는 듯했으나 그렇게 나쁘게 보지만은 않은 듯. 다만 주인공 '천재'가 세상이 받아들이기 힘든, 상식 밖의 인간이란 점을 강조한 것 같았다. 마지막에 '천재'는 자신을 받아들이지 않고 한두 번의 옥살이와 현실참여 끝에 스스로 지쳐가게 만드는 서울을 결별하고 고향의 시골집으로 돌아가 촌색시에게 장가든다. 그날 밤, 서울에서 내려온 친구들에게 발바닥을 얻어맞는 행복한 장면으로 끝난다.

그 여름, 동백림 사건과 통일혁명당 사건 등 길고 긴 재판 뒤에 온 나라에 오기 시작한, 그 의미심장한 침묵과 공허감의 무더운 여름. 그 여름에 '에밀리', 내가 짝사랑하던 그 첫사랑의 여인이 내게 면회왔다. 미국에서부터였다. 그녀를 향한 내 마음의 열기를 갑자기 식게 한 그녀의 옛 발언, 그 '구라파 거지론'에 이어 이번엔 두번째로 그녀의 '민족 멸시론'이 작렬했다.

연극에 관한 무슨 얘기 끝에, "브렉트 말이야? 브렉트?"라고 하며 '브레히트'라고 부르는 내 발음에 제동을 걸면서 '브렉트'라고 강조하는 데서부터 검은 예감이 왔다.

"브렉트에 대해 잘 알지도 못하면서 브렉트, 브렉트 하는 한국애들, 참 희극이야! 좀 알고 나서 떠들 일이지! 그리고 '민족 운운' 하는 건 뭐야? 민족 같은 건 17세기 얘기야, 17세기! 무슨 얼빠진 민족타령이야? 어저께 누굴 만났더니 탈춤이 어쩌고 판소리가 어쩌고 떠들던데 정신이 있는 거야, 없는 거야? 그런 케케묵은 타령 나부랭이 가지고 무슨 브렉트 연극과 비교를 하는 거야?"

참으로 다행으로 생각한다. 그때는 정말 혐오감이 복받쳤는데 그 뒤 곧 평정을 되찾은 나는 사랑이 되었건 증오가 되었건 간에 감정의 격류에만은 그나마 휩쓸리지 않은 것이 참으로 다행임을 느꼈다.

가는 길이 전혀 달랐던 것이다. 그녀를 미워하거나 멸시하지는 않는다. 그런 지식인은 지금도 내 곁에, 서울 바닥과 지방도시에 숱하고 숱하며 또 그들이 바로 신세대를 교육하고 있는 바로 당사자들이니까!

그녀가 공부를 마치고 돌아와 코가 길쭉한 한 백인 청년을 약혼자라고 소개하던 훗날 훗날, 안톤 체호프의 〈버찌 농장〉을 연출한다면서 도움을 구했을 때 웃으며 문화운동 쪽의 내 아우들을 대거 동원해 출연시키거나 스태프 일을 맡게 도울 수 있었던 것도 그 무렵 내가 일시적으로나마 증오나 혐오감에 깊이 휩쓸리지 않았기 때문이다.

길이 다르다고 생각을 정리해버렸던 까닭이다. 다르기 때문에 도울 수 있었다. 말하자면 더 이상 내 가슴에 소모적인 짝사랑은 없었기 때문에 흔연할 수 있었다는 말.

175_ 철학의 과정들

그때는 라디오에, 리시버를 꽂고 라디오에 의지해 살았지. 남한의 연속극 외에 북한방송도 들었고 베이징의 한국 말 방송도 들었지. 그렇지. 북한방송은 세 가지를 연속해서 들었지. 남한 이야기를 남한 출신 학교 교사를 통해 짚어나가는 〈인민 속에서〉와 김일성 노선 중심의 〈항일 빨치산 참가자 회상기〉, 그리고 마르크스주의 이론을 강의하는 〈마르크스-레닌주의 방송대학〉이었어.

북한에 아직 '주체철학'이 나타나기 전이었다. 베이징에서 발신하는 한국 말 방송은 내내 문화혁명과 홍위병과 마오 쩌둥 어록에 관한 것이 거의 전부였는데, 귀 찢어지게 쳐대는 꽹과리나 징소리가 잊히지 않고, 그 사이사이 태평소, 즉 날라리 호적胡笛의 째지는 고성高聲이 인상에 남는다. 만리장성 같았다.

〈방송대학〉에서 발신하는 사상체계는 내게 완벽한 것처럼 들렸고 조금만치의 논리적 오류도 용납하지 않는 철저한 철학적 세뇌 강의였다. 어떤 의미에서는 유물변증법을 대충은 공부할 수 있었다고 생각한다. 이 년이 넘도록 매일 한 시간씩 들었으니 김일성대학에 이 년간 유학한 셈이다. 윤노빈과 헤겔의 관념변증법을 공부한 뒤에 듣는 유물변증법 강의라 매우 쉽고 그 변별점도 금방 알아들을 수 있었다.

그러나 내게 깊은 회의가 왔다. 저것이 영원불멸의 논리란 말인가. 물론 투쟁만의 변증법은 없다. 그것은 변증법 공격이 아니라 변증법 분석을 통한 투쟁성에 대한 투쟁이다. 투쟁성과 통일성을 함께 보아야 비로소 변증법이다.

그러므로 변증법에 역易을 대입해보면 둘 사이의 변별과 우열을 강조하려고 변증법의 통일성, 즉 역의 상생이 약화된 상극 일변도, 즉 변증의 투쟁성만을 들어 올린다거나 해서는 참다운 의미의 변증법 극복이 안 된다. 양자를 함께 보아야 하되 "그럼에도 투쟁성은 항존적恒存的이고 통일성은 잠정적이다"라는 정의에만 너무 기울거나 또 반대로 통일성에만 기울거나 해서도 안 된다. 문제는 시중時中에 있을 것이다.

그런데 나의 회의는 그런 정도의 철학적 약점이나 오류에서 온 것이 아니었다. 참으로 변증법 대신 역을 객관적 세계와 인간 내면적인 삶의 논리로 역동力動시키려면 가시적 차원의 생극론과 함께 또 하나의 사상세계를 결합·통전해야 할 것 같은데, 그것이 가시적 차원과 비가시적 차원 각각과 함께 둘 사이에서 작용하는 '아니다·그렇다'의 생명논리요, 모순어법이다.

요컨대 감성과 이성만이 아니라 그 둘의 역동적 관계 안에서, 사이에서 작용하는 초월적 영성도 들어와야 한다는 것이다. 혹시 이것이 한국 고유의 삼극三極과 삼재三才 사상, 천지인 사상과 음양의 결합이 아닐까.

변증법은 보이는 차원의 이것과 저것 사이의 상대적인 관계는 잘 설명하지만, 그 상대성의 결핍만으로 제 자리를 역에다 넘기는 것이 아니고, 보이지 않는 차원과 그로부터 끊임없이 물질화·가시화·형상화하는 보이는 차원과의 관계를 동시적·상관적으로 인식·파악하는, 더욱 깊고 생동적인 논리가 마련될 때에만 역은, 그리고 나아가 다름 아닌 우리 시대의 우리의 세계역世界易은 변증법을 극복하는 새 세계, 새 세기의 새 철학이 될 것이다. 요컨대 외우 조동일의 말처럼 최한기와 최제우의 통합이 핵심일 것이다.

막연하지만 변증법의 인정과 함께 극복은 2차원을 포함하면서 동시에 새 차원으로 뛰어넘는 어떤 초점의 발견과 그 구체화가 필요하다는 생각을 하기 시작한 것이 그때부터다. 자극은 물론 〈방송대학〉 자체에서 왔지만 그보다 더 강한 자극은 '푸른 인광燐光'에서 왔다. 푸른 인광?

그 숱한 잠 못 이루는 밤, 내 머리맡에서 조용히, 그러나 참으로 신의 있게 나를 지켜주고 위로해준 것이 하나 있었다. 한 뼘은커녕 반 뼘도 못 되는, 밤마다 푸른 인광을 발하는 플라스틱 예수 고상苦像이었다. 그 푸른 고통과 그 고통의 승화는 무수히 자다 깨다 하는 나의 밤의 감각을 통해 그 통합과 확장의 필요성을 강조하고 또 강조해왔다.

나는 보이는 차원의 대립 및 조화로부터 차츰 보이지 않는 차원으로의 초월과 영성에 관해 관심을 갖기 시작했다. 어떤 차원에서 그것은 가톨릭이기도 했고 불교이기도 했다.

그리고 그 캄캄한 밤의 한복판에서, 마치 조르주 루오의 예수상과 같은 인광의 강렬한 방사 한 구석에서 수운과 해월의 동학이 차차 차차 가까이 가까이 다가오고 있다는 이상한 예감 또한 갖고 있었다. 막연하지만, 최수운 선생의 '불연기연(아니다·그렇다)'론이 그것이 아닐까 하는 생각을 갖기 시작한 것이다.

이런 생각들이 곧 그 무렵 도미하여 샌프란시스코의 UCLA에서 영화

공부를 하고 있던 고 하길종 감독과의 길고 긴, 이십여 통에 달하는 편지, 영화의 트리트먼트(梗槪)를 내가 써 보내고 그가 거기에 코멘트하는 시나리오 전 단계의 편지 내용 안에 그대로 반영되었다.

176_ 영화

내가 정한 영화제목은 '태인전쟁泰仁戰爭'이고 그가 정한 영화제목은 '새야 새야 파랑새야'였다. 그가 나보다 더 시적이었다.

테마는 '일본군 총알에 뚫어진 동학군의 궁궁弓弓 부적의 숨겨진 의미를 찾아서'였다. 1894년 당시 동학군은 그 어떤 총알도 대포알도 '궁궁' 부적을 뚫을 수 없다는 거의 확신에 가까운 믿음으로 앙양되어 있었다. 그래서 전장에 나가는 신도나 농민은 누구나 왼쪽 어깨에 궁궁 부적을 써 붙였다. 최수운 선생이 하늘의 상제에게 계시와 함께 내려받은 생명의 영약靈藥인 궁궁 부적은 그만큼 신령하고 강력한 것이었다.

주인공 민敏도 이것을 확고히 믿어 부적을 어깨에 붙이고 마지막 전투인 태인전투에 참가한다. 그리고 패배한다. 시체가 산더미를 이룬다. 그런데 이 전투에서 일본군의 총알이 주인공 왼쪽 어깨에 붙인 부적 한복판을 관통해버리고 만다.

주인공 민은 이 같은 현실의 숨겨진 뜻을 알 수 없다. 주인공은 거의 치명적인 관통상을 입고 큰 혼란과 절망 속에서 그 수수께끼를 풀기 위해 동학 입도의 안내자이자 무당인 어머니를 만나러 자기 고향집에 가려고 사흘 동안 몸부림치며 기고 뛴다. 그러나 막상 집에 도착했을 때는 도륙당한 어머니의 시체만이 그를 맞이한다.

주인공은 집으로 가는 과정에서, 집에서, 동구 앞 숲속의 상여간에서 수많은 동지들의 죽음과 그 죽음에 임하는 동지들의 살아 생동하는 외침 등을 겪으며 제3세계 약소민족의 새로운 삶의 길과 세계변혁의 메시지가 품고 있는 '활인기活人機'로서의 정신주의는 일본군으로 대표되는 낡은 물질문명과 무자비한 제국주의 군사무기인 '살인기殺人機'에게 현실적으로, 그리고 당대로서는 패배할 수밖에 없다는, 엄연하고도 슬픈 숙명, 그 역사적 한계와 동학 전개의 사회적 상황 미숙 등을 뼈저리게 깨닫게 된다.

어디에도 이 비극적 최후를 회피할 수 있는 길이 없음을 마침내 깨닫고(不然, 아니다), 오직 이 절벽과도 같은 역사·사회적 숙명의 한계 안에 갇혀 이미 죽었거나 지금 죽어가는 동지들의 저 장렬하고 거룩한 또 하나의 삶, 그 현실적 죽음을 함께 공유하는 슬픈 사랑, 즉 생사를 넘어서고 이승과 저승을 뛰어넘는 지극한 '모심(侍)'의 길(其然, 그렇다)밖에 남아 있지 않음을 절감한다(其然不然, 그렇다·아니다).

그는 중간에 만난 이상한 소년에게 들은 "새야 새야 파랑새야 녹두밭에 앉지 마라" 하는 슬픈 민요를 부르면서 석양으로 붉게 물드는 저녁 하늘에서 동학군의 환각, 천군만마 모양으로 진군하는 저 거대한 저녁 구름의 환각에 빠진 채 자기가 떠나온 태인의 전장, 그 노을진 싸움터, 죽임과 죽음의 자리로 되돌아가 동지들의 시체 사이로 기어 들어간다. 들어가 이윽고 그 사이에 길게 몸을 눕힌다.

하늘을 날며 새로운 송장의 고기를 노리던 독수리가 고공에서 수직으로 하강한다. "아!" 하는 돌연한 외침이 공기를 끊어 가르고, 드디어 사흘 동안 손안에 쥐고 놓지 않았던 비극의 매듭, 수수께끼의 실체인, 총알에 뚫어진 피 묻은 부적이, 펼쳐지는 손가락 사이에서 이윽고 천천히 빠져나와 가랑잎처럼 굴러서 추운 늦가을의 송장 더미더미 죽음의 터널을 지나 바람에 흩날려 멀리멀리 사라진다. 수많은 들개가 짖어대고 송장을 파먹는 까마귀들이 까악까악 울부짖는 잔혹한 죽음의 소리가 점점 높아지면서 어둠 속으로 화면은 '디졸브'한다.

나의 시 〈황톳길〉의 테마는 바로 이 '태인전쟁'의 압축이다. 이 시에서 나는, 패배와 죽임의 역사적 필연을 예감하면서도 '모심'의 지극히 거룩한 마음으로 싸움에 참가했던 민중의 내면적 삶의 생성에서 드러난 '불연기연'의 모순어법 안에 상생과 상극의 상호 보완성이 이미 깃들어 있음을 표현하고 싶었다는 말을 하고 싶다.

이것이 동학 용어로는 '아니다'를 '그렇다'와 함께 인식하는 대전환, 지난 '아니다'를 깨달음, 즉 '그렇다'인 '각비覺非'다. 그리고 이것이 다른 말로 하자면 '흰 그늘'이겠다.

내가 짠 경개는 길종에 의해 시나리오로 완성되었다. 그러나 그의 돌연한 죽음 때문에 영화로 실현되지 못한 채 동학의 뭇 원혼과 함께 지금도 울며 울며 구천을 떠돌고 있다.

177_모색

내가 이 년 반을 요양한 서대문시립병원은 서울 역촌동 벌판 뒤켠의 높은 언덕 위에 있다. 큰길이 있는 포수마을에서 걸어 들어가려면 한참 걸리고 힘도 꽤 드는 곳이다. 그럼에도 불구하고 친구들과 후배들은 나를 면회하려고 그 비탈진 언덕길을 허덕이며 허덕이며 올라오곤 했다.

나의 폐결핵이 치유된 것은 부모님보다는 도리어 내 벗들의 우정에 더 많이 빚지고 있다는 생각을 지금도 한결같이 하고 있다.

언덕 위 숲속에 묘지들이 있고 묘지 앞에는 '만력萬歷 ××년' '내시부 內侍府 아무개'라는 비석이 여기저기 널려 있다. 고자들이다. 나도 이제는 고자. 생물학적으로도 문학적으로도 정치적으로도 역시 불알 잘린 한 외로운 고자다.

아마도 생각과 말만으로도 《사기史記》 몇 권은 써야 할 것이었다. 초기에 나와 벗들은 그 돌비석 사이사이 풀밭에 그대로 몇 시간이고 앉아 '모색'을 계속했다.

통일혁명당 사건은 급진 좌익들 외에도 수많은 젊은 구도자와 온건한 모색자, 진정한 진리의 길을 가려 하는 수많은 동지와 벗들을 위축시켜 단 한 발짝도 앞으로 나아가지 못하도록 크게 마비시켰다.

전 사회가 침묵하고 있었다. 우리는 '모색'을 계속했다. 매판경제에 대한 비판과 총통제 음모를 밝히는 민주주의 운동의 고양, 그리고 앞으로 종교의 역할에 관해서 참으로 신선한 논의를 제기해가며 '모색'을 계속했다.

베트남 틱 꾸앙 스님의 혁명적 사원寺院에 관한 상찬賞讚과 남미에서 총을 든 채 사살당해 민중을 침묵으로부터 분기시킨 카밀로 토레스의 혁명적 가톨릭에 깊이 관심을 가졌고, 종교가 이미 아편이기를 그만두고 있다는 점에 모두들 동의했다.

"포섭합시다. 기독교든 가톨릭이든 불교든 뭐든 다 통일전선으로 포섭합시다."

내가 여기에 못을 쳤다.

"포섭이라는 말을 사용할 단계나 차원이 아니야. 새로운 전술과 새로운 전략이 새로운 이념을 만든다는 생각을 해야지."

"새로운 전략이 종교 우회라면 새로운 이념은 뭡니까?"

"민족주의와 사회주의와 종교적 영성의 결합이 되겠지만……."

"그게 뭐란 말입니까? 잡탕 비빔밥 아니오? 유물변증법은 현대에 관한 한 불멸의 진리입니다. 이 과학과 실증의 시대에 신비주의라니오?"

"우리는 물질이나 육체나 감각이라는 감성과 과학이나 형이상학 등 신학적 사고를 하는 이성으로 인간을 재단하는 버릇이 있어. 그러나 그 밖에 종교적 환희나 신비적 세계인식을 가능케 하는 영성이라는 것을 너무 무시해왔어. 그것을 극복해야 해. 유물론은 이 세 범주 중 한 범주에 불과해."

"마르크스주의를 포기하란 말입니까?"

"포기가 아니라 한 단면으로 축소하는 대전환이지. 장점은 그대로 갖고 그 위에 새로운 창조를 모색해야지."

서대문시립병원에 입원해 있던 시절 병원 뒤 언덕길에서.(1968)

"선례가 없지 않습니까?"

"동학이 있잖아! 또 지금 세계의 어떤 곳에서는 현실로 나타나고 있고……."

어떤 후배 하나는 내게 올 때마다 꼭 새빨간 사과 한 알을 갖고 왔다.

"무슨 깊은 뜻이 있나?"

"혁명의 상징입니다."

이 상징주의자에게는 마르크스주의적 설법만이 진리로 받아들여졌다. 나 역시 그런 용어, 유물론과 변증법을 사용하면서도 아직은 감추어진 동양철학이나 민족적 고유사상과의 창조적 관계에 대한 철학적 준비를 잊지 말라고 여러 차례 부탁했다.

여러 후배들이 중국의 문화혁명과 프랑스의 문화혁명에 관해 물었고 나는 거기에 동서 사상의 융합에 의한 인류문화의 전면적 개혁이라는, 아직은 모호한 문명론적 대안을 말하며, 그 조짐으로서 마오 쩌둥 사상의 바탕과 방향 및 새 가능성의 씨앗들의 내용을 분석·해석해주기도 했다.

한 동료는 나와의 두세 시간이 끝나면 반드시 춤추듯 뛰면서 언덕을 내려가곤 했다. 그 까닭을 물었더니 대답이 걸작이었다.

"자네 '구라'는 촉매에 불과해! 그 촉매 때문이기는 하지만 내 속에 잠자던 새 길이 스스로 환히 열리기 시작하기 때문에 춤추고 웃는 거야!"

나는, 우쭐했던 나는 그 말에 풀이 죽어 한동안 또다시 고자가 돼버렸다.

'김주호'라는 선배환자가 사두고 그냥 무료할 때 매일 한 번씩 들르거나 사람이 찾아올 때 만나기 위해 사용하던 자그마한 흙집에서 나는 그들을 만났다. 나는 거기서 많은 말을 했고 아직 검증되지 않은 숱한 실험적 대안을 말했으나, 그보다 더 많은 시간을 당대 상황의 인식과 그에 대한 적극적이고 전투적인 대응에 관해 이야기하였다.

김정남 형은 '불꽃회'라는 지하조직을 만들었다 검거되어 혼이 난 뒤 또 그 비슷한 일이 있어 몸을 감추고 리어카로 채소장사를 하며 일주일이나 이주일 만에 한 번씩 붕어빵을 사가지고 오기도 했고, 문리대의 유명한 투사였던 손정박 형은 그 무렵 적발되어 검거·와해된 지하의 '인민해방전략당'에 연루되어 도망다닐 때 내게 들러 절망과 고통을 호소했다.

그때 나는 결단했다. 사회주의를 포기할 수는 없다. 그 반대로 자본주의에서도 취할 것은 취해야 한다. 그러나 사회주의나 자본주의의 결합이 모든 것의 해결사는 아니다. 그런 잡탕이 아니라 세계경제가 점차 '교환'과 '호혜互惠' 또는 포틀래치의 이중 시장으로 변혁돼가는 것이 바람직할 것이다. 고대에 있었다는 '포틀래치'나 계契를 바탕으로 한 '호혜경제' 같은 '신시神市경제'와 화백和白과 같은 '직접 민주주의'를 시도하고 발전시켜야 한다. 물론 이것은 요즈음의 내 생각이지만 그때 이미 그 싹이 탄생했다.

그러나 그것은 도그마여서도 안 되고 폭력적이어서도 안 되며 지하당, 소위 전위당도 물론 안 되고 유물론이어서는 더욱 안 된다고. 그렇다면 무엇인가? 당(黨)으로서의 통일전선이었다. 나의 혼란과 복잡성은 계속될 수밖에 없었고 그 잡다 한복판에서 끊임없이 결정적 행동을 선택해나가는, 엉성한 틈이 많은 창조적 작업일 수밖에 없었다. '전선당'이라고 부를 수밖에 없는 이 행동의 네트워크 내부의 여러 뇌수를 움직여 끊임없이 각각의 이념과 경향끼리 논쟁하고 서로 비판하면서 새로운 큰 틀의 이념을 합의하고 건설해나가는, '형성 과정중인 새 이념'만이 새 시대, 새 세대를 성공으로 이끌 수 있을 것이었다.

한참 훗날의 얘기지만, 민중신학이니 민중사회학이니 민중예술이니 하는 '민중' 자 붙은 사상문화의 등장이 이 생각과 직간접적으로 여러 형태로서 연결되어 있었다. 그러나 이 '민중사상'은 광주사태 이후 좌익 도그마의 범람으로 자취를 감추어버렸다.

무엇이 우리를 도울 것인가? 천지인이다. 역사의 때와 정치·지리적 조건과 우리나라라는 기이한 현실에 살고 있는, 독특한 정신을 가진 한국 사람이라는 삼대 요소가 우리를 도울 것이다.

178_ 주선생

내 병실 바로 건너편 병실에 주朱선생이라는 분이 입원해 있었다. 전라도 사람인데 내게 조금씩 접근해서 냉정하게 검토해보니 과거에 혹은 현재까지도 좌익, 필시 자기 집안의 누군가가 좌익을 해서 수렴 현상으로 함께 어울리다 슬그머니 좌익이 된 '수렴 좌익'인 듯했다.

주선생에 관한 기억은 세 가지로 남아 있다. 늘 두고 쓰는 문자가 "자기가 아무리 괴로워도 남에게는 생기를 줘야 한다"라는 말과 산책할 때면 함께 조용한 음성으로 부르던 러시아 민요 〈포플러〉다.

> 높다란 산 너머
> 햇발은 흘러와
> 좌체의 소리도 없다
> 끝없는 창공을
> 홍채로 물들여
> 곱드란 노을이 되었어라
> 외롭게 서 있는
> 포플러 가지에
> 흘러와 조올졸
> 어여쁜 노을.

그리고 나서는 반드시 나에게 역시 6·25 당시에 움직였던 사람들이 즐겨 부르는 〈부용산〉이라는 노래를 청하곤 했다. 술자리 외에는 노래를 잘 안 부르는 나였지만 몇 차례는 주문에 응했던 것 같다.

일곱 명이 들어가는 그때 그 병실에 여러 해 입원해 있던 절망적인 환자가 한 사람 있었다. '강康'이라는 사람인데 함석헌 선생을 존경하고 숭배했다. 항상 모로 누워 숨을 할딱였는데, 그리 누워서도 붉은 핏발이 선 눈으로 항시 주선생을 노려보곤 했다. 늘 섬뜩한 느낌이 오곤 했는데 그 헐떡이는 목청으로 가끔 일본 해군가인 〈군함 마치〉를 불러대곤 하는 것을 보면 집안이 친일파였던 것 같고, 구월산 유격대식 발언을 가끔 해대는 것을 보면 극우파 기독교인임이 틀림없었다.

한번은 주선생과 다른 한 입원자가 말다툼을 벌였는데 강씨가 예의 그 누운 자세로 주선생을 빤히 노려보면서 대뜸 이렇게 소리쳤다.

"야, 이 빨갱이 새끼야! 내 모를 줄 알아? 너 빨갱이란 것 다 알아! 까불지 마라. 찔러버리기 전에!"

놀라운 것은 강이 아니라 주선생이었다. 얼굴이 파랗게 질리더니 기듯이 설설 문 쪽으로 다가가 순식간에 도망쳐버리는 거였다. 그리고 며칠인가를 돌아오지 않았다.

도대체 사상이란 무엇인가? 늘 리시버를 끼고 북한방송을 듣는 나에게도 강은 똑같이 핏발 선 눈길을 보내는 때가 가끔 있었다. 아아! 나 역시 그때는 목덜미가 서늘했으니 주선생의 행동은 당연한 것이리라는 이해가 갔다.

더욱이 그때가 통혁당·동백림·전략당 등등이 마구 작살나던 때였고 전위당에 의한 남조선해방운동 전략이 실패로 돌아가자 남한 사람들에게 실망한 북한이 게릴라전, 그것도 북한에서부터 글라이더나 잠수함으로 실어 보내거나 백두대간의 등산 루트로 '코만도스'들을 침투시키는 직접적인 전략으로 바뀌고 있던 때 아니던가!

179_ 김신조

그날 역촌동 병원은 벌집 쑤신 듯했다. 총검을 든 군인들이 여기저기서 나타나 북에서 침투한 게릴라들을 이잡듯 쥐잡듯 소잡듯 잡으러 다니는 난리를 떨었다. 내가 입원해 있던 제일 높은 언덕의 제5병동까지 올라와 샅샅이 뒤지고 두리번거렸다. 총소리가 북한산과 불광동 쪽, 구파발 쪽에서 계속 들려왔다.

신문에 대문짝만 하게 사살당한 공비와 무기들이 실렸는데, 그 중 생포당한 '김신조'라는 젊은 게릴라가 있어 기자회견하는 기사가 나왔다.

"목표가 무엇인가?"

"청와대다."

"무얼 하러 왔는가?"

"박정희 목 따러 왔다."

"그래서 어떡하자는 건가?"

"남조선에서 미제를 몰아내고 남조선 인민을 해방하여 조국통일을 완성하는 것이다."

사람 같지 않은 기계나 인조인간 같은 무기질의 인상이고 발언이었다. 마치 비정한 철통 같았다.

여기까지 움직인 내 기억 위에 지금은 병환중인 박창암 장군의 영상이 떠오른다. 김신조 충격이 전국, 전 국민을 강타할 때 당시 중앙정보부 부장인 김형욱인가 누군가가 시골의 한적한 농장에서 농사짓는 박장군을 찾아와 사정사정했다 한다. 반反게릴라 특수전략을 집행해달라고.

"너희들이 알아서 해! 나는 몰라!"

몇 번이고 거절했다는 것이다.

그러나 이것은 국가적인 문제여서 가장 골치 아픈 경찰 문제만 조건을 단단히 굳힌 뒤에 창설한 것이 바로 예비군이라 한다. 그것이 바로 카운터 게릴라전의 금과옥조인 '인민을 괴롭히지 않는다'라는 경찰의 맹세를 조건으로 해서 이루어진 것이란 말이다.

놀라운 얘기였다. 나는 자칭 우익, 자칭 민족주의자, 자칭 단군의 자손 중에 이런 분이 있는 줄은 예전에 미처 몰랐다. '진짜'였다.

6·25 때 마오 쩌둥 전술을 활용해 단 한 사람도 살해하지 않고 수없이 많은 젊은 빨치산들을 귀순시켜 살려냈다는 이야기, 지금도 그들이 철철이 그리고 명절 때 꼭 선물 꾸러미를 들고 집으로 찾아와 넙죽넙죽 절을 한다는 이야기, 그와 반대로 당시 돈 얻어먹고 멀쩡한 놈을 병신으로 조작해 군대를 빠지게 한 장교들을 엄벌했다는 이야기…….

나는 지난해 가을, 개천 주간에 지리산의 옛 격전지 '빗점'에서 좌우익 전몰자 천도제를 추진하던 중 현지의 노인들이 자기들의 은인인 박장군을 초대해달라고 간청하는 것을 보았다.

놀라운 일이다. 역시 몽양의 제자다!

180_ 스테이션 러브

병원에서 의사나 간호원이 집무하거나 주재하는 방을 일러 '스테이션'이라고 한다. 나는 이 년 반에서 삼 년 사이의 그 길고 지루한 시간에 두 사람의 간호원과 연애 아닌 연애를 한 일이 있다. 그래서 '스테이션 러브'라는 말을 써봤다.

그날의 담당 간호원이 그날 밤 스테이션에서 철야하며 응급환자에 대응하고 정해진 주사 시간에 주사를 놓기 때문에 그 간호원과 사귀려면 의사가 없는 밤 시간에 스테이션에서 슬그머니 만나야 한다. 분명 연애는 아니었으나 연애 형식을 띤 그냥 그렇고 그런 데이트였다.

고자가 될 만큼 매사에 자신을 잃은 나는 첫번째도, 두번째도 그 흔한 데이트를 하는 데에 먼저 결혼을 전제하는 지극한, 아니 과도한 성실성을 보였다. 나는 이미 나아가는 과정의 환자 아닌 환자였으니 그들이 나의 접근에 문호를 개방하는 것이 상식적인 일이었음에도 어찌 된 일인지 나는 입안의 침이 마르고 정신이 혼미할 정도로 황홀해했다. 역시 병이었다.

첫번째도 두번째도 진주 출신의 미인이었는데 연수옥비燕瘦玉肥라던가, 첫번째의 키 크고 아름답고 몸매 풍만한 양귀비 양옥진楊玉眞 같은 간호원은 이름이 '옥'이었고, 두번째 만난, 중국 한 고조의 부인 비연飛燕 모양의 '연'이는 가늘고 날씬한 몸매에 까만 눈썹과 붉은 입술을 가진, 요염하면서도 매서운 간호원이었다.

밖에서는 숲속에서 소쩍새가 울고 바람이 오리나무 숲을 스치는 '휘익 휙' 소리가 들렸다. 스테이션에 마주앉은 '옥'이는 뜨개질을 하며 눈을 내리깔고 있었다.

나는 사팔뜨기 괴짜 의사인 정선생을 떠올렸다.

"미스터 김, 결혼하려면 간호원하고 해! 엑스레이를 보면 김형 병은 평생을 조심해야 할 병이야. 그러니 누군가 튼튼하고 잘 아는 사람이 곁에서 돌봐줘야 한다는 말이지! 내 말 알아듣겠나?"

나는 몸이 나아가면서 오히려 더 겁을 먹고 있었다. 죽을 병에 걸린 사람이 용감한 데 비해 병에서 이제 막 벗어난 사람은 대개 딱할 정도로 겁이 많은 법이다. 그래, 나는 겁을 먹고 있었다. 하얗고 통통하게 살진 '옥'의 손을 붙잡는 대신 내가 결혼을 약속한 것은 딱하게도 공포심 때문이었다. 한 인텔리의 구혼과 진지한 결혼 약속에 그저 덤덤할 처녀는 아마 이 세상에 없을 것이다.

나는 그 무렵 유료에서 무료로 전환하기 위해 절차상 잠시 퇴원해야만 했다. 그래서 그 시간에 맞춰 미아리의 한 제과점에서 옥이와 만나기로 약속했다.

그런데 집에 오자 묘하게 이를 눈치챈 어머니의 방해로 나는 약속을 어겨 한 시간 이상이나 지각했다. 옥이는 없었고 그것으로 두 사람 사이는 깨끗하게 끝났다. 다시 무료 병동에 입원한 나와 마주친 그녀의 눈은 싸늘했다. 그리고 내가 완치되어 병원을 떠날 때 그녀는 간호원 자격으로 독일로 떠났다. 그 뒤 어찌 됐는지…….

또 세월은 흘렀고 퇴원이 가까워올 때 '연'을 만났다. 밤 스테이션에 서였는데 몇 차례 만나 얘기를 나눈 뒤 내가 결혼 운운하자 뜻밖에 그녀는 화를 벌컥 내며 길게 한숨을 쉬었다.

"나는 한 사랑이 익어가는 줄 알았어요. 로맨틱한 감정에 마음에 늘 달떴는데 당신이 그걸 깨뜨려 버렸어요. 참 멋대가리도 없지! 결혼이 다 뭐람!"

뒷날에 들은 말이다.

퇴원하고도 만났다. 안양유원지에도 함께 갔고 수유리 오윤의 집에도 함께 갔으며 혜화동 로터리의 한 찻집에도 자주 들렀다. 그녀는 내가 성실하고 충실하게 대할수록 권태로워했다. 시를 쓰는 예술가가 너무 멋이 없다면서 자기는 재능은 있으나 가난한 예술가의 아내가 되는 것이 꿈이라고까지 말했는데도, 나의 그 '시인'은 멋이 살아날 줄 몰랐다. 아니, 모르거나 잊은 것이 아니라 본디가 그런 멋과는 인연이 없는 촌사람이었을 가능성이 더 크다.

그 무렵의 어느 날 밤, 수유리 쌍문동 오윤의 집에서였다. 윤이와 나란히 앉아 있는 내 앞에서 오선배 곁에 비스듬히 누워 나를 바라보던 그녀가 병원 기숙사에 별일 없나 묻는다고 전화를 하더니 고향에서 친구가 올라와 있다며 가로되, "운명이군요. 만나기 힘든 운명이군요!" 하며 사뭇 가지고 놀던 것이다.

글쎄…… 나는 정말 멋이 없나? 살까지 둥둥 쪄 별명이 '김일성'이가 되었을 때고 머리까지 스포츠 스타일로 치깎아 또 별명이 '유도 선수'라고까지 불렀으니 무리도 아니었다. 답답해서 그 무렵 자주 만나던 평론가 염무웅 형에게 상의했다.

"어찌하면 좋겠어?"

"그럴 경우 왕년에 김승옥이가 즐겨 쓰던 상투적인 문구를 한번 사용해보지!"

그러고는 엽서의 초안을 써 보였다. 하나의 엷은 시구였다.

"오늘도 수없이 많은 사람을 만나 차라리 너를 잠시라도 잊기 위해 애썼다. 아, 너를 사랑하기가 왜 이리도 어려우냐……."

놀라운 사건이 일어났다. 나와 아무 약속이 없던 그녀가 사방으로 전화를 하고 혜화동 찻집에 나와 앉아, 이미 염무웅에게 들어 다 알고 있는 예상대로 능청스럽게 피곤한 얼굴을 하고 걸어 들어와 털썩 주저앉는 나에게 슬픈 목소리로 나와 빨리 결혼하고 싶다고, 오늘은 함께 밤을 지새우고 싶다고, 그렇게 속삭였다.

그렇다. 그것으로 끝이었다. 정나미가 삼십 리는 더 멀리 떨어졌다. "바쁜 일이 있어 나 먼저 간다" 하고 만류하는 그녀를 뿌리치고 훌쩍 떠났다. 그러고는 잊어버렸다. 그리고 내 마음은 한 가지를 크게 배운 것이다.

'아하! 연애는 이렇게 하는 것이로구나!'

이리 한 가지를 배운 것, 그것으로 폐결핵쟁이 낭인 시절의 스테이션 러브는 그렇게 끝났다.

나는 바보였고 사랑은 결코 쉬운 것이 아니었다. 사랑은 아무나 하나? 그것, 남은 교훈은 그것뿐이었다.

181_진달래 필 때까지

요양원에 떠도는 슬픈 유행어가 하나 있었다. '진달래 필 때까지'가 그것이다.

장기 폐결핵 환자들은 대개 대각혈로 질식해 죽는다. 그런데 그 대각혈이 오는 때가 대개 진달래 피기 직전 무렵, 하늬바람 불고 날씨 쌩고롬한, 또 불두덩 아래는 후끈후끈한 그런 이월 하순 무렵이다. 진달래 필 때까지 안 죽으면 그 해는 또 산다는 뜻이니, 바로 '희망'의 시적 표현인 셈이다.

어느 날 남녀 혼성 병동의 스테이션에서 한 노라리 출신 중년 여자가 부끄러운 줄도 모르고 떠벌렸다.

"진달래 필 때까지 목숨 붙어 있으면 씹이나 실컷 하다 죽고 싶은데……."

막가는 인생이었다. 이렇게 노골적이지는 않더라도 남자건 여자건 배배 말라 비틀어지면서도 성적 충동에 몸부림치게 마련인 게 폐결핵쟁이들이다. 그 절정이 진달래 필 무렵인데 거기서 우리는 성욕이 죽음과 친연관계에 있다는 것, 에로스는 죽음의 신인 타나토스와 붙어다닌다는 말을 실감하게 된다.

강연주. 고려대 영문과 출신 미모의 여성. 피를 뱉으며 피를 뱉으며, 마침 잠깐 초대받아 그들의 방에 간 나에게 가라사대,

"나는 내 남편을 사랑합니다. 영육이 다 함께 내 남편을 사랑합니다.

사랑합니다. 사랑…….″

묻지도 않은 말을 자꾸 해대니 딱할 정도. 이 현상도 그 현상과 앞뒤가 같다. 얼마 안 있어 면회온 남편의 품에 안겨 대각혈로 떠났다.

장희진. 바로 그 방 식구로 나이는 많았으나 너무 마르고 성장이 정지되어 열대여섯밖에 안 돼 보이는 그녀는 자주 내 방에 와서 시에 관하여, 인간의 삶의 길에 관하여, 병과 인생에 관하여 꼭 몇 마디라도 듣고 돌아가곤 했다. 그 희진이 훗날훗날, 감옥에서 만난 여호와의 증인 '똥퍼 장씨'를 통해 안부를 물어왔다. 여호와의 증인이 된 것이다. 얼마 안 있어 죽었다고. 대각혈로 떠났다고.

'뚜뚜황'. 월남하기 전 북한에서 기관차 운전사를 하다 월남 후 미군 트럭을 몰았다는 황씨. 기관차 운전수라고 '뚜뚜'라 했다. 그는 나이가 많았는데 일제 말부터 기관차를 탔단다. 꺾센 평안도 사투리로,

″왜놈 시대와 공산당 시대와 남한에 내려온 이후 시대와 미군부대 시절을 비교하믄, 잉, 내 한몸 편하기는 미군부대고, 잉, 세상이 제대로 굴러가는 건 왜놈 시대라, 잉! 하하하, 왜놈들 우습게 보면 안 돼요, 안 돼, 잉!″

나 아직 그 방에 있던 캄캄한 새벽, 대각혈이 터져 말문이 막힌 뚜뚜씨가 머리맡에 놓인 당두대를 쾅쾅 쳐서 사람을 불렀다. 몇 사람이 깨어나 불을 켜자 입가와 가슴이 피범벅이 된 채 큰 눈을 더욱 크게 뜨고 손을 저으며 띄엄띄엄 말했다.

″안녕! 여러분, 안녕!″

이길수. 젊은이인데 자그마한 고물상을 했다고 한다. 그가 한 말 중 기

서대문시립병원에서 퇴원하여 찾은 목포 유달산에서.(1969)

억에 남는 한마디.

"전쟁은 어린이에게 제 몸에 안 맞는 헐렁한 옷을 입힌다."

아침에 오리나무 밑에 갔다가 터져 그예 그 오후에 질식해 떠났다.

손영감. 사고무친의 손영감. 점잖고 고학이 깊은 손영감. 평양이 고향인 그이는 해방 직후 토지를 몰수당하고 월남해 공무원을 하다 가정이 파탄난 뒤 발병해 입원했다. 늘 발그레하던 볼과 흰 머리칼, 입술에서 떠나지 않던 미소. 그 미소도 어느 날 캄캄 밤중에 소리없이 떠났다.

김주호. 법대를 나온 젊은 수재. 깡마르고 밝은 성격이나 옆 침대의 한 목사와 사이가 나빠 늘 씨근거렸다. 자기가 산 조그만 흙집에서였다. 병원 주변에 흩어져 있는 마을에서 요양하는 만성환자 중 한 여자와 성관계를 하다가 새벽이슬 내릴 때 질식해서 떠났다.

김재덕. 일제 때 함흥고보 시절의 유명한 축구선수. 피를 뱉으면서도 하루 종일 잠자리 채를 들고 산과 들판을 헤매며 수많은 나비를 스크랩 북 십여 권 분량으로 채집하였고, 저녁에는 반드시 소주 한 병을 마시고서야 잠드는 그이는 축구공 모양의 재떨이, 한쪽을 누르면 동그란 돔 모양의 뚜껑이 뒤집어져 움푹 들어가는 재떨이 모형을 만들어 특허를 겨냥하고 있었다.

내가 그 방에 놀러가면 언제나 소주병을 들고 숲속으로 가잔다. 숲속에서 들려준 얘기는 대개가 전쟁 이야기인데, 하나는 지리산에서 겨울밤 눈이 키 넘게 내린 곳을 두 팔꿈치로 헤쳐 나가면서 졸음과 싸우는 빨치산들 이야기. 또 하나는 전라도 광주 사교계의 유명한 꽃이었던 한 여류 성악가가 자기는 만날 유혹의 손짓을 보내는 남자들을 겪어 남자들을 아주 우습게 알았는데, 지리산에 들어와 눈 같은 악조건을 헤쳐 나가는 남자들의 초인적 의지를 보고 남성관이 전면 바뀌었다고 고백하더라는 이야기. 그리고 북한 출신 유격대 간부들이 북상해서 김일성이를 만나 지리산과 백두대간의 게릴라들이 이제는 다 철수해야 한다고 보고했을 때 김이 새로운 게릴라를 더 보내도 모자라는데 그 무슨 소리냐고 쫓아 돌려보냈다는 것. 그 뒤 토벌대에 자수해 자기를 만나 이런저런 얘기도 하게 됐다는 것.

나 퇴원한 직후 그이도 퇴원했다. 한번 오장동에서 만나 함흥냉면을 먹고 헤어졌는데 그 뒤 소식이 묘연하다. 공산당에 입당했다가 지겨워서 당원증을 금강산 밑 고성에서 우편으로 당에 돌려보내고 그 길로 월남했다는 김씨, 부디 살아 있기를!

아아! 이승이 아닌 저승에서라도 부디 살아 있기를! 소멸한다면 아마 그 속으로 속으로 맺힌 한이 끝끝내 풀리지 않으니, 부디부디 죽어서라도 내내 살아 있기를! 수미산 너머 칠성별 어딘가에 돌아가 모두들 우주 안에 살아 있기를!

182_ 악어 형

악어 형 한기호 선배의 눈을 가만히 보고 있으면 한 마리 크나큰 악어를 떠올리게 된다. 거기에 우스운 소리라도 들으면 큰소리로 홍소를 터뜨린 뒤 그 웃음이 슬며시 미소로 바뀌면서 두 눈에 눈물이 그렁그렁한다.

영어에 'crocodile tears(악어의 눈물)'이라는 말이 있다. 거짓 연민을 표시하는 위선적인 눈물이라는 뜻이지만, 말 그 자체로써 내가 한기호 선배에게 별명 삼아 붙인 게 바로 '악어'다.

악어 형은 나보다 서울대 문리대 이삼 년 위 선배로 심리학을 전공했고 오랜 일선 기자생활로 닦이어 한 사람의 능란한 사회인·조직자이며 기업가, 곧 최고경영자가 된 사람이다.

그 악어 같은 얼굴 뒤에 극도로 섬세한 마음이 있어 술자리에서 내가 외우는 이용악의 〈그리움〉을 들으면 마치 그 시 속의 눈 쌓인 북쪽에라도 있는 듯 울적하고 창연愴然한 미소를 짓거나 가끔은 눈물바람까지 한다.

"지하! 그거 한번 들려줘! 그거 말이야! 밤에 산에 눈 내리는 거! 시 말이야!"

술만 마셨다 하면 그 소리고, 요즘에는 정릉집 방안에 써붙이기까지 했다 한다. 도대체 어떤 시일까?

눈이 오는가 북쪽엔

함박눈 쏟아져 내리는가

험한 벼랑을 굽이굽이 돌아간
백무선 철길 우에
느릿느릿 밤새워 달리는
화물차의 검은 지붕에

연달린 산과 산 사이
너를 남기고 온
작은 마을에도 복된 눈 내리는가

잉크병 얼어드는 이러한 밤에
어쩌자고 잠을 깨어
그리운 곳 차마 그리운 곳

눈이 오는가 북쪽엔
함박눈 쏟아져 내리는가.

 그런 악어 형이 통혁당 때문에 《청맥》을 접수하자던 계획이 물건너간 뒤, 돈이 있어야 일을 할 수 있다며 돈벌이에, 기업운영에 뛰어들었다. 그러다 부도가 나 피신이 불가피하게 되었다.

겨울날인데 눈 쌓인 요양원 언덕 위로 찾아와 자기는 지금 부산으로 피신한다고 알렸다. 그리고 청강 선생은 지금 원주에서 후배들과 함께 새로운 진보적 가톨리시즘 공부를 하고 있다고 귀띔했다. 자기가 올라올 때쯤엔 퇴원해서 원주에서 만나자고, 만나 새 길을 의논하자고 약속하고 부산으로 떠났다.

1962년에서 64년까지 열린 가톨릭의 제2차 바티칸 공의회에서 이 년간 검토한 사회개혁의 메시지와 방법론, 신학적 배경을 정리한 문건들이 속속 출간되어 원주의 청강 선생이 그 동네 양반들과 함께 공부중이라는 기쁜 소식이었다.

악어 형은 내가 퇴원할 무렵 부산에서 원주로 가 주물공장을 경영하던 중 교통사고로 다리를 부러뜨려 내가 찾아갔을 때는 목발을 하고 있었다. 싱글싱글 웃으며 반가워하는 나에게 자신의 처지가 안 좋게 보일 듯해서인지 신경질이 가득 찬, 그러나 예의 그 눈물 그렁그렁한 웃음을 웃어댔다.

그리고 가톨리시즘과 사회혁명을 결합시키고 신협이나 점진주의 안에 새 불씨를 지피려는 청강 선생의 구상과 전망에 대해 대체로는 동의하면서도 가톨릭의 위선과 그 조직의 '소경동맹'적 위계성, 일종의 국가주의적 공룡을 대놓고 욕했다.

하기는 악어 형 말이 맞았다. 그러나 그럼에도 불구하고 일을 하려면 선생님의 노선을 따라야 한다고 나는 믿어 의심치 않았다.

가톨릭센터 한 작은 방에 선생님과 젊은 그들이 모여 있었다. 십여 명 될까? 책상 위에 당시 교황 바오로 6세의 〈민족의 발전 촉진에 관한 회칙〉을 놓고 공부하고 있었다.

구석에 조용히 앉아 귀기울여 들으니 텍스트의 착 가라앉은 침착성 뒤에 수많은 논쟁과 토론과 노선 선택의 갈등이 개재한 것 같았고, 그 논리의 여유로움은 이천 년 역사와 조직의 방대함과 치밀함에 대한 자부심에서 기인한다는 것을 느낄 수 있었다.

이것은 무엇일까? 그것을 알기 전에 이미 이것은 새로운 물결이요, 새로운 매혹이었다.

나는 그날 밤 서울로 돌아와 하길종에게 편지를 썼다. 아마도 몇 해 안에 어떤 큰 변화가 이 반도에 불어닥칠 것 같다는, 그리고 나는 그 물결에 참가하기 위해 언젠가는 시골로 집을 옮길지 모르겠다는. 풋풋하고 서늘한 그날 밤에 유쾌한 잠이 나를 찾아왔다. 아, 이것은 행복인가. 마음의 저 밑, 저 어둑어둑한 밑바닥에서 대답이 올라오는 듯했다.

"아직 멀었다."

그래, 아직 멀었다.

183_ 마케팅

아버지의 벌이가 시원치 않았다. 더욱이 정밀한 회로를 자세히 들여다보면 혈압이 높아졌다. 나도 벌어야 했다. 나는 김정남 형이 소개하는 마케팅 회사에 카피라이터로 정남 형과 함께 취직했다. 사장은 장만기라는 젊은 사람이었다.

마케팅에 관해 책도 읽고 토론도 했다. 요컨대 자본주의 교환시장의 새로운 차원이 시작되는데 그것이 바로 마케팅이나 광고였고, 그것에 관한 아이디어나 콘텐츠에 관한 카피라이팅이었다.

내 눈을 거쳐간 것으로는 대강 담배인삼공사에서 수입한 버지니아 잎 담배 광고와 "당신은 대한항공에서 언제나 양반 대접을 받습니다"라는 큰 제목 아래 한국의 '양반'에 대한 개념 설명과 코쟁이가 큰 통영갓을 쓰고 앉아 있는 기내 사진이 크게 확대된 대한항공의 광고가 있다.

나는 그때 그 무렵 미국 광고협회 회장의 연설문 가운데 오늘날의 광고와 마케팅에서는 콘텐츠에 관련해 밥 딜런 같은 청춘의 상징과 그 메시지 따위를 깊이 검토해야 한다는 한마디를 읽고 앞으로 기업은 문화운동까지 잠식해 들어올 것이고, 문화의 미학적 영향력을 상품 판매와 깊숙이 연결시키리라는 예감을 갖게 되었다.

역시 그곳은 내가 몸담고 있을 곳이 못 되었다. 석 달이 조금 못 되어 어느 날 문득 사표를 쓰고 그만 훌훌히 나와버렸다. 혼자 빈털터리로 걸으며 생각했다. 무얼 해야 하나? 최소한도의 벌이는 하면서 민족문화운동을 해야만 했다. 그때 문득 떠오른 것이 각 대학교의 연극회나 연극 서클의 공연 정보망을 친구나 후배들 사이에 만들고 전업적인 학생극 연출가가 된다면, 상당 액수에 달하는 연출료를 받는 동시에 대학생 연극 중심의 민족문화운동에 자연스레 손댈 수 있지 않겠는가 하는 아이디어였다.

내 걸음이 빨라졌다. 나는 동숭동 대학가의 학림다방으로 향하고 있었다. 명동에서 동숭동까지의 꽤 먼 거리를 나는 조금만치도 피로감이나 권태감 없이 노래 부르듯, 휘파람 부르듯 씩씩하게 걸어갔다. 그리하여 들르게 된 학림다방에서 문리대 연극반 후배들을 만나게 되었다.

연극 이야기가 나왔다. 곧 작품 선정에 들어간다는 것이었는데, 비록 〈원귀 마당쇠〉〈호질〉〈야, 이놈 놀부야!〉의 선례가 있기는 하나 그것은 일부 민족예술에 눈뜬 청년들의 얘기고, 아직 마당에서 저항감 없이 노는 것은 생각할 수 없는 단계였으니, 역시 시청각 교실 무대에서 정통 리얼리즘 연극을 올리는 수밖에 없었다.

나는 대뜸 머리에 떠오르는 대로 김영수金永壽의 〈혈맥血脈〉, 언젠가 영화로 만들어지기도 했던 그 정통 리얼리즘 작품을 추천했고, 연극반 후배들인 임진택과 강택구 등이 작품 내용 이야기를 듣고는 좋다고 해서 아마 그 자리에서 봄학기 공연작품으로 그만 선정되었을 것이다.

184_쓰레기 위에 시를!

그 무렵 내가 자주 어울린 선배와 친구들은 김윤수 형님과 염무웅 형, 시인 이성부 형과 오숙희 선배, 또 오선배의 그림 그리는 후배나 친구들이었다. 우리는 예술이나 민족통일, 특히 서구 근대주의와 우리의 처지 사이에 나타나는 여러 문제에 대해 이심전심으로 서로 통했고, 함께 술을 마시며 민족문화운동에 관해 의견을 나누곤 했다. 함께 오선배의 집에 가서 하룻밤 자는 일도 한두 번 있기는 했으나 대체로는 낮과 저녁에 만나고 밤에는 자기 거처로들 돌아갔다. 나이가 든 것이다.

내가 종암동에 살 때다. 문리대 선배요, 당시 공화당의 엄민영 씨가 운영하던 《정경연구政經研究》 편집장으로 있던 안인학 형님이 가끔 우리와 함께 어울릴 때가 있었는데, 형님이 워낙 기발한 분이어서 우리 패거리 이름을 단박에 지어냈다.

'폰트라'. 설명하는데 왈, '폰트라'는 영어로 'PONTRA'로 'poem on trash(쓰레기 위에 시를!)'이라는 캐치프레이즈의 줄임말이라고 널름 받아쳤다. 멋진 이름이라는 것이 우리 모두의 의견이었다. 이 그룹 '폰트라'는 아무런 체제도 약관도 구속도 없었지만 분명한 방향을 갖고 있었으니, 그것이 바로 훗날 '민중 주체의 민족문화운동'이었다. '폰트라'는 오윤이 중심이 된 미술에서의 '현실동인現實同人'의 탄생을 유도하고 지원했으며, 김민기의 노래를 듣고 그가 새로운 차원으로 성큼 나아가는 데 도움을 주려고 노력했다. 문학과 연극에서도 새로운 길을 모색하려는 대화를 아끼지 않았다. 그러나 아마 아는 사람도 별로 없었을 것이고 눈에 띄지도 않았을 것이다.

배우 신성일 씨의 동생이기도 한 미대 회화과 강명희의 집에서 오윤과 임세택, 안인학 형님과 내가 둘러앉아 그 무렵 서울대 미대 회화과에 갓 들어온 김민기의 노래를 듣던 기억이 새롭다.

세 곡을 내리 들었던 기억이 난다. 〈길〉〈혼혈아〉 그리고 나머지 하나는 제목이 기억나지 않는다. 찢어지고 해어진 청바지에 점퍼를 걸치고 기타를 치며 심상치 않은 우울 속에서 저 밑바닥의, 밑바닥에서 올라오는 깊고 애잔한 저음으로 미군부대 근처에 버려진 혼혈아의 슬픔을 지극한 데까지 들어올려 노래 부르는 〈혼혈아〉. 그리고 우리 앞에 놓여 있는 여러 갈래 길의 혼돈이 가져오는 아린 상처를 건드리는 듯 고통에 가득 찬 노래 〈길〉.

그것은 노래가 아니었다. 차라리 아슬아슬하게 절제된 통곡이었고 거센 압박 속에서 여러 가지 색채로 배어나고 우러나는 깊디깊은 우울의 인광燐光이었다.

인학 형의 한마디,

"사람 자체가 폰트라로군!"

민기를 끌어들인 오윤 왈,

"한국의 밥 딜런이오."

내가 마침내 한마디 거들었다.

"음유시인이야! 삿갓 이후, 지하 이후의 계승자로군. 하하하!"

참으로 민기는 음유시인이었다. 우리가 헤어진 뒤 어느 해 여름 한 날,

나는 서울의대 함춘원에 무료하게 앉아 있다가 그때 마침 가까이에 있던 라디오에서 흘러나오는 민기의 독특한 우울투성이 저음을 듣고 귀를 바짝 기울였다.

긴 밤 지새우고
풀잎마다 맺힌
진주보다 더 고운
아침이슬처럼
내 맘에 설움이
알알이 맺힐 때
아침동산에 올라
작은 미소를 배운다
태양은 묘지 위에
붉게 타오르고
한낮에 찌는 더위는
나의 시련일지라
나 이제 가노라
저 거친 광야에
서러움 모두 버리고
나 이제 가노라

자기 나름의, 신세대 나름의 입을 꽉 다문 대담한 출사표였다. 〈아침이슬〉은 곧 일어나기 시작한 새 노래운동의 시작이었다. 그때 언뜻 든 생각은 저것이 필경 '금지곡'이 되리라는 거였다. "태양은 묘지 위에 붉게 타오르고"라, 여지없는 '불온'이었다.

　좌우간 그 노래를 들으면서 앞으로 무엇이 올 것인지, 어디로 갈 것인지 아직 아무도 정확하게는 알지 못한다는 데 생각이 미쳤다. 그러나 〈황톳길〉이 나오고 〈서울길〉이 나오고 또 이제 저처럼 강렬하고 아름답고 애틋한 "나 이제 가노라 저 거친 광야에"라는 〈아침이슬〉까지 나왔다.

　과연 우리는 이제부터 어디로 가며 또 어디로 가야 할 것인가.

　폰트라에 불문율로서 한 과제가 있었다면 그것은 바로 그 가는 곳이 어디인지를 어렴풋이나마 짐작해내는 것이었다. 그 방향 진단의 한 형태가 미술에서는 바로 '현실동인선언'으로 구체화되었다.

185_ 현실동인선언

오윤·임세택·오경환·강명희, 이 네 사람으로 구성된 '현실동인'의 그 '선언'은 사실 서구적 미학 개념으로서의 리얼리즘 또는 사회주의 리얼리즘, 혹시는 멕시코 리얼리즘에 기인한 것이 아니다. 그것은 그 무렵 젊은 우리에게는 하나의 촛불이었다.

동주東洲 이용희李用熙 선생의 《우리나라의 옛 그림》 중 정조 연간의 단원 김홍도와 겸재 정선, 혜원 신윤복 등의 속화俗畵와 사실정신 그리고 다양한 민화에 대한 폭넓은 관심의 자극에 대한 창조적 반응이었다.

그것은 '폰트라'로부터 한 담론으로서 자연스럽게 싹텄다. 정조 연간의 속화와 진경산수와 민화에 대한 관심은 리얼리즘, 사회적 리얼리즘 미학에 새로운 수정을 가하면서 멕시코 리얼리즘을 본보기로 삼아 이른바 '민족리얼리즘'으로 차츰 떠오르기 시작했다.

그 네 사람과 나, 김윤수 형님은 그 무렵 아마도 거의 매일 만났을 것이다. 만나서 갖가지 구체적인 미술 기법과 기본정신 등의 디테일 속에 숨어 있는 기왕의 문제점들, 새로운 개척 방향, 창조적 지향점에 대해 각자의 의견을 내놓고 끊임없이 토론했다.

그러고는 나는 어느 날 갑자기 종암동 골목골목 저 구석에 숨겨진 우리집 골방에 깊이 틀어박혀 버렸다. 꼭 닷새 동안 썼다. 시장한 듯 시장한 듯 미친 듯이 쓰고 또 허겁지겁 밥 떠넣듯 고치고 다시 목마른 사람 물 마시듯 또다시 쓰고 고치고 쓰고 고치고…….

 닷새 후 김윤수 형님의 교열을 거쳤고 그 뒤 네 사람의 독회讀會도 거쳤다. 많이 수정한 것은 아니다. 사전에 우리는 아주 많은 것, 아주 섬세한 데까지 함께 다루고 같이 들어갔기 때문이다.

 그림은 그 전부터 이미 제작되기 시작했다. 임세택이네 안양 숲속의 별장이 작업장이었다. 우리는 또 그림을 따져 말하고 다시 고치는가 하면 아예 처음부터 새로 그리기도 했다.

 그러나 그때 나와 우리가 뼈저리게 느낀 것은 기량의 부족이었다. 멕시코의 시케이로스나 디에고 리베라·파체코·오로스코 등의 기법이 대거 튀어나오기 시작했다. 오윤과 임세택의 나이 스물하나, 스물둘 정도로는 무가내였다.

 단원·혜원·겸재와 민화 등의 영향이 없었다는 게 아니다. 그리고 비구상이나 추상, 앵포르멜이나 쉬르레알리즘이 배제된 것도 아니었다. 다만 선언문에서 제기한 미학적 문제들이 탁월하게 풀리지 않았다는 말이다. 그 나이에 어찌할 수 없는 것 아닌가. 그만만 해도 대단한 것이다. 아마도 네 사람의 이때의 작업이 그 조직도로 보아 어쩌면 민족문화운동 전면에서 가장 첨단적이지 않았나 싶다.

 전시 날짜를 결정하고 전시 장소까지 다 마련되어 포스터를 붙이고 선언문을 인쇄해서 돌리기 시작했다. 나도 윤수 형님도 탄압을 걱정하지는 않았다. 문학이나 연극이라면 모를까 미술같이 극소수의 동호인 중심으로 진행되는 행사에 관변측이 그런 형태로 끼어든 일을 그 무렵에는 구경하지 못했기 때문이다.

그런데 사단이 났다. 포스터를 붙이고 선언문을 돌리던 오경환이 서울대 미대 학생과와 교수실에 불려간 것이다. 교수들은 선언문 내용보다 도록에 있는 여러 점의 그림이 북한 그림이나 동구 그림과 똑같다고 반체제요, 반미술적이라고 야단야단, 흥분한 나머지 네 사람의 부모에게 전화로 큰 불상사나 난 듯이 떠들어대고 중앙정보부에 그대로 찔러버린 것이다.

강명희를 제외한 세 사람이 붙들려가 중앙정보부에서 하룻밤을 자고 나서 훈방되었고 그림은 모두 붙잡혀 실려갔다.

중앙정보부측은 워낙 그림이라 그랬겠지만 대수롭게 여기지 않았다. 시끄러운 것은 도리어 학교와 부모들이었다. 집집마다 되돌아온 그림을 앞에 놓고 부모들과의 일대 전쟁이 벌어진 것이다.

임세택과 오경환은 대충 오윤과 나에게 그 근원을 돌리고 그림을 모두 폐기 처분하는 조건으로 그럭저럭 넘어갔으나, 막상 주모자인 오윤의 집에서는 시끄러웠다.

오선배에게 그 며칠 후에 들었던 얘기다. 윤이 아버지인 소설가 오영수 선생 왈,

"일제 때에도 있었지만 해방 직후에는 그런 사람들이 여럿이었다. 자기는 전혀 앞에 안 나서고 후배들 중 만만하고 재주 있는 놈들을 골라 매일 데리고 다니며 술 사주고 밥 사주면서 좌익 세뇌를 해가지고 일단 과격한 행동을 저지르게 해놓고는 저만 뒤로 싹 빠져버리는 자들이 여럿 있었어. 지금 너를 가르치고 있는 지하라는 자가 꼭 그런 자인 듯하다. 관계를 끊고 새 출

발 해라!"

오선생의 추달은 엄격했다고 한다. 단 한 번도 아버지를 거역한 적이 없는 착한 아들 윤이었다고 한다. 그 윤이가 대답했다.

"아버지도 예술가고 나도 예술가요. 각각의 예술가에게는 자기 예술과 자기 생활이 있습니다. 그 사람을 모욕하지 마십시오. 나는 그 사람을 존경합니다. 만약 그것을 간섭하겠다면 나는 내 예술을 포기합니다. 예술이 없는 내 인생은 죽음입니다. 그 죽음을 선택하지요. 만족하십니까?"

말이 끝나자마자 일어서서 날카로운 작업도로 그림들을, 되돌아온 그 커다란 그림들, 백 호에서 몇백 호에 달하는 역작들인 저 모든 그림, 아마도 우리 역사상 혁명적인 미술사가 집필된다면 숱한 그림들 가운데 참으로 조선적이면서 동시에 참으로 세계적인 새로운 리얼리즘으로 높이 평가될 그림들을 그 자리에서 몽땅 북북북 그어 발기발기 찢어버렸다고 한다.

오선생은 놀라 벌벌 떨고만 있었다고 한다. 그리고 나서 윤이는 고향인 언양 아니면 지리산인가로 여행을 떠나버렸다고 한다.

'현실동인전'은 그렇게 '불발 쿠데타'로 끝나고 말았다. 작품도 다 사라져버렸다. 인쇄된 장문의 〈현실동인선언〉만 달랑 남았다. 그런데 달랑 남은 그 선언문이 그 몇 년 후엔가 오윤의 재기와 함께 '현실과 발언' 등 소위 민족미술운동의 첫 불씨 노릇을 하게 된다.

'씨올'이란 그런 것이다. 한 알의 불씨가 요원을 불태우는 법. 나의 윤이의 명복을 빈다.

186_ 등단

나는 고등학교 때 문학을 시작했다. 그리고 대학에서도 시를 쓰고 졸업한 뒤에도 썼다. 늘 써왔지만 웬일인지 전업적인 시인이 되리라는 생각은 한 번도 깊이 해보지 않았다. 되면 되고 안 되면 안 되고였다.

그런데 학생 시절에는 순전히 조동일 학형 때문에 예닐곱 편을 조형 편에 '창비'에 보냈다가 퇴짜 맞은 이후 시인이 될지도 모른다는 자그마한 생각이나마 아예 접어버렸다.

나는 끝내 아웃사이더로 살다 가려 한 것이다. 정규적인 직업이나 정치사상 조직에도 들어가지 않는 혁명적 지식인, 떠돌이 교사로 살다 가리라 생각했다. 시는 그저 옛 선비들이 한시나 시조를 하듯 그렇게 즐기다 남아도 좋고 안 남아도 상관없고……. 참으로 그렇게 생각하고 있었다.

그런데 바로 그 점이 오영수 선생에 의해 윤이 앞에서 날카롭게 지적되고 아프게 질타당한 것이다. 나는 그 소식에 당황감과 혼란에 빠져 독한 술을 매일 마시면서 거리를 방황했다. 누구와 의논할 사안도 아니었기에 내 입은 꼭 닫혀 있을 뿐이었다.

그런데 몇 개월 후 '폰트라' 모임에서다. 모임에 오선배의 그림 후배인 한 여자가 그 무렵 가끔 참가했는데 미인은 아니지만 어지간히 면추免醜하고, 콩쥐는 아니지만 심덕은 웬만큼 좋은 사람이었다.

염무웅 형이었을 것이다. 술이 거나해서 내 나이가 이제 서른인데 장가도 못 간다고, 가만 보니 오선배의 그림 후배인 바로 그 여자가 나이도 맞고 좋을 듯한데 어디 한번 오선배가 중매를 서보라고 농담 반 진담 반 지껄였다. 나도 그리 기분이 나쁘지는 않았다. 좋아하는 건 아니었지만 외로웠으니까.

그런데 중매를 부탁받은 오선배가 술 때문이었는지, 지난 현실동인 때 윤이가 당한 아픔이 억울하고 분해서였는지 한마디로 뱉어버리는데 왈,

"김지하가 무슨 사회적 지위가 있나?"

사회적 지위? 합법적인 인사이더로서의 직업 같은 것? 예컨대 추천받고 등단한 시인 같은 것? 그런 것?

아아, 내가 저렇게 생각되고 있구나! 모멸감과 참괴감이 엄습했다. 사람 사는 이치에 대해 많이 생각했다. 그날 밤 나는 잠을 설쳤다. 그리고 다음 날 아침 일찍 일어나 〈황톳길〉과 함께 서너 편의 서정시를 원고지에 정서한 뒤 문리대 불문과 조교실로 김현을 찾아갔다. 조연현이니 서정주니 그 무슨 기성 문학지의 케케묵은 추천제도나 신문의 신춘문예를 통하지 않고 직접 진출할 수 없겠는가 물었다.

두 가지 대답이었다. 자기는 시의 내용을 잘 모르겠지만 〈황톳길〉 등의 형식이 철저한 민요풍을 타고 있어 그 점에 미덕이 있다고 생각한다는 것과 이런 시라면 시인 조태일이 운영하는 시 전문지 《시인詩人》을 통해서 등단하는 게 좋겠다고, 자기가 조시인에게 추천해주겠으니 염려 말고 청진동에 있는 사무실에 원고를 갖다주라고…….

그랬다. 그래 그날로 나는 조태일 시인을 만났고 원고를 읽어본 뒤 내

게 새삼 더운 악수를 청하며 곧 싣겠다고 약속했다. 그리하여 처음에는 그냥 '지하'로 그 다음에는 '김지하'라는 필명으로 〈황톳길〉 외 몇 편과 〈호박〉 외 몇 편을 두 번 연거푸 게재해 광주의 김준태 시인과 나란히 드디어 대한민국의 한 시인으로 등단하게 되었다.

그러하매 생각건대 김현도 김현이지만 조태일 시인은 나에게 한 사람의 대장이다. 그가 나를 등단시켰으니…….

소위 민족문학파의 그 흔한 등단 코스인 '창비'나 소위 서구문학파인 '문지文知'를 통하지 않고 《시인》을 통해 등단했다는 사람들이 많으리라. 그런 분들은 조시인 사후, 지금 추진되고 있는 《시인》지 복간운동을 지원해주기 바란다. 우리나라처럼 세계에서 유일하게 시인이 많고 시인 지망생이 많으며 시공부 하겠다는 생활인들이 많은, 이 이상스러운 문화 맥락에서 시 전문지 《시인》의 복간은 그 의미가 심히 클 것으로 짐작된다.

1969년 4월과 그 후 몇 달 있다 두번째로, 4·19 이후 십 년이 지난 뒤 스물아홉 살로 나는 문단의 한 귀퉁이에 끼어들어 시인의 자리에 앉게 되었다.

187_ 나폴레옹 꼬냑

김영수의 〈혈맥〉 연출을 부탁받고 나는 소원했던 대로 전업적인 학생극 연출가의 첫걸음을 떼었다. 〈혈맥〉은 정통 리얼리즘 연극이다. 따라서 등·퇴장만이 아니라 연기자들의 연기는 물론이고 무대미술, 효과, 조명까지도 극도의 세심한 배려가 필요했다. 그 밖에 또 나 나름대로 민족 리얼리즘의 미학적 요구까지 충족시켜야 했으므로 나는 그때 무척 까다롭게 굴었다. 그리고 나의 전업의 첫 시작인만큼 열심히 일할 수밖에 없었다.

그런데 이렇게 너무 열심히 몰두하다 보니 후배 학생 연기자들에게 무리한 연기를 요구하게 되고, 무대장치나 조명에서 내 스타일의 새로운 리얼리즘 기법으로 실험하다 보니 평면적인 사실성에 익숙한 스태프들에게 반발을 일으켰다. 하여튼 작품은 무대에 올라갔고 결과도 좋았다. 좋을 수밖에 없었으니, 거듭거듭 지독한 연출 파시즘으로 들들 볶아 자동적으로 동작을 하고 술술 흐르듯 대사를 하게 되었기 때문이다. 그러나 조명에서 클로즈업 기법 등을 자주 활용하는 문제 외에는 내 첫 구상과 안 맞았다. 지루한 사실주의로 기울었다.

진보적인 나의 후배 관객들은 환호했다. 그러나 환호한 장본인의 하나인 서중석 교수의 부인이 된, 어머니 역의 민혜숙 씨 등 서너 사람 이외에는 그 열렬한 환호에도 불구하고 나에 대한 미움으로 얼굴들이 다 싸늘했다.

그때서야 애당초 〈혈맥〉이라는 작품 선택에서부터 잘못이 있었음을 확실히 깨달았다. 〈혈맥〉 따위 작품은 영화에서처럼 당시 사실주의 연기의 최고봉인 김승호金勝鎬 씨 등과 같은 직업배우들이나 할 수 있는 것이었다.

나의 새로운 민족 리얼리즘으로 나아가려면 새로운 작품이 필요했다. 탈춤의 '마당'이나 '판'에 대한 적극적 탐구와 함께 '틈'이 많고 환상이나 기타 실험성이 배합된 새로운 민족적 리얼리즘 작품을 써내야 한다는 필요를 절감했다.

그때 나는 이미 첫번째로는 당시 잡지《사상계》편집장이던 친구 황활원 형에게, 두번째로는 동지同誌의 그 다음 편집장이었던 친구 김승균 형에게 멋진 정치시 한 편을 써달라는 부탁을 받고 있었다.

그러던 어느 날 문리대 연습장으로 가던 길에 거리에서 사본, 당시 야당인 신민당의 기관지《민주전선民主戰線》지면에서 아주 조그맣게 실린 '동빙고동의 도둑촌' 기사를 읽게 되었다.

그 무렵은 베트남 파병의 대가로 미국이나 일본에서의 경제원조가 늘어나고 전쟁 특수로 인한 엄청난 외화 수입으로 고위층과 소수 재벌이 떵떵거리기 시작했는데, 고위층들이 남아도는 돈을 주체할 길이 없어 동빙고동 일대에 너나도 다투어 호화주택을 짓기 시작했다. 그곳을 가리켜 주변 서민들이 '도둑촌'이라고 했다. 바로 그 기사였다.

언뜻 이 기사를 바로《사상계》가 바라는 한 편의 정치시·풍자시로 쓸 수 있겠다는 생각이 들었다. 악어 형에게 되도록 더 자세히 알아보려고 했다. 그러나 당시의 언론으로선 더 자세할 것도 없이 문자 그대로 '도둑촌'이었고, 이것을 판소리 스타일의 풍자적 서사시 형식으로 쓰겠다는 결심이 섰다.

그래 〈혈맥〉 직후 사흘 동안 밤낮으로 미아리 골방에 틀어박혀 내내 혼자 낄낄낄 웃어대면서 들입다 써 갈긴 것이 곧 〈오적五賊〉이다. 〈오적〉을 사흘 만에 다 써서 《사상계》 오월호 발표 예정으로 편집부에 넘긴 직후 바로 착수한 것이 '여자 오적(?)'을 다룬 단막 코미디 〈나폴레옹 꼬냑〉이다.

이 드라마가 막 나오자 이화여대 법정대학에서 봄공연으로 선택하고 연출을 부탁했다. 내 구상대로 돼가는 것이었다. 먼저 〈나폴레옹 꼬냑〉의 드라마 대본을 프린트하게 하고는 이대 법정대로 오후마다 출근하기 시작했다. 의욕과 전망을 갖고, 그러나 이번에는 연출 파시즘을 훌훌 떨치고 좀 여유 있고 너그러우며 유머가 넘치는 연출가로서. 웃느라고 정신없었다. 처음에는 그랬다. 처음에는 연극이 이렇게 우스워도 되느냐고 걱정하는 상급반 여학생도 있을 정도였다.

그러나 〈혈맥〉 못지않게 〈나폴레옹 꼬냑〉의 코미디 역시 학생과 젊은 이들에게는 어렵고 어려운 것이라는 점을 알아차렸다. 연출을 계속하면서도 내 머리는 〈원귀 마당쇠〉와 〈호질〉〈야, 이놈 놀부야!〉 등의 탈춤·민족극·마당극 또는 마당굿의 미학적 틀이 떠올라 쉽게 떠나지를 않았다.

그때 〈오적〉이 드디어 《사상계》에서 발표되었다. "시를 쓰랴거든 좀스럽게 쓰지 말고 똑 이렇게 쓰랏다"로 시작해 "허허허 이런 행적이 백대에 민멸치 아니하고 인구에 회자하여 날 같은 거지시인의 싯귀에까지 올라 길이 길이 전해오것다"로 끝난다.

문제는 '허허허'에 있다. '난 한마디도 말을 안 했다'와 같은 뜻이다.

188_오적

사흘 동안이었다. 〈오적〉을 얼마 만에 집필했느냐는 끝없는 질문에 '사흘'이라고 대답하면 모두 놀라거나 거짓말로 의심한다. 다시 말하지만 꼭 사흘이다.

이상한 것은 그 사흘 동안 어떤 영적 흥분이 나를 내내 사로잡고 있었다는 사실이다. 사실 내가 잘 모르거나 확인해보지도 않은 부패 사안들, 도둑질 방법, 호화판 저택의 시설이 단박에 그대로 떠올라 펜을 통해 곧바로 옮겨지면서 조금도 의심하거나 걱정함이 없었다는 사실은 도대체 무엇을 의미할까. 그 정도 길이의 글을 쓰는 데에 소요되는 긴장과 피로감, 때론 권태감이나 착상의 변경이 아예 단 한 번도 없었다는 사실은 도대체 무엇을 의미할까.

아무리 이성으로 따져보아도 알 수 없다. 그러하매 우리는 그것을 '신명'이라 불러 마음으로 지극히 모시는 것이다. 바로 그 '신명'이 내게 지폈다고밖에는 말할 수 없다.

확인도 안 해보고 짐작으로 두들겨패거나 비아냥거린 부패·호화·사기·비리 등이 그 뒤 정보부에 붙들려가서 조사받을 때 크게 문제가 되었다. 취조관들이 모두 입을 모아 "우리가 가서 보고 확인한 뒤에 이것들이 네가 과장한 것이 사실일 때에는 너는 골로 간다, 엉? 반공법에 국가보안법에 간첩죄에 해당해! 알았어, 임마? 어디 보자!"

네 패거리가 동시에 동빙고동으로 조사하러 떠났을 때 나는 모든 것을 운명에 맡기고 이미 체념과 포기 상태였다.

그런데 이것은 또 무슨 뚱딴지 같은 일이더냐! 돌아온 네 패거리 조사팀이 한결같이 그 부패·호화·사기와 비리는 전혀 과장이 아닌 사실이라는 것이었다. 놀라긴 그들보다 내가 더 놀랐다. 상상으로, 짐작으로 신나게 장단 맞춰 읽어가며 부풀릴 대로 부풀린 그들의 호화 비리가 몽땅 가시적 사실이라니! 나는 그때 참으로 큰 절망에 빠져버렸다. 아아! 이 사회는 어디로 가야 할까. 정말이다.

각설하고, 바로 그것, 육안으로 보지 않았는데도 이럴 것이라고 춤추듯 상상해 전개하는 주체, 바로 그것이 다름 아닌 '신명'인 것이다. 그리고 '신명'은 신의 능력이면서 동시에 사람의 최고의 정체精體, 최고의 능력인 것이다.

그 이후 민족전통예술에서 주장하는 미적 창조와 향수 체험의 주체로서의 '신명'의 존재를 인정하고 또 찬성하게 되었다. 나의 '신명의 예술론' '신명의 미학'은 바로〈오적〉집필 과정의 저 아슬아슬한, 저 식은땀 나는 체험에서 비롯된 것이다.

그래, 어떤 정보부 과장은 술 한잔 걸치고 들어와 가라사대,

"김지하는 애국자야, 애국자! 김지하는 천재야, 천재!"

또 어떤 간부는 살며시 구석 자리로 데려다놓고 담뱃불을 붙여주며,

"미스터 김! 정부 쪽에서 일 안 해보겠어? 여러 사람 말이 일치하는 건데 지금 정부엔 당신 같은 사람이 필요해. 어떤가?"

또 어떤 실장은 호기 있게,

"김지하, 술 한잔 마실까? 어이, 여봐, 자네 요 앞에 가서 술하고 좋은 안주 좀 시켜와!"

별의별 희한한 일이 다 있었다. 그리고 나중에는 이러는 것이다.

"아무래도 당신 나이에 쓸 수 있는 글로 안 보인다는 거야. 감식 전문가들 말이. 너무 잘 썼고 한학이 대단하다는 거야. 기분 나빠하지 말고, 지금 여기 이 종이 위에 악명 높은 남산에 들어와 있는 솔직한 심정을 시로 한번 써봐, 어디! 제목은 '남산'이야!"

〈오적〉을 집필하던 무렵.(1970)

나는 대뜸 종이 위에 '유연견남산(悠然見南山)'이라고 한 줄 쓰고는 그 밑에 '약여도연명(若如陶淵明)'이라고 휘갈겨 써버렸다. 한시 문법에 맞거나 틀리거나 내 알 바가 아니었다. 그때는 그만큼 자신이 붙어 있었다. 내 식으로 해석하면 그 뜻은 이렇다.

　　이제 느긋하게 남산을 바라다보니
　　마치 내가 도연명이라도 되는 듯!

아마 문법이 틀렸을 것이다. 그러나 그렇게 쓰는 나나 나를 의심하는 무식한 정보원들이나 오십보백보였으니……

아니 도대체 〈오적〉이 뭐가 어렵다는 것인가. 유일하게 어려운 벽자僻字가 국회의원·장차관·장성·재벌·고급공무원 따위 '오적'의 이름자에 나오는데, 나는 그 희귀한 한자를 옥편을 찾아 썼으니 독자도 옥편을 찾으면 될 것 아닌가. 옥편이 괜히 있는 것이던가.

그러나 이런 호사도 그때뿐이었다. 정보부는 내가 폐결핵 병력이 있었음을 알아내고는 마산 결핵병원에 무료로 입원시켜준다며 집에 가서 짐을 챙겨오라고 잠정 석방했다. 석방되자마자 나는 그 길로 도망쳐 《사상계》 부완혁 사장과 그때 《사상계》의 재정 지원자요 신민당의 돈줄이었던 함태탄광의 김세영 회장을 만나 당시 신민당 당수였던 유진산 씨 명의로 서울대병원에 그날 저녁으로 입원해버렸다.

내 목적은 내 몸뚱이를 볼모로 해서 박정희에 대한 야당의 격렬한 반부패투쟁을 촉발시키려 한 것이다. 왜? 내 눈에 흙이 들어가기 전까지는 박정권을 쓰러뜨려야 했기 때문이다.

그러면 성공했나?

'오적 사건'이 국회에서 분쟁을 일으킬 때는 일시 성공하는 듯 보였다. 오랫동안 등원을 거부하던 신민당이 도둑촌의 호화·부패 비리와 표현의 자유 억압, 잡지의 명문名門《사상계》 탄압을 비판한다는 명목으로 사납게 등원했기 때문이다.

그러나 내가 감옥에 갇힌 뒤 백 일 만에 유진산은 박정희와 독대해서 문제를 해소해버리고 제 이름만 드날렸을 뿐 아무 이익도 없는 타협에 이르고 만다.

나는 얻은 것이 있을까?

언뜻 보아 있다. 나도 진산과 다름 없이 이름만 얻었을 뿐이다. 바이런의 시에 "하루 아침 깨어보니 갑자기 유명해졌다"라는 구절이 있다던가. 나는 국내와 국외에 일약 초유의 명사가 되어 있었다.

그것뿐인가?

아니, 내 주장을 한 번만 더 들어준다면 이렇게 강변하겠다. 민족문학운동의 첫 시작, 판소리의 현대화, 부패 비판을 시작으로 한 민중 주체의 민족통일혁명 세력의 합법적 전선투쟁의 시작, 뭐 이런 것 아닐까?

189_오적 이후

이리 가라면 이리 가고 저리 가라면 저리 가던 사람들의 마음이 이리 가라면 저리 가고 저리 가라면 이리 가기 시작한 것이 바로〈오적〉이후부터라고 했다.《동아일보》홍승면 선생의 말이다. 그러니 겸손하라고 했다. 그것이 '중中'이요 '정正'이라고 했다. 술을 한잔 사주면서. 명심하고 명심했으나 홍선생은 그 직후 세상을 떠나셨다.

"이리 가라면 저리 가고 저리 가라면 이리 간다?"

이 말은 지금도 내 가슴에 새겨져 있다. 더욱이 '겸손'하라고. 그것이 '중정'이라고.

매스컴은 나를 단연 톱스타로 대접했고 나는 가는 곳마다 왕자였다. 심지어 택시 운전사나 찻집 주인마저 나를 알아보았다. 나는 '겸손'을 애써 지니려 했지만 나도 모르는 사이에 점차점차 '매스컴 중독'에 빠져들었다. 체 게바라와 함께 싸웠던 프랑스 사람 레지 드브레가 질타한 프랑스 지식인들의 '매스컴 중독'을 읽다 속으로 뜨끔했다. '뜨끔'? 그 정도 가지고는 안 된다. '섬뜩' 정도는 되어야 한다. 바로 그것이 멸망의 길이기 때문이다.

명성을 도리어 이용하기로 작심했다. 명성을 민중운동의 전진, 특히 민족문화운동의 비약에 활용해야겠다고 마음먹었다. 그 무렵 나의 '매스컴 중독'과 '명성 중독'이 나의 이 같은 목적으로 용서받기를 바랐다. 그러나 아무리 내가 내 이름과 사회적 명망을 이용해 그 운동을 용의주도하게, 때로는 과격할 정도로 끌고 가도 내내 지워지지 않는 것은 역시 그대로 있는 '중독'의 냄새요, 자취였다. 나 스스로 깨달아 깜짝깜짝 놀라고 몇몇 선배와 동료가 지적해 깜짝깜짝 놀라곤 했으니…….

어느 날 천관우千寬宇 선생이 잔뜩 볼이 부어서 말씀하셨다.

"신문은 물거품이오. 기대 걸지 마시오."

교통사고로 죽은 연극계의 꽃 박영희는 모처럼 내가 사는 술잔 앞에서 "많이 변했어. 변하지 말아요, 제발!" 하고 말했다.

그날 저녁, 내가 입원해 있던 서울대병원 병실에 정보부원들이 들이닥쳤다. 병원측에서 항변했으나 부질없는 것, 나는 즉시 남산으로 끌려가 슬리퍼 바닥으로 양쪽 뺨이 부풀도록 얻어맞았다. 첫날부터 그들은 밤을 새워 취조했다. 괘씸죄였다.

우습다. 그런 상황에서도 동료들 사이에 원칙으로 돼 있던 '취조받는 법'을 잊지 않으려고 열심히 기억하고 죽을 힘으로 머리에 새기고 있었으니…….

"1차 취조에서 열 개를 양보하면 2차 검찰 취조에서 다섯 개는 되돌려 받고 다섯 개만 양보하고 3차 법정에서는 그것마저 몽땅 지워버려라!"

그러하매 당시《사상계》사장이었던 부완혁 선생이 나를 놀려대며 "아는 것도 모르는 척, 모르는 것도 아는 척!"이라고 했다.

부선생의 이 농담은 날카롭고 정확했다. 법정에서 내가 사회주의 등에 대해서는 전혀 아는 것이 없는 척했고, 잘 알지 못하는 동양의 고전이나 청백리 사상에 대해서는 많이 아는 척했기 때문이다.

대법정은 만원이었고 함석헌, 장준하 선생을 비롯한 여러 분들이 방청했다. 부완혁 선생, 김승균 형과 신민당 기관지 《민주전선》의 주필과 내가 법정에 섰다. 우리의 진술과정은 《동아일보》를 비롯한 도하 각 신문에 대서특필되었고, 미국과 유럽과 일본에까지 알려졌다.

'오적 사건'으로 수감되었다 출옥한 뒤 소설가 김승옥의 집에 모인 문단 친구들. 왼쪽부터 김승옥, 박태순, 정현종, 필자.(1970)

뻔한 싸움이었다. 박정희 당시 대통령과 당시 신민당 당수인 유진산이 독대를 통해 문제를 해소하자 당시 재판장이었던 지금 한나라당 의원 목요상 씨가 직권으로 날 보석했다. 백 일 동안의 구속이었다.

별 고통은 없었다. 다만 사전의 정신적 수양이나 깊은 철학적 교양 없이 투지와 정열과 혁명적 구도심, '요기-싸르'를 향한 피투성이 도전만으로 그 명성과 세인의 기대에 부응할 수는 없었다.

그날 밤, 교도소 문을 나오자 여러 사람이 자기 차를 타라고 했다. 나는 장준하 선생의 차로 돌아오며 생각하고 또 생각했으며, 명심하고 또 명심했다.

곁길로 가지 마라!

똑바로 가라!

들뜨지 마라!

침착, 냉정해라!

그러나 모두 부질없는 짓이었다. 바로 그 이튿날 유진산 씨를 찾아가 지나치게 비판의 목소리를 높였고, 장준하 선생이 베푼 술자리에서는 술에 취해 실수를 연발했으며, 부선생과 함께 찾아가 향응을 받은 정희正熙 여사의 산옥山屋에서는 경망스럽게도 나의 앞날에 대한 계획마저 비치고 말았다.

장안의 내로라하는 사람들이 직간접으로 연락해 만나자고 했고, 만나서는 반드시 향응을 베풀었다. 칭송도 있고 비아냥도 있고 묵묵한 경침警針도 있었다.

한 사회에, 서울 바닥에 '상류'라고 부르기도 뭣하고 '노블리스 오블리제'라는 말로는 과분한, 어떤 골목, 어떤 장소, 어떤 집단이 있었다. 거기서 발사하는 인광 같은 유혹은 참으로 강렬했다. 그 속에 끼워주는 것, 그것은 대단한 일이었는데, 서울이 나 같은 촌놈에게 그것을 허용하는 듯했다는 것이다. 그것의 정체는 무엇일까?

나는 목마른 청년이었다. 칭찬에 굶주리고 명예에 굶주리고 환락에 굶주리고 아름다움에 굶주렸다.

문리대 시절의 벗이자 한때 《사상계》 편집장을 지낸 황활원이 경영하던 '주촌酒村'이라는 전통 술집에 나가 매일 밤 취했고, 그가 경영하던 출판사 한얼문고에서는 나의 첫 시집 《황토黃土》가 간행되었다.

겨울이었다. 출판기념회가 열린 신문회관, 지금의 프레스센터 지하실에 사람, 사람, 사람들. 그것도 명사, 명사, 명사들이 줄지어 들어와 일대 성황을 이루었다.

그때 꽃다발이 하나 배달돼 왔다. 그 꽃다발에는 꽃이 없었다. 시퍼런 동백 잎사귀들로 엮인 다발이었는데, 그 복판에 자그마한 명함이 한 장 끼어 있었다.

"지하에게, 유키로부터."

무교동의 그 유키가? 살아 있구나! 왜 내용이 없을까? 그것은 새하얀 설원에 단 한 송이 피어 나그네를 혼란에 빠뜨린다는 기이한 꽃 '알라바스터' 같기도 하고, 푸른 바닷물 위에 뚝뚝 떨어지는 남해의 붉은 동백꽃 같기도 했다.

그 무렵 주촌에서 만취해 벗들 앞에서 지용芝溶의 〈카페 프랑스〉를 외우기 시작했을 때 내 곁에 앉아 있던 고 박현채 선배가 나직한 목소리로 말했다.

"너무 진하다! 이상해! 시골 가서 좀 쉬는 게 어때?"

고마운 충고였다. 그러나 나는 피할 수 없었다. 술에 만취해 걷다걷다 지쳐 들어간, 명륜동 성균관대 돌담 곁에 붙어 있는 어느 한 여관에서 잠에서 깨어난 그 새벽에 나는 이제 '끝'을 생각해야 하는 시인, 르네 클레망의 영화 〈태양은 가득히〉에서 "최고야!"라고 만족하는 그 마지막 순간 푸른 바다의 한 돛단배처럼, 배경음악의 찢어질 듯한 그 트럼펫 소리처럼 '끝'을 각오해야 하는, 책임감 있는 한 사람의 시인이 되어야 한다는, 그런 생각에, 그런 생각에, 그런 생각에……

아! 그때 방안의 벽지를 뜯어내 벽 위에 쓰듯 그 위에 한 편의 시를 썼으니 〈끝〉이 바로 그것이다.

190_ 끝

〈끝〉은 그 무렵 《동아일보》 일요판 문화란에 실렸다. 문화부장 최일남 선생과 기자였던 평론가 김병익 선배가 크게 칭찬하던 모습이 생각난다.

"〈오적〉 이후 이런 시를 쓰다니 놀라운 일이다."

그랬다. 또 명성이었다. 목마른 것은 나만이 아니었던 것이다. 이 사회 전체가 '타는 목마름으로' 좁혀져 가는 민주주의 광장의 회복과 변혁의 물결을, 그리고 통일의 감격을, 그보다도 어떤 새로운 창조적인 문화의 획기적인 출현을 고대하고 있었던 것이다.

> 기다림밖엔
> 그 무엇도 남김없는 세월이여
> 끝없는 끝들이여
> 밑 없는, 모습도 없는
> 수렁 깊이 두 발을 묻고 하늘이여
> 하늘이여
> 외쳐 부르는 이 기나긴 소리의 끝
> 연꽃으로도 피어 못 날 이 서투른 몸부림의 끝
> 못 믿을 돌덩이나마 하나
> 죽기 전에 디뎌보마

죽기 전엔

끝없는 네 하얀 살결에나마 기어이
불길한 꿈 하나는 남기고 가마
바람도 소리도 빛도 없는 세월이여 기다림밖엔
남김없는 죽음이 죽음에서 일어서는
외침의 칼날을 기다림밖엔
끝없는 끝들이여

모든 끝들이여 잠자는 끝들이여
죽기 전엔 기어이
결별의 글 한 줄은 써두고 가마.

그러나 끝내겠다는 결단의 의지는 반가운 것이지만 끝도 못 본 채 대개 거기까지 가는 과정에서 이리저리 좌로 혹은 우로 흩어져 녹아버리고 매몰돼 사라져버리는 이 시대, 이 사회, 이 세대의 숙명! 나에게는 더욱이나 그 숙명, 그것의 가능성이 농후하게 덮어오기 시작했다.

문리대를 나보다 먼저 졸업하고 영국 케임브리지에 가서 정치철학을 공부하고 돌아와 무언가 민중과 민족을 위해 일해보겠다고 애쓰던, 아무리 애를 써도 소용없음을 깨달으며 지쳐가던 나의 후배이며 벗인 한 친구가 어느 날 술자리에서 내게 하던 말이다.

"과정에 매몰된다!"

그래, 이 땅은 그런 땅이다. 끝없는 탐구심과 끊임없는 자기 결단, 끝없는 '끝'과 함께 '끝없음' 자체가 동시에 체현되지 않으면 매장되거나 흘러가 버리고 마는 이 민족, 이 사회의 한 진보주의자의 숙명! 나는 그 무렵 이 숙명에 뼈저리게 공감하며 〈우물〉이라는 시 한 편을 또 썼으니…….

우물에서 달을 길어
빠져 죽었네
두레박에

길게 누운 구름에 묻고 죽었네
꿈꾸던 산머리는
바람에 짤려
고원
아아 고원에서 지나간
지나간 날의 눈 깊은 국경의 밤에
높이 울던 하얀 말
높이 울던 무성의 찰수숫대
목줄기가 찢어졌네
꽃샘 아래 철쭉목

온갖 이쁜 소리의 방울과 우렁찬
모든 종들이 굳게굳게 입을 다물 때
밤이 깊으면 마른번개의 밤이 깊으면
젊어서들 죽었네
홀로 깨어 일어나 촛불을 밝힌 죄로
도래질을 남기고 끄덕임도 남기고

물 마른 우물전엔 홈을 남기고
두레박에 죽었네
우물에서 달을 길어
빠져 죽었네.

191_ 불꽃

그 무렵 어느 날 저녁, 조영래趙英來 아우가 전화를 해서 급히 보자고 했다. 나는 약속장소인 명동성당 건너편 골목 입구의 한 이층 찻집으로 들어갔다. 거기 조영래와 장기표 아우, 이종률 아우와 민통 출신으로《동아일보》기자로 있던 심재택 형이 모여 있었다.

그날 낮에 동대문 평화시장 앞길에서 전태일이라는 이름의 노동자가 노동법을 지키고 노동자의 권리를 보장하라는 요구조건을 외치며 분신자살했다는 것이다.

그 시신을 경찰이 탈취해 지금 명동성당 구내의 성모병원에 안치시킨 뒤 지키고 있는데 노동자 친구들과 자기들이 시신을 힘으로라도 탈취해서 내일 서울대 법대에서 장례행사를 치르고 시신을 앞세워 평화시장과 종로, 광화문을 거쳐 청와대까지 행진하려고 한다는 것이었다.

놀라운 얘기였고 끔찍한 일이었다. 조영래와 장기표 아우는 매우 흥분해 있었다. 종률 아우는 시종 말이 없었고 심재택 형은 그 행진이 불가능하다는 논지를 폈다. 흥분한 두 사람이 반드시 그렇게 해야 하며 꼭 그렇게 하고야 말겠다고 목소리를 높였다. 내일 장례식에는 독일 사람 브라이덴슈타인을 불러 추도사를 하게 하고 외신도 부르겠다고 했다.

나는 내 할 일이 뭐냐고 물었다. 조영래 아우가 조시弔詩를 쓰는 거라고 했다. 심형이 또 반대하고 나섰다. 그렇지 않아도 중앙정보부와 검찰이

〈오적〉 때문에 좌경 문인으로 몰려고 드는데, 그 조시를 썼다가는 틀림없는 프롤레타리아 시인으로 못박히고 만다. 그러면 앞으로 우리가 치러야 할 합법투쟁에서 지하 형의 중대한 몫이 없어지고 만다. 대략 그런 취지였다.

조영래와 심형 사이에 논쟁이 벌어졌다. 끝날 것 같지 않은 논쟁이었다. 나는 구석 자리에 가서 〈불꽃〉이라는 제목의 긴 낭송시를 한 편 쓰기 시작했다. 뜨거운 김이 목구멍에서 올라오는 듯했다. 그렇게 격렬하고 전투적이었다.

이종률 아우에게 원고를 건네고, 길게 보면 심형 말이 맞다, 중요한 것은 조시이지 아직은 나의 명성이 아니다, 민중 전체의 정치적 앙양이 먼저다, 내가 직접 낭송하는 것은 아직 이른지도 모른다, 이 원고를 젊은 학생들이 읽게 하라고 했다. 심형이 찬성했다. 조영래와 기표 아우도 마지못해 찬성했다.

나는 찻집에서 나와 파고다공원까지 걸었다. 밤의 공원에 앉아 억색臆塞해진 가슴을 어루만지며 한참을 스스로 달래야 했다. 체한 것 같았다. 한두 시간 후에야 버스를 타고 집으로 돌아왔다.

그러나 그 이튿날 법대 장례식은 성공하지 못했다. 그리고 행진도. 아직은 힘든 일이었으니 심형의 현실적 판단이 옳았던 것이다.

그 며칠 후 독일 사회민주당원인 에리히 홀체의 집에서 저 유명한 브라이덴슈타인을 만났다. 홀체는 내게 여러 가지 얘기를 했다. 주로 한국 노동자와 노동운동에 관한 자기의 구상이었는데, 나는 줄곧 듣고 있다가 이후 원주 청강 선생에게 보고했고 얼마 후 그가 원주에 내려가 청강 선생을 만났다.

길고 조심스럽게 노동운동에 관한 전략이 논의되었고 그것은 전태일의 벗들이나 조영래·장기표 그룹, 그리고 이선구 형과 이창복 형이 관계하는 가톨릭노동청년회 등이 우선 씨앗이 되어 점차 전체 민중운동의 앙양과 함께 물결을 일으켜가는 쪽으로 정리되었다.

훗날 내가 몇몇 후배들과 함께 마산 옆 창원 자유무역공단을 조사하러 내려가게 된 것도 이 만남에서 이루어진 합의의 연장이었고, 가톨릭신문사 육층엔가 있었던 가톨릭노동청년회 사무실에 들르거나 원주에서 노동자 강연회 등을 개최하여 함석헌 선생의 '전태일 추모 강연'과 청강 선생의 '노동회칙 강연' 등을 연 것도 다 이것과 관련이 있었다.

전태일의 불꽃은 수많은 청년학생과 젊은 노동자들을 눈물 속에서 각성시켰다. '불꽃'의 힘은 두려웠다.

내가 노동자 문제에 대해 말을 아끼는 것은 순연히 마르크스주의적 시각에서만이 아닌 좀더 복합적인 변화 속에서의 새로운 시각을 찾기 때문이지 노동자를 우습게 안다거나 사회주의를 일방적으로 반대해서가 아니다. 나는 사실을 말하면 사회주의와 함께 자본주의까지 그 장점을 취합해야 하는 것은 기본이고, 한 걸음 더 나아가 세계적 교환시장과 더불어 고대에 있었다는 인격과 생명의 신성한 경건성을 앞세운 호혜시장이나 인격교환으로서의 포틀래치가 현대적으로 되살아나야 한다고 생각한다.

아직은 생각뿐이어서 구체적으로 말할 수는 없다. 다만 현존 사회주의와 함께 최근의 세계를 강제·통합하고 있는 악성적 금융자본주의, 신자유주의를 극복하는 것은 현대의 초미의 과제라는 점만은 명백히 하고 싶다.

그 새로운 호혜시장의 개척, 새로운 포틀래치의 창조에도 역시 '불꽃'이 요구된다. 육신을 불태우고 자살하는 불꽃이 아닌, 정치·경제의 새 유형을 함유한 새 문화, 새 정신, 새 인간의 불꽃이 점화되어야 할 것이다.

나는 전태일의 불꽃이 그러한 새로움으로 거듭나 브라이덴슈타인이나 에리히 홀체와 같은 유럽 좌파를 도리어 새 길로 이끌어가야 한다고 믿는다. 왜냐하면 아직도 사회주의의 어떤 부분은 인간을 사랑하는 길 위에 선 나그네들이 가진 신념의 한 부분인 것만은 분명하기 때문이다.

192_물 흐르는 곳

지친 나는 원주에 내려가 청강 선생과 이 모든 문제를 의논했다.
"잠시 여기 와서 있게. 쉬면서 천천히 생각해보지."
원주 봉살미 아래 봉산동 청강 선생의 자택에 내가 머무르던 무렵이다. 교황이 발표한 여러 회칙과 방대한 공의회 문헌들을 읽으면서 지내던 무렵이다.

홍수가 날 때 외에는 물이 말라 나날이 더러운 개골창으로 변해가는 봉천 냇가에, 노을 무렵 혼자 앉아 우연히 지니고 있던 꼬투리 연필로 담배 속종이에 꾹꾹 눌러 쓴 한 편의 시는 나의 종교우회론에 의한 가톨릭 입교와 지방 소도시 거점론에 의한 정치사상으로서 전혀 새로운 원주 캠프의 개척, 그리고 당으로서의 전선이론, 전선 당운동을 암시하고 있다. '암시'다.

희한하다
더러운 개울물이 졸졸졸
소리만은 맑은 곳에 나는 있어라

물가에는 답싸리
똥덩어리 쓰레기 두엄더미 더불어
애기 머리만 한

호박들이 열리고
꽃도 피었어라 참으로 희한하다

물이 늘면 비 내리고 내리 비가 내리면
또 물이 늘어 강물인 듯이
강물인 듯이 우렁차게도 외쳐대는 곳
밤낮으로 시달린 끝내는 하아얀 조약돌들이
저리도 눈부시게
반짝이는 곳 반짝이는 곳
그곳에 나는 있어라

큰 돌이 때론 흰 물살을 이루고
때론 푸른 하늘마저 내려와 몸을 씻는다
밤마다 지친 일꾼들이 먼지를 씻는다
지쳐 대처에서 돌아온 큰애기들
더럽힌 몸도 마음도 씻는다 희한하다

더러운 개울물이 졸졸졸
아아 머나먼 바다로 가리라
끝내 가리라 쉬임없이
꿈만은 밝은 곳에 지친 나는 서 있어라.

〈물 흐르는 곳에〉라는 시다.

청강 선생과 함께 간디즘과 비노바 바베의 경제노선, 몽양과 중도좌파, 가톨리시즘과 동양의 종교, 마오 쩌둥과 한국의 합법적인 주민·시민개량운동, 민중민족노선 등에 관해 매일 끊임없이 토론했으나 결론은 꼭 하나였다.

혁신적 가톨리시즘을 토대로 한 민중민족노선, 합법적인 신용조합운동이나 합법적 근로자·농민운동 속에서 점차 진정한 민족의 새 이념과 통일의 주체를 길러내는 것, 그것을 위한 전략으로서의 종교우회론, 소도시거점론, 당으로서의 전선론이 검토되었으며, 인간의 내면적 혼魂의 평화와 외면의 사회적 변혁의 통합이 총체적인 목표로 설정되었다.

이른바 '원주운동'의 명제가 나타난 것이다. 그러나 원주 사람들과 가톨릭 쪽, 서울의 내 친구들과 언론계 혹은 야당 일각 등을 설득하고 조율할 시간을 벌어야 했다. 나는 용기를 내서 다시 서울로 향했다.

193_새로운 시각

나는 우선 내 친구들 가운데 내가 가장 신뢰하던 벗 박재일 형과 의논했다. 박형은 그때 어묵공장에서 일하며 영덕 지역구 출신 국회의원의 참모진으로 참가하고 있었다.

나의 질긴 설득과 박형의 농촌 지향이 합쳐져 박형은 우선 원주로 옮겨 가톨릭 쪽에서 경영하던 진광중학교의 교사로 일하게 되었다. 그때는 악어 형도 원주 주물공장을 그대로 운영하고 있을 때였다. 나도 원주로 이사하기로 계획하고 있었다. 그러나 그 전에 가톨릭에 대한 관계가 설정되어야 했다.

청강 선생은 어느 날 나를 당시 가톨릭 원주교구장으로 계시던 지학순池學淳 주교님에게 소개했다. 지주교님은 은발에 용모가 수려하신 분인데 성격은 뜻밖에도 소탈하고 솔직했다.

"뭔가 뜻있는 일을 하고자 한다고 들었어. 〈오적〉의 작가라는 것도 알고."

"가톨리시즘에 관심이 있습니다."

"공의회 소식은 들었지요?"

"네. 회칙들도 대강 읽었습니다."

"호랑이 잡으려면 호랑이 굴에 들어가야지! 어디 나하고 한번 손잡고 일해볼까? 일하려면 영세부터 받아야 할 텐데……."

직선이었다. 군소리가 아예 필요없었다. 오직 일꾼으로서의 상호 신뢰가 중요할 뿐이었다.

나와 박재일 형, 또 한 사람의 청강 선생 제자인 이창복 형, 이렇게 세 사람이 그 해 부활절에 원주 단구동 성당에서 이영섭 신부님에게 영세를 받고 입교하였다. 내가 이신부님께 교리문답 요령을 알아야 하지 않느냐고 묻자 신부님이 이렇게 답했다.

"아! 회칙들과 공의회 문헌을 다 읽은 사람한테 초보적인 교리문답이 무슨 소용이오? 괜찮아요. 그냥 가만히 있어요."

이렇게 세 사람이 다 양해되어 영세를 받았다.

나는 '아씨시의 성聖 프란체스코'를 영세명으로 받았다. 그것은 그 당시 중학생으로서 나를 따르던 '글라라'의 희망이었는데, 그 뒤로도 이름을 잘 골랐다는 생각이 떠나지 않았다. 예수 이후 가장 큰 분이 프란체스코 성인이다. 프란체스코의 사상 위에 일종의 새로운 의미의 사회주의를 구축했더라면 가톨릭이 오늘날 저렇지 않을 텐데 하는 생각도 가끔 했다. 그러나 내가 무엇을 알랴!

그 무렵 나를 사로잡은 전혀 새로운 이미지가 하나 있었으니 중세 때의 일본 '기리스당(切支丹, 가톨릭)'의 비극적 상징인 '오다 줄리아'의 청아한 이미지였다. 오다 줄리아 기념사업회는 은으로 자그마한 접시를 만들어 사방에 보급했는데, 아마도 그 무렵의 내 신앙은 공의회 문헌과 회칙에 나타난 토미즘과 테야리즘의 저 거대한 우주적 스케일보다 도리어 신념 하나 때문에 고통스러운 유형流刑으로 죽어가는, 한 아름다운 처녀의 해맑은 절개에 묶여 있었을 것이다.

그리고 또 한 사람, 백서帛書 사건으로 유명한, 황사영의 애인 최설애崔雪愛의 이미지, 밤새워 애인의 옷을 짓던 동대문 밖의 여성청년회장 최설애의 이미지였다.

성녀 데레사와 체칠리아 등 모든 마리아 이미지가 나에게 영향을 주었다. 그리고 그 이미지의 추구는 몇몇 젊은 여인들과의 애틋한 사귐으로 나타났다. 그야말로 사랑에서도 나에게 '새로운 시작'이 시작된 것이다. 그 순결한 사랑의 '씨올'을 내 어두운 마음 깊은 곳에 처음 뿌린 이가 바로 오다 줄리아요. 특히 그녀의 기념품인 자그마한 은잔이었다.

194_ 한 영상

그냥 '애린'이라고 부르자. 그녀의 실명은 박순임이지만, 내게는 여러 사람의 이미지 가운데서도 애린에 제일 가까운 사람이 바로 그녀다. 그녀는 지금 죽어서 없다. 내가 감옥에 있는 동안 떠났다. 손 한번 잡아본 일 없이 사랑했다.

우리는 '오적' 직후, 출옥한 바로 그 뒷날 '체크'를 위해 서울대병원에 입원했을 때 만났다. 거기 나의 담당 간호원이었다. 처음 나를 보고는 미소 지었다. "그 거친 말솜씨와 지독한 욕설이 어디서 나오느냐"라고 물었고 "내 얼굴은 그 욕설과는 거리가 멀다"라고 웃으면서 말했다.

얼굴이 노오래서 병적이었으나 너무나 아름다워 차라리 멀리서 바라보는 것이 나을 듯싶은, 사람 가슴 저리게 하는 그런 사람이었다.

퇴원할 때 내 방에 뛰어들었다.

"그냥 헤어질 수는 없어요. 내일 혜화동 '블루'라는 카페에서 봐요. 꼭 나오세요."

이번엔 내가 웃었다. 욕망과는 거리가 먼 기이한 감정이 나를 방문했다. 바로 오다 줄리아의 은잔 같은 이미지가 그때 이미 그에게 그리고 내게 와 있었다.

이튿날 나는 '블루'에서 메모지에 썼다.

"우리는 가능할까?"

대답이 말로 돌아왔다.

"늦었어요. 오 년 전이었다면……."

"아이가 있나?"

"네."

이것으로 끝이었다. 그러나 우리는 계속 만났다. 그러다가 그녀는 결혼했다. 결혼 직전 비원 안 숲속에 나란히 앉아 얼마나 많은 유행가를 불렀던지! 내 딴으로는 잘 가라는 축가였을 것이다. 그날 내가 입고 간 버버리 코트가 내게 잘 맞는다고 말하는 그 새카만 눈동자가 문득 스치는 흰구름을 반영하고 있었다. 검은 눈에 흰빛이 얼른 떴다간 사라졌다. 눈물 같기도 했다.

그러고는 갔다. 내겐 그녀가 애린이었다. 애린은 갔다.

그러나 두세 달 뒤던가 전화가 왔다. 만났더니 병색이 아주아주 짙었다. 약을 먹고 떠나려는 순간 발견됐다는 거였다. 혼수 상태에서 내 이름을 불렀다는 것이다.

"자기가 뭔데 내가 자기 이름을 불러?"

택시 안에서 잠깐만 내 어깨에 머리를 기대도 괜찮겠느냐고 물었다. 나는 기댄 그 사람에게 말했다.

"죽을 용기 있거든 그 용기 갖고 살아봐!"

내가 '비어誹語 사건'으로 마산요양원에 연금돼 있다 올라왔을 때도 또 한 번 만났다. 적선동에 있는 한 찻집에서. 얼굴이 창백했다. 꽃이었다. 약을 또 먹었고 또 토했다고 한다. 또다시 택시에서 어깨에 기댔다.

그러고 나서 그 뒤로는 보지 못했다. 소문도 없었다. 그 뒤 단 한 번도 보지 못했고 소식도 듣지 못했고 어디 물어볼 데도 없었다.

그런데 해남 이후 광주에선가 한밤에 고서면의 한식집으로 가는 차 속에서였다. 그녀 같았다. 영상이 그랬다. 차창 밖 어둠 자체가 그녀 같았다. 새카맸다. 우는 듯했다. 사슬 속에 있는 듯했다.

'자살했구나!'

그 순간 이상하게도 그녀가 병실에 있는 나에게 씨근거리며 뛰어와 내 귀에다 대고 낮은 소리로 일러주던 일이 떠올랐다.

"내일부터 간호원 파업이 있어요."

이상하다. 그녀는 내가 그 파업 소식에 기뻐하리라는 것을 어떻게 알았을까?

195_ 미치코

첫눈에 알아보았다. 나는 그녀가 '요요기'임을 알아보았다. '요요기'는 일본 공산당 본부가 있는 곳이다. 한 진보적 주간지의 인터뷰 기자로 나를 찾았고 그 뒤로도 두 번 왔으니 꼭 세 번 만났다.

"당신 요요기지요?"

영어로였다. 화들짝 놀라 나를 뚫어지게 보고 있다 드디어 물어왔다. 영어로였다.

"어떻게 알았나요?"

"코!"

나는 내 코를 가리켰다.

"당신을 돕고 싶어요. 어떻게 하면 되나요?"

나는 웃었다. 웃으면서 말했다. 별이 총총한 밤 충무로의 한 이층 제과점에서였다.

"일본에서 내가 유명해지면 박정희가 나를 못 죽이겠지요. 박정희는 뼛속까지 친일파니까. 죽지만 않는다면 끝까지 갈 수 있겠지요."

말 대신 그녀는 내 얼굴을 마치 사진을 찍어 기억하려는 듯 눈사진을 찍고 있었다. 훗날 일본에서 집요하게 이루어진 구명위원회의 보도나 소식 뒤에서 나는 항상 그녀의 그늘을, 말이 적었던 그 여성 공산주의자의 활동하는 그늘을 느낀다. 착각일까?

지난날 목동에 살 때 병중에 전화 한 통을 받았다. 미치코의 영어였다.

"나는 한 번도 당신을 잊어본 적이 없어요. 앞으로도 그럴 거예요. 꿋꿋하게 당신의 길을 가주세요!"

내 대답은 희미했다.

"나는 지금 몹시 아픕니다."

그 뒤 아무 일도 없었다.

그녀는 미인이었을까? 못난, 그러나 참다운 미인이었다.

196_ 루시아 수녀

꿈인 듯 내 곁에 앉아 있었다. 꿈꾸듯 그녀를 바라보고 있었다.

나는 지주교님의 주교관 귀빈실에 머무르며 가까운 생사탕집에 다녔다. 독사나 살모사 등을 고아 만든 탕제를 먹고 있었다. 지주교님, 청강 선생 그리고 원주 중앙시장의 호상豪商인 강학 형님의 합의하에 그런 것이다.

내가 잠들어 있으면 그녀가 이불깃을 곱게 여미어놓고 나가고, 깨어 있으면 잠시 이야기를 나누다 갔다. 아무래도 자기는 옷을 벗어야 할 것 같다고 했다. 왜냐하면 결혼 같은 것은 전혀 생각이 없지만 보통의 신자로서 거리낌없이 사회운동에 뛰어들고 싶다는 거였다. 검은 옷, 흰 두건은 자유로운 삶의 확장으로서의 사회운동에 아무래도 걸림이 된다는 거였다.

또 내 얘기를 듣고 싶어했다. 그 가을에 있을 원주교구의 궐기대회 건에 대해 내가 일절 함구하고 있었으니까. 원동성당 마당에서 반부패 규탄대회가 열릴 때에 가서야 사제관에 틀어박혀 문건 등을 다루거나 판단을 내리고 있는 나를 발견하고는 웃었다. 놀라지 않고 그냥 방그레 웃었다.

"그럴 줄 알았어요. 공연히 주교관에 머무를 까닭이 없지요."

사흘간의 시위 도중 내내 루시아 수녀는 남에게는 알릴 필요 없는 큰 기밀사항 등을 실천해서 참모진과 주교님의 칭찬을 차지했다.

사흘 뒤 새벽, 경찰과 정보부원과 1군 보안대가 첩첩이 포위한 그물을 뚫고 나가기 위해 나는 루시아 수녀가 모는 지프 뒷자리에 엎드렸다. 그때 원주를 무사히 빠져나오면 헤어지기로 정한 횡성에 가까이 가자 이런 말을 했다.

"나 프란체스코에게서 큰 마스코트를 하나 얻어가요. 어디에 있든 그것을 잊지 않을 거예요. 그것이 사랑인데, 그 사랑은 참 커다란 세상에 대한 사랑이고 자유로운 사랑이에요. 이젠 옷을 벗지 않고도 세상을 위해 기쁘게 일할 수 있어요."

그 뒤 소식 듣지 못했으나 루시아 수녀님이 원동성당 안에서의 농성 때 흰 예수 고상 곁에 걸어놓은 태극기를 쳐다보며 내 뒤쪽 의자에 앉아 중얼거리던 말 한마디만은 기억한다.

"그래, 이거야, 이거!"

197_ 원주 시위

가톨릭 원주교구청의 반부패 시위는 난데없이 일어난 것도 아니고 처음부터 정치적으로 조직된 것도 아니다. 그럴 만한 사연이 있었다.

원주교구는 원주 문화방송의 주식 지분을 갖고 있어서 명색은 공동 경영으로 돼 있었다. 그런데 문화방송측이 가톨릭을 순 할머니들의 구닥다리 종교로 우습게 보고 제멋대로 독주하고 있었다. 주교님과 청강 선생과 기획실장 영주 형님과 나는 이미 여러 달 전부터 이 건을 불씨로 하여 큰 시위, 반부패 운동을 불지르기로 작정했다.

그래서 내가 주교관에 머무르는 동안 그 작업을 진행했던 것이다. 즉 문화방송과 관계官界에 뜸을 들이고 있었다. 알아차릴 리 없는 문화방송과 관 쪽에서 자꾸만 무리수를 축적하고 있었다. 숱한 무리수가 훗날 사흘간에 걸친 대규모 시위로 터졌을 때 그들은 할말이 없었으니, 우리의 현실적인 요구조건을 다 수용할 수밖에 없었다.

때가 무르익기 시작한 것은 그 해 추석 무렵이었다. 봉산동에 있는 가톨릭 묘지에서 주교님 집전으로 사자死者들을 위한 추석 미사가 있었다. 예외적 행사였다. 미사중에 주교님이 문화방송을 공격하기 시작했다. 이어 우리 사회의 공적 기능과 관계 전부가 썩어 있음을 개탄했다. 이것이 시작이었다. 몇 단계의 사전 포석을 거쳐 드디어 시위에 들어가기로 스케줄을 확정했다.

원주에서 열린 제1회 시국강연회에서. 앞줄 가운데 한복을 입은 분이 함석헌 선생이고 그 오른쪽에 계신 분이 지학순 주교님이다.(1971. 8. 13)

나는 그 무렵 서울에서 모든 운동의 통제와 조율, 촉매를 임무로 하는 한 그룹을 갖고 있었으니 고 조영래 변호사와 박, 김 두 사람과 나였다. 조영래 변호사가 두 차례나 내가 묵고 있던 원주 주교관의 귀빈실에 다녀갔고, 원주 시위를 서울의 학생운동과 신·구교 및 언론계와 재야 지도자층으로 연결하는 일을 맡았다.

이제 공적인 표현에서 문화방송 건은 완전히 배제해버리기로 했다. 선언문이 쓰여졌고 성토문, 결의문 등이 확정되었다. 선언문은 군부정권 전체의 부패와 호화를 격정적으로 성토했다. 내가 종교의 문건으로는 너무 과격하지 않나 걱정했을 때 지주교님이 하신 말씀이 있다.

"옛날 예언자들이 모두 과격파들이야! 막 두들기라고! 그래야 정신이 번쩍 들지!"

선언문 등 문건 전체는 사전에 인쇄되어 조변호사를 통해 이미 《동아일보》의 천관우 선생에게 전달되었고, 박형규 목사님과 박홍 신부님 그리고 학생운동 지도부에 전달되었다. 외신에까지 전달되었으니 이미 세계적인 사건이 되었다.

이천여 신도들이 성당 마당에 모여 시위를 시작하자마자 《동아일보》가 대서특필하기 시작했다. 하늘이 놀라고 땅이 잠을 깰 사건이었다. 희미한 촛불 밑 할머니들의 '중얼중얼' 종교인 가톨릭이 반정부 시위를 하다니! 그것도 서울이 아닌 시골에서! 이천 명, 삼천 명씩이나!

사전 조율에 따라 각 대학 학생운동 지도 역량들이 수십 명씩 내려와 농성에 참가하고 하루에 한 번씩 거리시위를 시도하는데, 대형 미사 때의 그 화려한 복장을 한 주교님과 신부님 들이 앞장서서 진압 경찰 및 경찰서장 등과 대치하는 중에 시위대의 이동 선전반은 계속해서 정부의 실정失政과 반민주적 철권정치, 부패 스캔들을 향해 공격을 쏟아부었다.

나와 기획실장, 박재일 형 등은 사제관에 틀어박혀 정보를 수집하고 중요한 판단이나 문건, 스케줄의 변동이나 우발적인 일 등에 대처하는 통제탑 기능을 했다. 신탁과 독신과 수양의 대명사인 신부님들이 마이크를 통해 수천 신도들과 구경 나온 시민들 및 보도진 앞에서 돌아가며 성토하고 공격하는 예언자적 모습은 참으로 기상천외의 웅혼한 숭고 그 자체였다.

지금 한나라당 의원인 이재오 아우가 연설을 했고 《내일신문》 발행인인 최영희 씨가 학생대표 자격으로 인사했다. 숱한 성토가 진행되었으며 밤마다 횃불이 커지고 사제관 전화통은 불이 났다. 가톨릭시보사에서 기자가 온 직후 가톨릭 중앙협의회의 성직자들이 주교님을 만나 설득해서 불을 끄려고 끊임없이 시도했다.

사흘 동안이었다. 이 사흘 동안에 한국의 종교계, 민주화운동 세력, 학생운동 세력 등이 근본적으로 그 방향을 수정했다. 그 북새통 같은 소식이 교차하는 사제관에 있으면서 나는 드디어 한국의 정세가 아연 바뀌고 있음을 실감했다.

원주의 근거지는 확립되었다. 전 종교의 현실참여는 이제 시간문제다. 우익의 천관우 선생과 좌익의 조영래 변호사가 한 채널을 이용함으로써 전선은 머지않아 새 전술, 새 전략 단계를 지나 새로운 이념을 창조할 것이 분명해졌다. 원주 시위 소식은 일본으로, 로마와 프랑스 언론 등을 통해 유럽으로, 미국으로 확산되어 미구에는 남미의 해방신학 전선과 손을 잡을 것이었다. 이미 그때는 우리가 불교나 이슬람 등과도 연대하는 단계에 있을 것이니, 그와 같은 경륜이 이제 현실적 사건으로 바로 눈앞에서 벌어지고 있는 것이다.

나는 시위가 끝난 뒷날 새벽, 루시아 수녀가 모는 지프 뒤쪽에 엎드린 채 험상궂은 얼굴들이 포위한 사제관을 빠져나와 횡성 가는 길목의 한 굽이에서 얼른 내려 원주 시외버스 터미널로 돌아가 서울행 버스에 몸을 실었다. 긴 한숨을 내쉬었다. 한 굽이가 지난 것이다.

이미 시위 바로 이튿날 원주 문화방송 문제는 그쪽에서 먼저 사과함으로써 법적·공적으로 해결되었고, 기획실장의 측근 한 사람이 우리 쪽 경영권자로 들어오기로 결정했다. 지주교님의 승리였고, 청강 선생의 승리였다. 그 장구하고 치열했던 가톨릭의 정치참여, 천주교 정의구현전국사제단의 무서운 위력은 바로 이 사흘간의 원주 시위가 그 남상이었다.

198_가톨릭 문화운동과 민족문화운동

이제는 아득한 옛일이 되었으나 돌아간 박현채 선배는 나의 가톨릭 입교를 완강하게 반대했었다. 그리고 나의 입교에 가장 유연하고 긍정적으로 대응했던 사람은 조영래 아우였다. 이현배 등 도리어 후배들이 훨씬 더 탄력이 있고 한 걸음 더 창조적이었다. 후생가외後生可畏란 이를 두고 이름이리라!

나는 늘 강조해왔다.

"새 열매 안에는 새 씨앗이 있다. 씨앗은 진화한다."

"새로운 상황에 대한 새로운 전술은 새 전략을, 새 전략은 새 이념을 낳는다. 진리의 용用은 늘 변화하고 진리의 체體는 불변하지만, 그 불변은 끊임없는 변화를 내포하고 있다."

동양사상사에서 입고출신入古出新이니 법고창신法古創新이니 하는 말들의 근본에, 선천先天은 후천後天을 낳고 후천 속에서 선천이 새로워진다는 말들의 근본에, 구약은 신약을 낳고 구약은 신약 속에서 제 근본을 회복한다는 말들의 근본에 이와 같은 싹과 열매, 열매와 새 '씨울'의 관계에 대한 진리가 압축되어 있다.

나는 이미 전술적 또는 전략적 통일전선론을 넘어섰고, 그렇기 때문에 당 기능을 가진 전선·전선당·당이란 이름의 뇌수 안에서 끊임없이 새 사상, 새 철학, 새 미학과 새 문화를 창조하기 위해 서로 토론하며 그 변화중에 있는 뇌수를 새로운 중심으로 하는 탈중심적 네트워크로서의, 역사적으로 전혀 새로운 전선을 주장해온 것이다.

일본 주오코론샤中央公論社에서 간행한 그 문제에 관한 나의 메모첩 《불귀不歸》의 사상적 핵심은 바로 이와 같은 사고에 있었다. 그러니 원리주의자, 근본주의자, 도그마 신봉자들, 극좌와는 잘 어울릴 수 없었던 것이다. 반대로 극우적 반공주의자들과도 어울리기 힘든 것은 마찬가지였다.

변화를 예상하면서 추구한 가톨릭 진보사상, 해방신학, 민중신학이었기 때문에 그 변화를 목표로 하는 가톨릭 문화운동과 민족문화운동은 서로 다르면서도 함께 어울릴 수 있다는 것이 나의 주장이었다. 요컨대 화이부동和而不同, 부동이화不同而和가 이 문제에 대한 나의 신조였다.

가톨릭 문화운동에 찬성하는 신부님들, 신학자들과 김민기·이상우·김석만 등이 어울린 연극 한 편이 마련되었으니, 〈금관의 예수〉가 바로 그것이다. 가톨릭 쪽 사람 이동진이 이미 플롯을 세운 위에 내가 이전에 쓴 〈구리 이순신〉과 오스카 와일드의 동화를 끌어들여 대폭 뼈대를 수정하고, 이종률과 우리 쪽 멤버들이 대거 참여해 연습과정에서 '어렌지'를 과감하게 행함으로써 거의 새 작품이 되었다. 이 〈금관의 예수〉는 노래가 더 유명한데 내가 쓴 가사에 김민기 아우가 곡을 붙인 것이다.

'가톨릭 문화' 자字가 붙어 있고 신학자들이 관여했으니 신도나 성직자들의 관람은 불문가지였다. 특히 금관을 벗은 예수 고상苦像의 웅변에 수녀들이 흐느껴 우는 것을 보고 인간은 감성과 이성만으로는 완전히 정곡을 찌를 수 없고 거기에 제삼의 힘, 아니 근원적인 힘인 영성이 발동해야 무엇인가 이루어질 수 있음을 끝없는 감탄사와 함께 절감하였다.

나는 이제 가톨릭을 떠난 지 오래지만 가톨리시즘이나 불교의 사상을 근본으로 깔고 그 위에 세우는 철학 및 과학과 예술의 집만이 진정한 문화요, 진정한 문화운동임을 그때 알게 되었다. 민족문화운동도 여기서 재출발해야 한다고 강조했으니, '마당극'이 이제 다시금 '마당굿'으로 재편성되어야 한다는 채희완 아우의 주장은 참으로 정당한 것이다. 그러하매 가톨릭 문화운동과 민족문화운동은 사실 서로 모순되는 게 아니라 상호 보완 관계에 있는 것임을 알 수 있다.

이러한 사유들은 요즈음 비롯된 것이 아니다. 문자화하지는 않았다 해도 나와 우리 아우들의 생각 속에 이미 잉태되었던 새 생각들인데, 결국 이것이 우리 고유의 전통인 선도仙道나 풍류도風流道의 삼극三極사상, 삼일三一사상, 천부天符사상임을 나중에야 확인하게 된 것이다.

그러나 이러한 조화사상에 접근하는 과정은 수많은 도그마의 지뢰밭을 통과하는 것이었고, 나 자신의 사유도 그런 지뢰들로부터 자유롭지 못했음을 여기서 밝혀 말하고 싶다.

199_노동자 문제

눈이 밝은 사람들은 이미 이른 시기에 나의 작품이나 담론에 산업노동자 문제나 그 철학적 입장이 전무하다는 것을 눈치채고 있었다. 그러나 분명히 말해서 '전무'한 것은 아니다. 더욱이 내가 노동자를 싫어하거나 이상스럽게 생각하거나 하는 따위 부자연스러운 사상을 지닌 것은 아니다.

다만 이브 칼베즈 신부가 《마르크스에 관한 팡세》에서 주장한 "프롤레타리아 일회성"에 동의하고 첨단적 극좌운동의 실패를 일찌감치 예감한 데에서 온 태도일 뿐이다. 내가 그 대신 농민이나, 농민보다 도리어 '대중적 민중', 즉 잡계급적인 '언더 클래스'에 더 관심을 갖는 것은 프롤레타리아를 세계혁명의 항구적인 주체로 보는 마르크스·엥겔스의 견해가 별로 정당해 보이지 않았기 때문이다.

칼베즈 신부는 그것을 마르크시즘 연구에서 "프롤레타리아 일회성"으로 웅변했다. 산업 프롤레타리아가 세계혁명의 주체가 된다는 견해는 두 가지 측면에서 기인한다. 하나는 세계가 자본주의적 물질생산의 대폭적인 증대에 의해 획기적으로 변화하는데 그 실질적 생산자가 산업노동자라는 것이고, 그럼에도 산업노동자가 로마 시대나 다름없는 단순한 자식 생산자, 노예에 불과한 비참한 처지에 놓여 있어 혁명의 주체로서 지녀야 할 도덕적이면서 현실적 조건을 다 갖추었다는 것이다.

거기에 반대할 생각이 내겐 없다. 그러나 세계의 획기적 변화는 마르크스가 생각했던 것과는 사뭇 다른 쪽으로도 진행된다. 지구 생태계의 비극적 파괴와 오염, 자원 고갈, 집권 노동자 정치세력의 부패와 나태로 인한 도덕성 상실이 그것이다. 산업노동자가 노예로서 혁명적 주체의 도덕성을 견지하는 것은 노동노예 시기에 한정된다는 것이다. 이것이 "프롤레타리아 일회성"이다. 그리고 이제는 노동자가 그토록 자랑하고 자부하는 세계변혁의 실체인 산업생산이 지구 전체를 오염·파괴시키는 행위로 전락하고 있다는 점이다.

내가 언더 클래스, 즉 들뢰즈적인 개념인 잡계급 연합적인 '대중적 민중' '카오스 민중'을 주장하는 이유는 그가 내포한 도덕성이나 비참이 자본주의적 물질 생산자나 노예로서의 전락에서만 나오지 않고 삶 자체나 욕망 자체, 주체와 타자의 분리와 같은 유사 이래의 변함없는 모순과 타락과 부패로부터 오기 때문이다.

그러니까 내가 산업노동자를 보는 관점은 노동조합이나 노동당 쪽의 견해가 아니라 민중론이나 생명론, 카오스 이론 쪽에서 왔다는 말이지, 노동자를 우습게 본다든가 하는 따위 저급한 태도와는 인연이 없다는 것이다. 문제는 나의 견해와 입장이지, 그 계급의 존재에 있는 것이 아니다.

이미 이 책의 도입부에서도 밝혔지만, 나는 달동네, 빈민지역 출신이다. 그리고 생산계급적으로 보아 여기에도 속하고 저기에도 속하는 잡계급적 룸펜에 가깝고, 가난 자체가 내면화한 소외된 민중, 카오스 상태의 인간 집단에 속한다고 할 수 있다.

바로 이들이 나 자신의 역사요, 내 마음속의 민중이기 때문에 마르크스주의는 옳기도 하고 옳지 않기도 한 것, 그 자체를 개혁하고 변화시켜야만 내게는 겨우 쓸모가 있어지는 부분적 진리라는 이야기다.

따라서 이제 다가오고 있는 세계혁명은 정치경제의 하부구조적 혁명이 아니라, 오히려 전혀 새로운 정치경제 양식의 씨앗을 내부에 이미 간직하고 있는 문화의 대혁명인 것이다. 즉 문화예술과 역사와 철학의 거의 전면적인 대혁명인 것이다. 그 전조가 이미 서구에서는 68혁명으로 나타났고, 성격의 차이는 있으나 그 지향만은 동일한 중국의 문화혁명에서도 나타났으며, 지금 사방에서 싹이 트고 있는 미학적 의식혁명, 미적 교육혁명의 확산에서도 그것을 엿볼 수 있다.

나는, 프리드리히 실러의 《인간의 미적 교육에 관한 서한》이 근래에 크게 재평가되는 것이나 폴란드에서 성 프란체스코의 우주적·생태적 영성에 토대를 둔 사회주의, '프란체스칸 소셜리즘'이라는 화두가 등장하는 것도 모두 다 이런 명제들과 연결된 것이라고 본다.

200_ 전학련

삼선개헌 반대운동에서 두각을 나타낸 서울대 법대 출신의 조영래·장기표·이신범 등이 주동이 되어 전국학생연합을 탄생시키려 했던 명동 입구의 흥사단 본부에 초대받아 갔더니 함석헌 선생님과 정수일鄭秀一 씨만 와 있고 학생들은 보이지 않았다.

소위 윤필용이란 자가 나타나던 시점인데, 그의 탱크부대가 고려대학교 등에 진입하여 위수령을 발동하고 주동자인 세 사람을 체포·구속한 것이다. 세 사람과 연결된 학생 간부들이 모두 차단당해 비어버린 터전에 초대받은 사람들만 덜렁 서 있게 된 것이다.

함선생님을 모시고 찻집에 가서 차를 대접하고 헤어졌지만 마음이 착잡했다. 조영래 아우는 소위 사인조 그룹의 기둥이었고 일꾼이었기 때문이다. 그가 절실히 필요했음에도 민통 이래 한 번도 실현된 적이 없는 전학련을 조형네가 시도하다 구속된 것이다.

이 그룹은 그 뒤 이 년 가까이 징역을 살게 되고 사법연수원에 다니던 영래 아우는 법조계에의 꿈을 접어야 했다. 그리고 석방되자마자 내 요청으로 민청학련의 자금책을 맡았다가 나와 연관된 학생들의 구속으로 인해 피신해서 칠 년을 고생한 끝에 어찌어찌 가까스로 복권되어 연수원을 마치고 변호사를 개업한다. 변호사로서의 조영래가 세운 빛나는 공적은 아마도 우리나라 민주주의 역사에 길이 기억될 것이고, 모든 사람의 마음에 영원히 살아 있을 것이다.

그 조영래 아우가 내 곁에 없었다. 그의 공석은 매우 큰 손실을 가져왔다. 전선당은 실제로 엮어지지 않았다. 이미 원주 시위 당시 주교관 귀빈실에서 만난 조형과 내가 전선당 이론의 첫마디를 열었고, 이후 서울에서 만나 상당히 깊이 검토했기 때문에 그가 없는 전선은 쓸쓸하고 적막했다. 한 사람이 있고 없음이 전체 운동에 그렇게 큰 영향을 미친다는 것을 뼈저리게 감촉한 뒤 나는 사람의 가치를 다시 발견한 듯했다. 사람이 중요한 것이다. 사람이 천지를 움직인다고까지 말할 수 있다. 물론 천지의 뜻을 체현한 사람일 경우에 말이다.

조영래 아우가 다시 나타날 때까지 나는 개인적으로 움직일 수밖에 없었으니 문화운동 패거리들, 나의 아우들과 함께 〈구리 이순신〉과 〈나폴레옹 꼬냑〉을 연습만 했을 뿐, 학교 당국의 금지로 공연은 못 하고 말았다.

윤이는 경주에 내려가 윤광주와 함께 전塼 굽는 일에 몰두하고 있었고, 민기는 공장에 들어가 일하고 있었다. 그때 이미 김영동·채희완 등이 내 주변에 등장할 때였지만 함께 만나 떠들거나 술 마시는 일 외에 실속 있는 행사는 거의 못 하고 있었다.

가톨릭 문화운동의 일환이었던 〈금관의 예수〉를 서강대학교 마당에서 연행할 때다. 그때 일본의 유명한 극작가요, 연출가이면서 배우이기도 한 가라 주로唐十郎 형이 극단 '상황狀況'과 함께 입국하여 누군가의 소개로 나를 만났다. 만나자마자 그와 나는 의기투합하여 그의 작품 〈이도二都 이야기〉를 〈금관의 예수〉와 함께 서강대 마당에서 연행하기로 합의했다.

연극 〈구리 이순신〉 연습 장면. 맨 왼쪽 한복을 입은 이가 필자다. (1974)

참담했다. 그의 연극의 자유스러움과 개방성에 비교해볼 때 〈금관의 예수〉의 촌스러움이란 차마 눈뜨고는 못 볼 지경이었다. 뒷날 아우들도 모두 나와 같은 심경이었다고 얘기했다.

나는 크게 깨달았다. 그리고 결심했다. 우리의 탈춤을 현대화하는 방향, 그 방향에서 마당을 무대로 할 경우 가라 주로의 서구적 개방성을 도리어 뛰어넘을 수 있다는 것, 그 밖의 연기술이나 연출 문제에서도 획기적인 변화가 올 것이라는 판단과, 그것을 실천하기로 결심이 확고히 섰다. 가라 주로 형이 내게, 우리에게, 이 민족에게 준 선물이었다.

후일 마산요양원에 연금되었을 때 나를 찾아오고 또 세월이 한참 흐른 뒤 내가 처음 일본에 갔을 때 나리타 공항까지 마중 나온 가라 형은 우리가 처음 만난 반도호텔의 그 방에서 내가 즉흥적으로 추었던 '문둥이춤'을 기억하며 떠올렸고, 나는 그때 문득 그와 일본인들의 개인적인 대인접물待人接物이 우리 민족보다 훨씬 자상하다는 것을 알게 되었다. 그러나 도리어 나는 가라 형과 그때 그의 부인이었던 교포 여배우 이례선李禮仙의 듀엣 춤이 잊히지 않는다.

극단 '상황'의 멤버들과 아우들의 며칠에 걸친 우정과 담론은 우리의 민족문화운동에 큰 자극이 되었고 자산까지 얹어주었다. 그 영향이 훗날 마당극인 〈진오귀鎭惡鬼〉로 나타났고, 그 연극은 내가 구속돼 있는 동안 일본에 건너가 가라 주로의 제자인 교포 연출가 김수진金守珍까지 출연하게 되는 긴 인연의 실마리를 만들어주었다.

201_ 윤배 형님

전학련 사건은 천천히 그 조사 범위를 확대해가고 있었다. 《창작과비평》의 지원자이기도 한 홍국탄광의 채현국 선배가 문리대 철학과를 나왔다는 자기의 경기고등학교 동기동창 정치인 이종찬李種贊 선배와 내 문제를 의논한 모양이었다. 육군사관학교를 졸업하고 현역 장교로서 당시 중앙정보부 보좌관으로 있던 이선배가 채선배에게 김 아무개가 위험하니 피하게 하라고 귀띔한 모양이었다. 내게 기별이 왔고, 나는 그 고마운 기별대로 몸을 피했다. 강원도 태백산맥 자락의 도계에 있는 홍국탄광에 가 숨어 있으라는 거였다. 나는 바로 중앙선 열차를 탔다. 도계를 향한 여행이었다.

역사란 것은 항용 드러난 것보다 감추어진 채 잊히는 것이 더 크고 많은 법이다. 우리의 민주화운동도 마찬가지여서 너무도 많은 부분이 잊히고 묻혔다. 그 묻혀버린 민중의 큰 삶 속에 채현국 선배, 이종찬 선배와 함께 바로 박윤배 형님의 생애가 포함되어 있다.

사람들은 《창작과비평》을 말하면 모두들 대단하게 여기고 백낙청 씨나 리영희 씨를 들먹이며 대번에 존경의 몸짓을 취한다. 하긴 그 잡지와 그 두 분 모두 민주화운동의 수훈갑인 것만은 틀림없다. 그러나 그 뒤에 숨어 긴 세월을 줄기차게 활동한 윤배 형님을 아는 사람은 별로 없다. 모른다 한들 돌아가신 형님의 영靈이 서운해할 것 같지는 않다. 그러나 기억이란 산 자의 윤리요, 뒤에 오는 자들의 책임일 게다.

나는 본디 《창비》를 통해 문단에 나온 사람도 아니고 《창비》 동인은 더욱 아니다. 사실 나와 《창비》 사이에는 노선에 큰 차이가 있었다. 왜냐하면 《창비》는 애초에 서구적 근대화론이나 공업화의 비전에 입각한 시민문학론을 제기하고 있었고, 반짝반짝 빛나는 김수영의 모더니즘을 기치로 내걸고 있었기 때문이다.

그런데 나를 그분들에게 데려가 손을 잡게 한 이도 윤배 형님이요, 그분들을 민족문학, 민중문학의 길로 밀어붙인 이도 결국은 다른 사람 아닌 바로 윤배 형님이었던 것이다.

기억한다.

"먼 길 가다 보면 길에서 목사도 만나고 중도 만날 텐데……혼자 잘난 체만 하면 내내 외로울 텐데……."

형님의 말이다.

그런데 나를 처음 형님에게 보낸 사람들은 도리어 다름 아닌 《창비》 그룹이었다. 내가 수배된 것을 채현국 선배와 이종찬 선배가 걱정하며 피신 방도를 주선한 것이다.

험준한 태백산맥 도계역에서 형님과 나는 처음 상면했다. 꼭 흰눈 덮인 태백산맥 같았다. 다부지고 우람한 거구에 날카롭고 꿰뚫는 듯한 흰 눈빛, 가히 큰 두목감이었다.

거기 홍국탄광에 두세 달 가량 머무르면서 탄광의 끝자리인 시커먼 막장에도 들어가보고 광부들의 고달프고 위태로운 삶도 차차 알게 되었다. 그때 우리는 형님이 소장으로 있던 홍국탄광 광업소에 먼저 자그마한 개량주의적 노조를 하나 만들고 그곳을 거점으로 해서 홍국의 자금과 형님의 보호 아래 강원도 태백산맥 일대의 탄광지대 노동자들을 서서히 조직하기로 결정을 보았고, 내가 돌아가는 즉시 그 일을 맡아 할 적임자를 찾아 보내기로 약속했다.

그런데 떠나기 바로 전날 밤에 열린 송별연에서 사단이 났다. 거친 광부들과 어울려 독한 막소주와 허연 돼지 비계를 마구 퍼먹고 잔뜩 취한 중에 어찌 된 사연인지는 모르나 형님이 광부 몇 사람을 주먹으로 냅다 두들겨패고 있는 광경을 목격한 것이다.

범장달 같은 광부 서너 사람을 혼자 마구 거꾸러뜨리는 것을 보며 말린답시고 뛰어든 내 입에서 형님에게 내뱉은 외마디가 이것이었다.

"에잇, 부르주아의 앞잡이!"

아마도 밤 열 시경부터 이튿날 새벽 두 시경까지였을까. 웃통을 벗어 붙인 채 나는 형님에게 내내 두들겨맞아야 했다. 거꾸러지면 일으켜 세우고 거꾸러지면 다시 일으켜 세우면서 또 패고 또 패고…….

"한낱 지식인 나부랭이가 이 지옥 한복판에서 뭘 안다고 주둥이를 나불거려!"

"불쌍한 노동자를 왜 팹니까?"

반복 또 반복되는 대화 아닌 대화였다. 아침이 훤해졌을 때 곯아떨어졌다 눈을 뜬 나는 내 얼굴과 몸의 지도가 완전히 바뀌었음을 느꼈다. 얼굴도 몸도 천근만근이었다. 그러나 떠나야만 했다. 그리고 떠나야 한다면 우리의 약속을 다시 확인하고 사람 보낼 날에 준비해주도록 확약을 받아야 했다.

절뚝거리며 겨우겨우 소장실이 있는 높은 언덕까지 거의 기듯이 올라갔다. 그리고 형님 앞에 앉자 이렇게 말했다.

"약속은 약속입니다. 아무 날 아무 시 사람 보낼 터이니 준비해주십시오. 저는 이만 갑니다. 또 뵙겠습니다."

형님 왈,

"야야! 못 봐주겠다. 네 얼굴이 사람 얼굴이 아니야. 오늘 하루만 더 묵어 가라. 오늘 그냥 가면 내가 못 산다. 제발 하루만 더 있다 가!"

그날 밤 우리는 다시 코가 삐뚤어지게 퍼마셨고 의형제를 맺었다. 형님 웃어 가로되,

"야, 이 독종아! 네 엄마, 아부지를 꼭 좀 뵈야겠다. 두 양반이 뭘 좋아하시냐?"

"아버지는 꽃, 어머니는 돈."

그래서 형님은 그 뒤 어느 날 밤 오른손에는 꽃을 들고 왼손에는 돈봉투를 들고 종암동에 있던 우리집에 가서 부모님께 인사를 치른 것이다. 형님은 그 뒤부터 내게는 바로 친형님이었다.

사람들이 모르는, 나와 동료들의 적지 않은 활동자금이 형님에게서 계속 나왔고, 돈보다 더 중요한 정보부나 청와대 쪽의 동정이 이종찬 선배로부터 형님을 거쳐 나와 동료들과 후배들에게 전달되었으며, 형님은 또 귀한 일꾼들을 내게 소개하거나 내 쪽의 좋은 아우들을 수도 없이 숨겨주거나 일을 통해 단단한 투사로 단련시켰다.

약속한 날 박재일 형이 도계에 갔다가 독한 소주 공세에 취해 그야말

로 '떡'이 되었고, 그 뒤 노조를 담당하기 위해 손정박 형이 신속히 도계로 갔다.

형님은 청강 선생과 지주교님께도 관심을 가져 돈암동에 있는 아일랜드 신부들의 수도회 건물 접견실에서 지주교님을 직접 독대한 적도 있다.

바깥에서 엿들으니 형님 왈,

"가톨릭이 앞으로 반동적이고 반노동자적인 행동을 안 한다는 보장을 할 수 있습니까?"

형님의 언성이 높았다.

"그런 일은 없을 것입니다. 제2차 바티칸 공의회의 기본 정신은 불변입니다."

지주교님의 낮은 언성이다.

"주교님을 보니 신부들이 노동과는 얼마나 거리가 먼지 알겠습니다. 편하게 사시지요?"

"그렇지 않습니다. 수도원 같은 데서는 온종일 노동하기도 합니다."

"신부들은 죽음을 두려워 안 한다죠? 우리 지하를 돕다 죽더라도 변심 안 할 수 있습니까?"

"지하와 나는 이미 동지입니다. 염려 마십시오."

"안심했습니다. 진심 같군요. 자, 그럼!"

그 후 김민기가 형님을 만나 대천 쪽에 있는 광산에서 몇 달인가 노동한 적이 있다. 인텔리나 예술가를 별로 평가하지 않는 형님이 왈,

"야, 그 민기란 녀석 제법이더라. 입을 꽉 다물고 열심히 일을 한단 말

이야. 노동자들도 다 좋아하고……. 허허허, 별꿀이야, 별꿀!"

그 형님이 십여 년 전 간암으로 돌아갔다. 그 무렵 해남 남동집 귀퉁이 방 어둠 속에 누워 중병을 앓고 있던 나는 어느 날인가 비몽사몽중에 문득 허공에 대고 물었다.

"형님, 잘 계신가요?"

대답이 왔다. 빙긋 웃는 얼굴과 함께.

"나 잘 있어! 자네 이제부터 새 일을 시작해야 할 텐데 내가 미력하나마 도울게! 다만 이번에는 매사에 독 가지고는 안 돼!"

'독 가지고는 안 돼!'

그렇다. 이젠 독 가지고는 안 된다. 아마도 독 대신 덕일 게다.

많은 이들의 고통과 헌신을 잊고 묻어버린 채 저희만 잘했고 또 잘한다고 거들먹거리는 세태는 그대로 낄낄 웃으며 넘길 수 있다. 예부터 세상이란 그렇고 그런 거니까. 그러나 아직도 덕이 아니라 독으로 세상을 어찌하려는 사람들을 보면 그때마다 형님이 떠오른다.

윤배 형님! 흰눈 덮인 태백산맥처럼 크고 우람한 윤배 형님! 나의 진정한 형님!

202_비어

　　철저한 가톨릭임에도 불구하고 또한 철두철미한 민족주의자인 구중서 선배가 편집하는 가톨릭 종합교양지 《창조創造》에서 원고 청탁이 왔다. 가톨릭에서 경영하는 것이니만큼 《사상계》와는 다를 줄 알았다.
　　그 무렵 자주 만나던 연세대의 김동길金東吉 교수 왈,
　　"아니, 내가 김시인이라면 대연각호텔 화재를 풍자시로 쓰겠어. 우리나라 근대화의 모든 모순과 문제점을 전부 압축해놓은 게 그 화재라! 나 같으면 신나게 써보겠어."
　　"그거 재미있겠네요."
　　이렇게 되었다.
　　'비어蜚語'는 유언비어流言蜚語의 뒷말이니 '메뚜기처럼 뛰는 말', 즉 '소문'이란 뜻이다. 예컨대 내가 정보부에 대고 "이것은 내 말이 아니라 소문에 의하면 이렇고 저렇고 그렇다"라고 하는 말이다.
　　〈비어〉는 세 부분으로 이루어져 있다. 첫째는 '고관尻觀'으로 '엉덩이를 보라'의 뜻과 '높은 관리'를 말하는 고관高官이다. 그 무렵의 대연각 대화재가 소재다. 두번째는 '소리 내력'인데 시골에서 서울 올라와 돈 벌려고 애쓰지만 잘 안 되는 사람 '안도安道'의 억울한 죽음과 그 죽음에 대한 저항을 그린 것이다. 세번째는 '육혈포六穴砲 숭배'인데 파시즘과 그리스도교의 치명적 대결을 예상하는 이야기 시다.

이후락이 정보부장 할 때다. 이게 그들의 비위를 건드렸다. 이종찬 선배에게 기별이 있었다. 이번에 붙들리면 반병신 될 거라고.

《창조》의 주간 김병도 신부와 편집장 구중서 선배가 붙들려가고 나는 수배되었다. 정보부원들이 내 주변을 마구 들쑤셨다. 그리고 연행해가서 숨은 곳을 대라고 마구잡이로 고문했다.

왜 그랬을까? 작품 내용이 거슬린 것은 말할 것도 없지만 〈오적〉 때처럼 사건이 확대되면, 그 무렵 그들이 준비하고 있던 남북회담에 막대한 지장이 생기는 도덕적 파탄을 우려한 것이었다. 남자고 여자고 선배고 후배고 간에 약 이백여 명이 붙들려가서 적게 혹은 크게 피해를 입었다.

나는 그때 이화여대 '새얼' 서클의 황소진의 소개로 고시공부 한답시고 모래내에 방을 하나 얻어 들었다. 나머지 연락은 다 차단해버리고 소진이 김동길 교수에게만 일방적으로 연락을 취하고 있었다.

캄캄한 모래내. 별도 없는 모래의 갯가 캄캄한 암흑 속에 드문드문 서 있는 집들 사이를 천천히 걸으며 소진과 나는 말을 죽였다. 잡히든 안 잡히든 끝끝내 나의 길, 문화를 통한 비판과 창조의 길을 가기로 다짐한 밤이었다.

그러던 그녀도 그 이튿날 붙잡혀갔다. 오지 않으면 수상한 것이다. 하루를 넘겼다. 밤에도 오지 않자 나는 다음날 아침 떠나리라 결단했다. 그런데 새벽에 소진을 앞세우고 정보부원들이 들이닥쳤다.

소진이 지하실에서 발가벗긴 채 위협과 구타를 당한 것이다. 하루 낮 밤만 버티면 내가 분명 자리를 옮길 것으로 계산했다고 한다. 먼동이 틀 무렵 발가벗긴 채 소진이 정보부에 이렇게 고했다고 한다.

"만약 김지하에게 조금이라도 손을 대면 내가 폭탄으로 정보부를 폭파하겠어. 약속해요! 손 안 댄다고! 그러지 않으면 죽어도 내 입에서는 아무 소리도 안 나올 거요."

그의 신념이었다. 소진을 취조하던 백발의 정보부원이 한 말이다.

"소름이 확 끼쳤어. 조그마한 젊은 애가 발가벗긴 채 눈을 새파랗게 뜨고 정보부를 폭파하겠다고 하니…… 이상하게 소름이 끼치는 거야…… 허허허."

그래서인지, 이미 작정된 것인지 나는 뺨 한 번, 욕설 한마디 맞거나 듣는 일 없이 취조받았다.

남북관계가 급피치를 올리고 있던 때라 또 하나의 솔제니친을 만들면 안 된다는 미 중앙정보국의 충고도 있었고, 유명한 반공 검사 출신의 오제도 변호사가 나를 책임지겠다고 나섰다 한다.

여하튼 그런 분위기라 나도 부드럽게 순순히 대응했다. 그 속에서 어머니도 면회했다. 다시금 그들은 나를 마산에 있는 결핵요양원에 입원, 그러니까 연금하기로 결정한 것이다. 주위의 희생과 고통을 알고 있었기 때문에 나는 그들이 하자는 대로 했다. 마산으로 가기로 했다.

백발의 늙은 정보부원이 혼자 들어와 슬그머니 낮은 소리로 이런 말을 했다.

"얼마 안 남았어! 한 번만 더 해! 두고봐! 자넨 이제 머지않아 신발에 흙 안 묻히고 살 거야! 한 번만 더 해! 그리고 나서는 일절 아무것도 하지 마! 알았나? 허허허!"

마산 가포架浦의 국립결핵요양원. 그 입구에 정보부원이 앉아 있고 사방을 탱자나무 울타리로 둘러쳤으니 그야말로 '위리안치'였다. 바다는 푸르고 잔잔했다. 섬들이 빙 두르고 있어 물이 항상 호수처럼 잔잔했다.

"내 고향 남쪽 바다 그 파란 물 눈에 보이네."

이은상의 그 남쪽 바다가 바로 가포만이다. 그 바다 바로 곁이 병원이었다. 아름다웠다.

203_ 홍수

홍수가 났다. 남한강에 큰 홍수가 났다. 숱한 논밭이 침수되고, 숱한 집들이 떠내려가고, 숱한 이재민이 생겨났다. 강원도·경기도·충청북도가 겹치는 넓은 이 지역이 바로 천주교 원주교구 관할이었다.

독일의 천주교 구호단체 '미세레올'이 거금을 여기에 지원하기로 결정했다. 이 소식을 갖고 마산으로 급히 나를 찾아온 사람은 바로 나의 상사인 김영주 기획실장이었다.

여관에서 만난 우리 두 사람 사이에는 긴급한 현안이 있었다. 이 거금을 미세레올의 요구대로 일종의 자선행위처럼 단순한 피해보상금만으로 소진할 것인가, 아니면 이를 원주 캠프가 주체적으로 운용하여 장기적으로 새롭고 근본적인 민중운동을 도모할 것인가였다.

이 광활한 지역의 수많은 농민·노동자·어민·영세서민 들의 협동적 공동체 건설과 직접 민주주의의 체득을 위해, 그리고 광범위한 자활운동을 통해 농민회·노동자회·어민회·영세서민회 등의 조직을 촉발하고 결성하는 사회개발을 위해 쓸 수 있도록 그 정관을 전면 조정해야 한다는 내용이었다.

이것을 조정하는 문제에 우리는 합의했고, 김영주 실장은 이 문제를 가지고 미세레올과 벌인 긴 씨름에서 성공했다. 우리는 그때 절대적으로 필요한 불씨인 로드 짐 같은, 히딩크 같은 미세레올 자금이 준 충격으로 사랑과 민주주의와 변혁의 기회를 현실적으로 조직할 수 있게 되었다.

그 후 십여 년에 걸쳐 원주교구가 반유신 민주화운동의 실질적인 메카가 될 수 있었던 것, 그것은 지학순 주교님의 피투성이 헌신과 천주교회의 집단적 노력도 노력이거니와, 재해대책이라는 외피 속에서 실질적인 사회개발로 변혁해나간 원주의 그 조직적 민중운동의 기초가 있었기 때문이다.

이것은 한편 김영주 실장과 위원들의 노고와 헌신, 다른 한편으로 지 주교님의 혁신적 서학西學과 장선생님의 진보적 동학東學의 융합 및 그 이중적 지도체제 덕분이었다. 지도력의 이중성, 이원성이 갖는 오묘한 창조력과 융통성을 나는 여기서 똑똑히 보았다. 이것은 원주라는 지역사의 자랑이고, 천주교의 자랑이며, 여러 위원들과 나의 자랑이기도 했다. 이러한 힘이 기초가 되어 이른바 '생명운동'이라는 새로운 문명창조운동이 비로소 싹틀 수 있었기 때문이다.

무어라 해야 하는가? 홍수가 도리어 조직적이고 변혁적인 민중운동을 부르고, 민중운동의 오랜 노력이 생명운동이라는 힘으로 현란한 새 명제를 불러온 이것을 무어라 표현해야 옳은가?

변증법인가? 모순어법인가? 음양법인가? 반비례인가? 아니면 은총인가?

204_지학순 주교

그날을, 그 밤을 잊을 수 없다. 지학순 주교님이 그 무렵 마산병원 안에 있는 천주교 공소公所에 오셔서 미사를 집전한 뒤 침실에서 나와 함께 한 가지 중요한 결정을 내리고, 아주 중요하고도 중요한 한 가지 조직사업의 첫 발걸음을 내디디신 것, 그것을 지금도 결코 잊을 수 없다.

왜냐하면 그것은 실질적인 민주화 투쟁의 시작이었기 때문에. 그리고 그것은 그 투쟁과정을 통해 과거의 낡은 이념, 낡은 조직이 아닌 새로운 뜻과 새로운 길을 여는 첫 시작이었기 때문에.

지주교님은 여러 정황으로 보아 천주교가 정치문제에 대거 참여해야 대중투쟁이 본격화할 것이라는 결론을 내리시고, 그것을 위해서는 무엇보다 먼저 전국의 사제들을 하나의 조직으로 단합시켜야 한다는, 그래서 원주교구의 신현봉 신부님으로 하여금 즉시 전국을 여행하도록 할 것이라는 아주 중요한 큰 발걸음을 내디디셨다.

가포 앞바다의 저 짙은 안개 속에서 울리는 길고 긴 무적霧笛처럼, 그리고 어둠을 뚫고 빛나는, 띄엄띄엄 켜진 저 어화漁火들처럼 그 결정, 그 발걸음은 이윽고 독재의 어둠을 걷고 새 시대의 여명을 돋트게 하는 남상이었다.

그날 이후 신신부님이 전국의 신부 열네 분을 묶어 우선 사제단을 구성했으나 더 이상의 진전이 없다가, 민청학련 때 지주교님의 자발적 구속 수감을 계기로 하여 마침내 저 유명한 정의구현전국사제단이라는, 차원을 달리하는 커다란 횃불로 치열하게 타올랐기 때문에. 그리고 그 이후 나와 벗들의 진정한 새 지향이 내면의 영성적 명상과 외면의 사회적 변혁을 통합하는 '요기-싸르'의 길로 심화되고 확대되었기 때문에.

인간은 그 긴 인생에서 단지 몇 번만 실존한다. 그날, 그 밤이 지난 뒤 이튿날 아침에 병원 문을 나서며 잠시 들어보았던 주교님의 오른손은, 그 뒤에 자주 뵈었음에도 꼭 마지막인 듯 내 뇌리에 깊이 새겨져 있다. 지난밤의 그 우레 같은 결정을 모두 잊으신 것처럼 무심한 미소를 내게 보내시던…….

결코 잊을 수 없다. 그 투명한 순간을! 그리고 햇살에 빛나던 그 눈부신 은발을! 한마디로 말하자. 그것은 고귀함이었다.

205_ 김수환 추기경

정확한 기억은 없다. 다만 그때 공소에서 환자들을 위로하는 음악회가 열리고 그 자리에 김민기 아우와 가수 양희은 씨가 초청되었다. 두 사람이 〈아침이슬〉 등을 부르고 환자들은 합창으로 따라 부르고 있었다.

입구 부근 뒷자리에 서 있던 내 곁에 누군가의 묵직한 기운이 가까이 와서 멈추는 것을 느꼈다. 고개를 돌린 나에게,

"김시인이지요?"

그분은 그러면서 갑자기 자기 목에 감긴 흰 로만 칼라를 잡아떼었다.

"네."

추기경님이었다. 그날 밤 마산교구청에서 밤을 꼬박 새우며 이야기를 나누는 동안, 추기경님이 나 못지않은 야행성임을 알게 되었다.

"나는 걱정스러워! 우리까지 정부를 반대할 경우 큰 혼란이 오지 않을까 걱정스럽군! 어떻게 대답할 텐가?"

"현 정권은 강합니다. 건국 이래 최강의 정부올시다. 바로 그렇기 때문에 우리가 더욱 강하게 밀어붙일 수 있는 것입니다. 남북의 실질적이고 평화적인 통일을 위해서는 장기적이고 능력 있는 통일의 새로운 주체가 필요합니다. 만약 정권이 바뀐다면 통일이 그만큼 빨라질 것이고 그 주체는 우리가 될 것입니다. 그러기 위해서는 우리의 경험과 공적이 필요하며, 훈련을 통해 그 정세를 바꿀 수 있는 주동성을 확보해야 합니다. 결국 현 정권은 우

김수환 추기경님은 내 결혼식 때 주례를 서 주셨다.(1973. 4. 7)

리의 '스파링 파트너'인 셈이지요. 만약 혼란이 온다면, 그것은 정권 정도가 아니라 아주 커다란 문명적 차원에서 변화의 첫 시작이 될 겁니다."

잠시 창가에 서서 바깥의 불빛을 바라보시던 추기경님이 한마디 하셨다.

"자네는 머리가 좋은 건가, 아니면 공부를 많이 했나?"

"둘 다 아닙니다. 다만 있다면 나 아니라도 상황이 인간의 실존을 좌우하는 때가 있는 까닭입니다."

"말도 잘하는군."

잠시 침묵을 지키시더니 다시금,

"나 자네에게 바라는 것이 있네. 한국의 '샤를 페기'가 되어주게. 그리고 가톨릭의 '오적五賊'도 좀 비판하고!"

"저는 정치상황에 너무 밀착해 있습니다. 저는 제 행동으로 시를 쓸 수밖에 없습니다. 지금은 그렇습니다."

이렇게 시작되었다. 추기경님은 내가 만나본 내 위쪽의 어른 세대에서는 찾아보기 힘든 능변과 고도로 세련된 지성과 풍요한 감성을 가진 분이었다. 그 뒤로도 서울 외곽의 한 수도원에서 밤새우며 길고 긴 대화를 나눈 적이 있거니와 한마디로 줄이라면 이렇게 표현하겠다.

'우리 생전에 이런 분과 함께 동시대를 살 수 있다는 사실 자체가 행복이다.'

아마 오늘날 천주교의 융성과 국민들에게 받는 깊은 신뢰는 지주교님의 희생과 추기경님의 그 그윽한 품성과 지도력, 그리고 사제단의 용기 때문이 아닐까 싶다.

조금 건방지지만 내 생각은 이렇다. 가톨릭의 오늘의 과제는 이제 동양의 전통사상과 서로 주거니 받거니 하는, 좀더 활기찬 관계, 이른바 환류環流와 생태학을 포함한 새로운 변혁 지향 사상과의 탁월한 통전統全의 문제인 것 같다. 그 과제 해결의 머리에 지주교님과 추기경님 그리고 사제단의 뚜렷한 영상이 함께 서 있는 것 아닐까.

206_ 공소

주임신부가 없는 기도소를 가톨릭에서는 공소라고 한다. 그 공소가 병원 안에 있었다. 공소에는 오스트리아의 사도직 협조자인 하河마리아, 즉 마리아 하이센베르거 씨가 있었다. 마리아 씨가 내내 나를 보호했다. 거기에 전성용 회장과 의사 구具선생 그리고 간호원 이혜영이 한 팀을 이루어 오붓하게 살고 있었다.

하마리아 씨는 독실하다 못해 지독한 사람이었다. 그 무렵 공소에서 견진성사(영세 이후 신앙을 더욱 공고히하는 성스러운 행사)가 있었다. 마리아 씨는 내게 견진을 받도록 권유했다. 견진을 받으려면 일체의 미움을 버려야만 한다. 그래서 나는 견진을 포기했다. 박정희에 대한 미움을 버릴 수 없었고 또 그 미움은 공분公憤이었으므로 당연한 것이라고 생각했다.

그러나 마리아 씨는 나를 온종일 따라다니며 빌고 또 빌고, 그 이튿날도 아침부터 와서 빌었다.

"내 일인데 왜 당신이 내게 빕니까? 그리고 이것은 정의에 관련된 것입니다."

"그렇다 해도 용서하세요. 용서하고 싸워야 합니다. 미워하지 마세요."

"못 합니다."

"못 하면 프란체스코의 영혼이 죽어요. 용서하세요."

"못 합니다. 그를 쓰러뜨려야 합니다."

"눈물을 흘리며 적을 죽인다는 말은 노자에도 나와요. 기독교는 그것을 가르칩니다."

"노자 아니라 장자라 해도 안 됩니다."

"억지예요. 억지는 프란체스코 같은 사람과 거리가 멀어요. 제발!"

그날 오후쯤 나는 결국 지고 말았다. 나는 박정희를 용서한다는 긴 기도를 드린 뒤에 견진성사를 받을 채비에 들어갔다.

결핵이 심하던 전성용 회장은 얼마 전 대구에서 돌아갔고, 재작년 부산 여행 때 의사 구선생과 간호원 이혜영 씨를 수소문해 함께 저녁을 먹었다. 모두 고마운 사람들! 그들의 복스러운 마음으로 이 세상은 유지되는지도 모르겠다. 아마 틀림없이 그럴 것이다.

207_가라 주로

가라 주로와 교도통신 주한 기자 히시키萎木가 병원에 나타났다. 일본에서 공론이 나빠질 것을 염려한 중앙정보부는 면회를 허용했다.

가포 물가의 한 음식점에 들어가자, 가라 형이 허리에 차고 있던 전대를 풀었다. 그 안에 달러가 가득 들어 있었다.

영어로, "웬 돈?"

영어로, "지하를 중국으로 데리고 갈 돈이다."

영어로, "어떻게?"

영어로, "조그마한 모터보트를 사서 이 만에서 탈출시키겠다."

영어로, "중국에서 환영할까?"

영어로, "중국이 별로 환영하지 않으면 쿠바로 가자!"

영어로, "나는 안 간다."

영어로, "왜?"

영어로, "나는 이 나라를 사랑한다. 버릴 수 없다."

영어로, "그렇게 탄압해도?"

영어로, "그렇다. 나는 어느 날이 될 때까지는 이 나라 이 땅에서 한 치도 벗어나고 싶지 않다. 그 어느 날이 오면 내가 당신을 데리고 쿠바로 가겠다. 아니 쿠바가 아니라도 중국과 쿠바보다 더 좋은 사회를 한국과 일본에 건설하자."

영어로, "정말인가?"

영어로, "그렇다."

일본어로, "사케酒!"

일본어로, "간파이乾杯!"

히시키 기자가 내내 우리 두 사람의 사진을 찍었고, 우리 셋은 노을녘까지 술을 마셨다. 밤에는 하늘과 바다와 술잔과 가라 주로의 눈 속, 이렇게 네 개의 달이 떴는데 술 취한 내가 옷 입은 채로 바다로 뛰어들자 가라 형이 뒤따라 뛰어들었다.

그는 나를 보호하기 위해 한 팔을 끼고 헤엄쳤다. 잔뜩 젖은 채 나무판자로 엮은 '짝띠〔波止場〕'에 앉아 또 마셨다. 물 건너 섬들 부근에 켜진 고깃불〔漁火〕을 보며 내가 어촌에 전하는 민요에서 비롯된 〈바다아기네〉란 시를 띄엄띄엄 읽자 가라 형이 루이 아라공의 〈엘자의 눈〉이라는 샹송을 일본어로 불렀다. 그는 좌도 우도 아닌 가라 주로 자신이었다.

정보부 마산분실은 고성능 녹음기구를 앞세우고 가까운 거리에서 내내 감시했고, 바닷가의 가포 여관방에서는 바로 옆방에 들어 우리 얘기를 다 듣고 있었다.

그 방에서 조금 이상한 소리가 나자 민감한 가라 형이 갑자기 영어로 소리를 꽥 질렀다.

"랫(쥐새끼)!"

셰익스피어였다. 그러나 그 자리에 칼은 없었다. 내 마음에도 없었다. 견진성사 때문이었을까?

208_쓰루미 슌스케 선생

'베헤렝(베트남에 평화를)!'이라는 반전단체를 이끌고 있는 교토대학 철학교수인 쓰루미 슌스케鶴見俊輔 선생은 일본의 양심으로서 수많은 일본인들의 존경을 한몸에 받고 있는 당대 희유稀有의 철학자요, 사상가다.

수많은 일본인들이 서명한 김지하 석방 탄원서를 들고 쓰루미 선생이 다른 두 사람과 함께 요양원을 방문했다. 역시 남북회담 직전의 공론을 걱정한 정보부가 나와의 면회를 허용했다. 상견례를 마치고 자기가 온 이유를 말하고 나자, 나는 그 무렵 외신기자들이 '콩글리시'라고 불렀던 나의 그 유명한 '코리언 잉글리쉬'로 이런 말을 했다.

"You can not help me, I can help your movement by my resistance!(당신은 나를 도울 수 없다. 내가 저항을 통해 당신들의 운동을 도울 수 있을 것이다!)"

쓰루미 선생은 많이 놀란 것 같았다. 왜냐하면 내 구명운동을 지속하던 긴 세월을 일관하여, 바로 이 '콩글리시' 두 마디를 반드시 연설이나 글에 앞세웠으니까! 요컨대 한국 청년시인의 용기와 민족적 자부심, 국제적 연대의식을 강조하기 위함이었다.

그러나 사실 이것은 부끄러운 일이다. 쓰루미 선생이 뭐라 한들, 내가 뭐라고 변명하든 역시 좁은 마음의 소산이다. 그래서 재작년에 일본을 방문했을 때 교토의 크리스천 아카데미에서 열린 환영회에서 쓰루미 선생이 환영사에 이 두 마디를 다시 앞세우자 나는 답사 앞마디에서 다음과 같이 그 말을 수정했다.

"나는 그 두 마디를 세월이 한참이나 흘렀지만 지금 다음과 같이 수정합니다. 그 말은 영어로, 'Thank you very much'입니다."

박수가 터졌다. 그것은 참으로 인간과 인간의 연대였다.

계속해서 나는 쓰루미 선생에게 말했다.

"저 창밖의 바다는 아름답다. 특히 안개 낀 바다는 더욱 아름답다. 그러나 바다 속에 사는 생물들의 삶은 그렇게 아름답지만은 않다. 마찬가지로 안개가 걷힌 바다 위의 쓰레기들, 부표浮漂들도 그렇게 아름답지만은 않다. 아마도 어느 날인가는 현재의 한국과 일본의 바다, 그 바다의 안개가 걷히는 날이 올 것이다. 그때는 그 추한 모습까지도 각오하고 바다에 접근해야 한다. 바다는 우리 존재의 고향이니까!"

쓰루미 선생 일행은 그날 밤 가포여관, 파도치는 소리가 바로 머리맡에서 들리는 여관에서 자고, 내가 한번 들르라고 권유한 원주에까지 가서 청강 선생과 지주교님을 만나고 돌아갔다. 그 뒤로 원주 캠프와 쓰루미 선생이 이끄는 교토 그룹 및 구명위원회는 상시적인 연락망을 갖추어 국제적인 시민운동으로 발돋움했다.

지난해 사월에 만났을 때 선생이 이렇게 말했다.

"일본은 경제적으로 망해야 정신적으로 살 수 있다. 향후 십 년이면 일본은 한반도에서 들려오는 삶의 목소리에 귀 기울이게 될 것이다. 일본은 한국인이 세운 나라이기 때문이다."

209_ 남북회담

남북간의 밀사 왕래 소식이 터지고 남북회담의 시작이 보도되고 있었다. 김동길 교수님이 내려왔다. 석방 소식을 갖고 오셨다. 그리고 남북회담의 내밀한 소식도.

솔직하게 말하자. 그 회담의 장래에 대한 내밀한 소식을 들었을 때, 그리고 함께 기차를 타고 서울로 돌아오는 동안 내내, 서울에 내려 강서면옥에서 냉면을 먹다가 마치 무슨 주술처럼 '오적 사건'의 검사였던 흰머리의 박종연朴宗演 씨를 만났을 때, 그리고 집으로 돌아오는 버스 안에서 나는 이상하게도 불길한 예감에 뒷덜미가 뻣뻣해질 정도였다.

이상한 일이다. 그러나 현실은 바로 그 불길한 예감이 실현되는 쪽으로 조금씩 조금씩 움직여가고 있었다. 이틀 뒤 나는 《주간 아사히週刊朝日》와의 인터뷰에서 이러한 견해를 내비쳤다.

"한반도에 평화와 통일의 정세가 무르익고 있다. 남북회담을 어떻게 보는가?" 라는 질문에,

"좋은 일이다. 그러나 매우 불길하다."

"무슨 소린가? 앞으로 더욱 밝은 전망이 가능한 소식들이 들리는데……."

《주간 아사히》의 지문은 다음과 같이 썼다.

"이 말에 김지하의 얼굴은 이상하게 일그러졌다. 네가 뭘 아느냐는 힐

난이 담긴 표정이었다. 무슨 뜻일까?"

아마 기사는 이랬을 것이다. 나의 대답은 또한 이랬다.

"두고 보면 안다. 그리 간단한 일이 아니다."

화제가 바뀌었다.

"언제 결혼할 작정인가? 애인은 있는가?"

"아직 애인은 없다. 결혼은 통일되는 날 북쪽 여인과……."

"그것이 언제쯤인가? 정세로 봐서는 금방 올 것 같은데……."

"모른다."

다음 기사는 이랬을 것이다.

"김지하는 입을 굳게 다물어버렸다."

이렇게!

막상 회담이 시작되고 북에서 박성철이 내려와 박정희를 만나고, 북한 대표단에 윤기복이라는 사람이 끼어 왔을 무렵이다.

소설가 이호철李浩哲 씨가 술자리에서 그들을 만나고 온 얘기를 많이 흥분해서 들려주었다.

"윤기복이 '우리는 연극에 방백傍白을 도입했습니다. 현대극에서는 사라져버린 방백을 혁명적으로 부활시켰습니다'라고 말하더라고. 크게 놀랐지. 방백이라니!"

나는 속으로 뇌었다.

'그 형편없는 신파조에다 방백까지 곁들였으니 참 희한하겠군!'

내가 한마디 했다.

"그 윤기복 씨를 또 만날 겁니까?"

"응, 그래. 한 번 더 만나기로 했어."

"그럼 이렇게 말해주세요. 우리는 남쪽 연극에서 프로시니엄 아치 자체를 없애버렸다. 이제 우리 연극은 둥근 마당에서 논다고!"

"……."

"한마디만 덧붙여주세요. 중국의 '경극'과 일본의 '가부키'에서 한 걸음 더 나아가 프로시니엄 아치를 벗어난 사각의 권투링에서 장 루이 바로가 새로운 연극을 할 때도 아직 해방시키지 못한 공간, 시간, 육체 그리고 시각을 일면성에서 협동적 다면성으로 바꾸어놓았다고요!"

"……."

〈원귀 마당쇠〉〈호질〉〈야, 이놈 놀부야!〉의 맥을 잇고 더 심화·확대한 마당극 〈진오귀〉 직전에 벌어진 민족연행 문화운동의 논의 구조를 말한 것이었다.

210_결별

청강 선생과 지주교님이 합의하여 나를 원주로 반이시키기로 했다. 주교관 밑에 마침 주교관 부지에 속한 조그마한 기와집 한 채가 비어 있어 그 집을 사서 내게 주었다. 아버지와 어머니는 친지들 집에 짐을 옮겨놓고 집을 더 크게 뜯어고치기 시작했다. 목포에 있는 그 언덕 위의 옛집 이후 처음으로 얻은 '우리집'이었다. 칸수를 늘리고 광을 짓고 기와를 고쳐 얹고 벽을 하얗게 칠해놓으니 영락없는 '카사 비앙카' 곧 '언덕 위의 하얀 집'이었다. 우리 가족은 새로운 삶의 의욕으로 앙양되어 있었다.

나는 교구청의 기획실, 김영주 형님이 실장으로 있는 기획실의 기획위원으로 취직이 되었다. 그러나 나의 활동 범위는 원주에 한정되지 않고 서울에서 지내는 날이 오히려 더 많았다. 이것도 역시 청강 선생과 지주교님의 합의사항이었다.

그러나 나는 실제로는 시골로 옮긴 것이다. 어느 날 고속버스로 원주에 내려가면서, 병원을 나온 직후 원주에 내려가 청강 선생과 함께 민중운동을 하리라던 그때의 맹세, 제2차 바티칸 공의회의 문헌을 공부하는 그들과 함께 살리라던 그때의 맹세가 담긴 시 한 편이 그대로 현실로 변한 것을 기억해냈다.

잘 있거라 잘 있거라

은빛 반짝이는 낮은 구릉을 따라

움직이는 숲그늘 춤추는 꽃들을 따라

멀어져가는 도시여

피투성이 내 청춘을 묻고 온 도시

잘 있거라

낮게 기운 판자집

무너져 앉은 울타리마다

바람은 끝없이 펄럭거린다

황토에 찢긴 햇살들이 소리지른다

그 무엇으로도 부실 수 없는 침묵이

가득 찬 저 외침들을 짓누르고

가슴엔 나직이 타는 통곡

닳아빠진 작업복 속에 구겨진 육신 속에 나직이 타는

이 오래고 오랜 통곡

끌 수 없는 통곡

잊음도 죽음도 끌 수 없는 이 설움의 새파란 불길

하루도 술 없이는 잠들 수 없었고

하루도 싸움 없이는 살 수 없었다

삶은 수치였다 모멸이었다 죽을 수도 없었다

남김없이 불사르고 떠나갈 대륙마저 없었다

외치고 외치고

짓밟히고 짓밟히고
마지막 남은 한 줌의
청춘의 자랑마저 갈래갈래 찢기고
아편을 찔리운 채
무거운 낙인 아래 이윽고 잠들었다
눈빛마저 애잔한 양 떼로 바뀌었다
고개를 숙여
내 초라한 그림자에 이별을 고하고
눈을 들어 이제는 차라리 낯선 곳
마을과 숲과 시뻘건 대지를 눈물로 입맞춘다
온몸을 내던져 싸워야 할 대지의 내일의
저 벌거벗은 고통들을 끌어안는다
미친 반역의 가슴 가득가득히 안겨오는 고향이여
짙은, 짙은 흙냄새여, 가슴 가득히
사랑하는 사람들, 아아 가장 척박한 땅에
가장 의연히 버티어 선 사람들
이제 그들 앞에 무릎을 꿇고
다시금 피투성이 쓰라린 긴 세월을
굳게굳게 껴안으리라 잘 있거라
키 큰 미루나무 달리는 외줄기
눈부신 황톳길 따라 움직이는 숲 그늘 따라

멀어져 가는 도시여
잘 있거라 잘 있거라.

나는 정신적으로 안정되었고, 긴 호흡으로 운동할 수 있도록 마음을 가다듬고 있었다. 내가 중학을 다녔고 그 뒤로도 절반쯤은 고향이라고 할 수 있는 원주에 내려와 거리를, 골목을, 논밭길을, 산길을 혼자 터덜터덜 걷거나, 청강 선생과 함께 문막의 저수지나 봉산 너머 큰 연못에서 낚시질을 하며 붕어 찌개에 소주를 들며 정치와 예술, 철학과 종교를 얘기하던 저 빛나는 시간들이 때묻고 지친 나의 영혼을 새하얗게 닦아내 속까지 투명하게 비치도록 만들어주었다. 저녁 무렵 순간순간 변해가는 치악산의 산빛들, 그 오묘한 색채를 들린 듯 멍청하니 바라본 적도 많았다.

크게 넓힌 집안에 널찍한 내 방이 마련되었다. 불을 때고 뜨끈한 방구들에 등을 대고 누워 있으니 슬슬 잠이 오고 포근한 옛 꿈들이 되살아나고, 곁에 사랑하는 사람이 있었으면 좋겠다는 생각이 생애 처음으로 나를 깊이 사로잡았다. 결혼해야겠다는, 얼마 안 있어 또다시, 아니 더욱 험상궂은 폭풍의 시절이 오리라는 불길한 예감과 함께, 결혼해야겠다는 바로 그 생각이 나를 깊이깊이 사로잡았다.

211_그 사람

나는 초대 부통령 이시영李始榮 선생의 동생 이회영李會榮 선생의 손자로 유명한 이종찬 선배를 세 번 만났다. 한 번은 채현국, 박윤배 형님들과 함께 한 술자리에서, 그리고 또 한 번은 단둘이 수유리의 육당六堂 최남선崔南善 별장 앞 잔디밭에서 장시간, 그리고 마지막은 김영삼 정부 시절 롯데호텔에서 있었던 한 조찬모임에서 잠시 악수하고 헤어진 것이 전부다.

그 중에도 단둘이 만났을 때가 생생히 기억에 떠오른다. 지금쯤이면 물리적 시간으로 보나 정치적 시간으로 보나 발설해도 괜찮은, 아니 괜찮은 것이 아니라 도리어 발설해야만 하는 그런 시간이 되지 않았을까?

지금 이 글을 읽는 사람들이 픽 하고 웃을지도 모르나, 그 무렵 우리 두 사람의 만남은 죽음을 각오한 것이었다. 윤배 형의 제안으로 만난 것인데, 우리 두사람은 그때 몇 가지 합의를 보았다.

학생운동이나 민중운동은 이념 그 자체를 그대로 관철하려 들 것이 아니라 하나의 구상에 의해 통제되어야 한다는 것. 그 구상은 박윤배·청강 장일순·이종찬과 그 동료들 그리고 나와 내 동료들로 이루어진 한 통합 세력에 의한다는 것. 지금의 운동은 결국 새로운 군부의 효과적인 쿠데타에 의해 관철되어야 한다는 것. 그 쿠데타의 준비는 우선 장일순과 이종찬 두 사람의 합의에 의해 지도된다는 것. 대통령은 김대중 씨를 세우되 책임을 지는 각료와 집권세력의 삼분의 이는 반드시 우리 세력이 점거해야 한다는 것. 이종찬은 곧 송죽회松竹會의 믿을 만한 자기 동료 한 사람을 상시적 연락책으로 원주의 장일순 선생에게 연결시킬 것. 쿠데타의 시기와 방법 등은 유동적이되 최종적으로는 바로 전술한 세력의 지도부에 의해 결정되며, 그 전까지는 목숨을 걸고 그 기밀을 유지해야 한다는 것 등이다.

물론 미국의 지지나 동맹국들의 문제, 북한이나 러시아, 중국의 있을 수 있는 동향 등은 모두 이종찬 선배가 맡기로 했다. 이러한 합의는 그 당시로서도 매우 고무적이고 긍정적이라는 이야기도 오갔다.

며칠 있다가 장선생님께 이 사실이 보고되었고 바로 이틀 후엔가 이종찬 선배의 동료인 한 현역 중령이 사복 차림으로 장선생의 봉산동 자택을 한밤중에 다녀갔다.

212_ 정릉

내가 정릉의 처갓집에서 장모님 박경리朴景利 선생을 처음 뵌 것은 '오적 사건'과 '비어 사건' 사이의 어느 해 겨울밤이었다. 《현대문학》의 김국태 형과 소설가 유현종 씨와 함께였다. 술을 마시고 싶은데 돈이 없어, 김국태 형의 제안에 따라 한밤중에 정릉집으로 쳐들어간 것이다.

결국 맥주를 잔뜩 얻어먹기는 했지만, 따지고 보면 형편없는 실례요, 결례여서 그때 따님인 지금의 원보 엄마가 그렇게 불평할 만도 한 일이었다.

박선생님은 내게 따뜻하게 대해주셨다. 문 앞에서 헤어질 때 또 놀러 오라고 하신 말씀을 두고 김국태 형이 왈,

"허허, 박선생님이 웬일이셔? 보통 저러지 않으시는데……. 김형이 점수 좀 땄구먼."

그 뒤, 또 한밤중에 일본어판 나의 첫 시집 《긴 어둠의 저편에》를 신문 넣는 구멍을 통해 문 안으로 집어넣은 뒤 돌아온 일이 있었다. 그러고는 '비어 사건'으로 마산에 몇 달 가 있다가 7·4공동성명 무렵 서울로 돌아왔다. 며칠 뒤 정릉집으로 놀러갔다. 놀랍게도 모녀가 너무나 다정스럽게 대해주어 그 뒤로도 가끔 놀러갔다.

그러다 결정적인 날이 왔다. 10월유신, 그 유신헌법이 조목조목 발표되던 날이다. 《월간 대화》의 응접실에서 당시 야당 당수인 유진산과 박정희의 밀착을 호되게 공격하는 성토문을 쓰고 있던 나는 갑자기 발표된 유신에

장모님인 소설가 박경리 선생과 나의 큰아들 원보.

놀라 창비 백낙청 씨에게 약간의 돈을 빌린 뒤 택시를 타고 국도로 원주로 돌아가려 했다.

항만과 도로와 공항 등이 모두 봉쇄되었다는 라디오 뉴스를 택시 안에서 들었다. 미아리 고개에서 원주행을 포기했다. 그 대신 정릉 박선생 댁으로 차를 돌렸다. 박선생께 부탁해서 며칠만 시간을 벌도록 하자!

그러나 나의 부탁을 들은 박선생께서 단호하게 거절하셨다. 혼자 사는 집에 은신해 있다가 발각이라도 되는 날에는 자기가 어떻게 되겠느냐는 거였다. 사실이 그랬다. 나는 그 위험을 시인하고 자리에서 일어서려고 했다.

그런데 그때 돌발사가 일어났다. 마침 직장인 문화재관리국에서 막 돌아온 따님이 박선생께 대든 것이다.

"갈 곳도 없고 위태로워서 온 사람의 부탁을 어떻게 그리도 모질게 거절할 수 있는가요? 며칠만 묵어가도록 허락하세요."

거듭 도리질 치는 어머니와 거듭거듭 숨겨줄 것을 주장하는 딸 사이에 한참 동안 승강이가 벌어졌다. 나는 적이 놀랐다. 그러나 즉시 일어서서 그 집을 나올 수밖에 없었다.

"감사합니다. 그리고 죄송합니다. 괜찮을 겁니다. 서울 시내에도 친구들이 있으니까요. 안녕히 계십시오."

그러고는 터덜터덜 정릉길을 내려오는데 다급하게 뒤쫓아오는 발소리가 들렸다. 뒤돌아보니 박선생의 따님이었다.

"웬일로?"

"제가 정릉 입구까지, 택시 탈 때까지만 바래다드릴게요."

택시가 올 때까지 둘이서 나란히 걸었다.

"미안합니다. 어머니를 용서하세요. 혼자서 긴 세월을 어렵사리 살아오셔서 그래요. 이해해주십시오. 미안합니다."

시커먼 정릉천 개골창 위에 걸린 돌다리 위에서였다. 저 안쪽에서 택시가 다가오고 있었다. 나는 다시 시내로 들어갈 작정이었다. 그때 내 넋의 저 깊은 곳에서 울려나오는 외침 같은, 신음 같은 소리를 들었다.

'이 사람이다!'

빤안히 쳐다보고 있는 내 앞에, 아내가 흔드는 손을 보고 택시가 와서 멈췄다. 나는 택시를 타고 떠났다. 차 안에서 뒤를 돌아보니 그녀가 고개를 숙이고 집으로 돌아가고 있었다. 부질없는 청혼이나 지나가는 감정 같은 것과는 다른, 그 어떤 고마움이 내 속에 가득 차오르기 시작했다. 따뜻하고 애틋하고 간곡한.

그것은 분명히 새로운 시작이었다. 불길하기 짝이 없는 총통제 선포와 함께 찾아온 나의 새 삶이었다.

213_ 야설본사

친구 집에서 잠들었다 깨어난 나는 이른 아침 이종찬 선배에게 전화를 걸었다.

"괜찮겠습니까?"

"아직은 괜찮아! 그래도 피신하는 게 좋아! 어디 산에 가서 캠핑을 하거나, 상황이 좀더 나빠질 때는 병원에 장기입원하는 것도 좋은 방법이야! 이번에 잡혀가면 좀 맞아야 할 게야! 안 들어가는 게 제일 좋으니 집에 가지 말고 어디든지 떠나라고!"

나는 연극 하는 아우들, 곧 김석만, 유우근 등을 불러내 함께 택시를 대절해 타고 내설악으로 들어가기 위해 우선 용대리로 향했다. 중간중간에 군 초소들도 무사히 통과했다.

창밖은 붉은 단풍으로 물들기 시작했다. 그 붉음과 더불어 어젯밤 한 작은 길가에 있는 벽에 분필로 휘갈겨 쓴 낙서 한 구절이 아직도 생생하게 눈앞을 떠나지 않았다. 그리 신통한 내용도 아닌 그 낙서가 아직까지 잊히지 않는, 한 사회의 길고 긴 비명소리라는 것을 깨닫고 있었다.

'민주주의 만세!'

그뿐이다. 민주주의 만세!

그 흔해빠진 민주주의! 그 시들어빠진 민주주의! 하나마나한 소리로 변해버린 닳고 닳은 말 민주주의! 바로 그 민주주의 만세라?

택시 속에서, 내 뇌리 속에서 한 편의 시가 계속계속 외쳐지고 있었다.

    신새벽 뒷골목에
    네 이름을 쓴다 민주주의여
    내 머리는 너를 잊은 지 오래
    내 발길은 너를 잊은 지 너무도 너무도 오래
    오직 한 가닥 있어
    타는 가슴 속 목마름의 기억이
    네 이름을 남몰래 쓴다 민주주의여

    아직 동트지 않은 뒷골목의 어딘가
    발자국소리 호르락소리 문 두드리는 소리
    외마디 길고 긴 누군가의 비명소리
    신음소리 통곡소리 탄식소리 그 속에 내 가슴팍 속에
    깊이깊이 새겨지는 네 이름 위에
    네 이름의 외로운 눈부심 위에
    살아오는 삶의 아픔
    살아오는 저 푸르른 자유의 추억
    되살아오는 끌려가던 벗들의 피 묻은 얼굴

    떨리는 손 떨리는 가슴

떨리는 치떨리는 노여움으로 나무판자에
　　　백묵으로 서툰 솜씨로
　　　쓴다

　　　숨죽여 흐느끼며
　　　네 이름을 남몰래 쓴다
　　　타는 목마름으로
　　　타는 목마름으로
　　　민주주의여 만세.

　참으로 그날 타는 목마름으로 내설악 백담사 안쪽 계곡의 이종복 선생네 산막 귀퉁이방으로 기어들어간 나는 흉한 말로 하면 조금 '뻥갔던' 모양이다. 횡설수설하며 방 밖에 내 친구 호랑이가 와 있다고 주장하는가 하면 골짜기 저쪽에서 날 부르는 소리가 들린다고 떠들기도 했다.

　그리고 그날 밤 삼십 리나 되는 길고 긴 캄캄 골짝을 아우들 맨 앞에서 거의 뛰듯이 걸어서, 바람에 흔들리는 검은 나무들 사이로 달빛이 떨며 부서지는 한 오두막에 도착했다.

　호랑이가 저 건너에 와 있다고 또 떠들기 시작했다. 밤에만 나타나는 야설악夜雪嶽이 보이기 시작한다고도 떠들었다. 좋게 말하면 신기神氣가 지핀 것이다.

　희미한 달빛 속으로 성큼성큼 다가온 유우근 아우가 히히 웃더니, 나

를 가리키며 김석만 아우더러,

"야설본사! 히힛! 야설본사!"

이랬다.

"무슨 뜻이야?"

하고 물었더니 석만 아우가 대신 대답했다.

"밤설악산을 본 사나이라는 뜻이죠, 뭐!"

"야설본사!"

이튿날 점심 후에도 삼십 리 골짜기를 들어갔다. 가다가 오른편에 있는 숲속의 작은 공터에서 공중으로 날기 위해 이제 막 몇 걸음쯤을 껑충껑충 뜀뛰고 있는 커다란 독수리 한 마리를 보았다. 나는 그때 뭔가 깨달았다.

'짐승도 멀리 날기 위해서는 금방 날지 않고 한참 동안 땅 위를 뛰어간다!'

한참 동안 뛴다!

그것은 참으로 생생한 지혜의 발견이었다. 한참을 뛰어가다 마침내 어떤 지점에 이르러 날아오른다! 나는 지금 뛰지도 않고 날려 들지 않는가!

온갖 잡것이 다 섞

설악산에서 연출가 김석만을 비롯한 후배들과 함께.(1972)

여 있고 갖은 신산고초가 다 들어 있는 뜀질일 게다. 견뎌야 한다! 견뎌야 할 뿐 아니라 그런 중에도 공부를 해야 한다! 책만이 공부가 아니다. 바로 저 독수리와 공터의 저 여백에서 실감과 함께 배우는 게 참공부가 아니겠는가!

나는 서서히 제정신을 찾기 시작했다. 산막에 머리가 긴 백인 청년이 하나 와 있었다. 그 친구가 불어대는 퉁소 소리가 영 마음에 들지 않았다. 어둑어둑한 저녁 내내 불어대다가 잠깐 멈추니 문득 앞개울의 여울물 소리가 마치 폭음처럼 크게 증폭되어 귀를 찢었다.

방안에는 촛불이 하나 타고 있었다. 어디로 새어 들어오는지 문풍지를 울리는 긴 바람 아래 촛불이 흔들리고 있었다. 백담사 계곡이다!

아아, 만해 스님!

밤하늘 가득 찬 비구름 바람
산맥 모두 잠든 저기서 소리지르네

촛똥을 모아 가난하게 일군 불
아슴히 여위어가는 곁에 있어 밤새워 소리지르네

옛 만해의 아픔
가슴속 타는 촛불의 아픔

바위에 때려 부서져

갈 곳을 가려 스스로 끝없이 바위에 때려 부서져
저렇게 소리지르네 애태우네
여울이 밤엔 촛불이 나를 못살게 하네

백담사 한 귀퉁이 흙벽 위에 피칠 한
옛 옛 만해의 아픔

내일은 떠나
떠나 끝없이 여울 따라 가리라

죽음으로밖에는
기어이 스스로 죽음으로밖에는
살 길이 없어 가리라
매골모루로 가리라

아아 타다 타다가
사그러져 없어지는 새빨간 새빨간
저 촛불의 아픔.

 '매골모루'는 이조 때 대역죄인을 육시하여 토막토막 나누어 각각 함경·평안·전라·경상 등 각 도의 남북단 '매골모루'라는 곳에 매장한 역사에서 온 말이다.

그래, 내일은 나도 떠나 저 매골모루로 가리라! 촛불도 타고 내 마음도 타고 끊임없는 저 여울소리의 가르침도 타고 또 타서 바알갛게 사라져갔다.

이튿날 아침 나는 얇은 운동화에 지팡이 하나 짚고 마등령을 오르기 시작했다. 내 뒤를 아우들이 말없이 따랐다. 외줄기 산길을 허덕이며 허덕이며 오르고 또 올랐다. 오직 내 귓전에, 내 머릿속에, 아니 내 가슴속에는 스스로 바위를 때리며 부서지는 여울물의 소리, 스스로 제 몸을 태워 빛을 발하는 촛불 타는 소리, 소리뿐!

오세암을 지날 때는 더욱 비장해졌다. 나는 매월당梅月堂의 뒷길을 가는 것인가? 아니면 허균許筠의 앞길을 가는 것인가?

숨이 턱에 가 닿고, 시커먼 고사목들이 등성이에 주욱 늘어서 있는 마등령 꼭대기에 우뚝 서서 동해를 바라본다. 내일 아침에는 정동진에서 일출을 보리라. 그리고 돌아가리라. 청강과 나의 벗들이 있는 원주, 내 싸움터로 돌아가리라!

백담사에서 속초까지를 다섯 시간 반에 주파했다. 내 뒤를 따르던 젊은 아우들이 내 앞에서 쭈뼛쭈뼛하며 입을 다물었다. 심상치 않았던 것이다.

그날 밤 여관방에서 기침과 가래가 쏟아져 나오기 시작했다. 그러나 아무런 감각도 없었고 오직 보이는 것은 촛불, 들리는 것은 여울물 소리뿐이었다.

이튿날 아침 정동진에서 일출을 보며 나는 아우들의 건강과 민족문화운동의 앞날을 위해 기원을 드렸다.

글을 쓰는 지금, 몇 해 전에 중동의 낯선 곳 밤거리에서 자살해 이 세상에서 순식간에 사라져버린 유우근 아우의 모습이 떠오른다.

'야설본사!'

이것이 그가 내게 준 마지막 부적이었다. '야설본사', 무슨 백제 사람 이름 같기도 하고 백제에서 야마토大和로 건너간 도왜인渡倭人의 이름 같기도 하다.

예수 역을 잘했던 유우근! 예수가 되어 돌아오너라, 유우근!

214_ 회귀

몇 발짝에 한 번씩 기침이 터졌다. 쿨룩거리며 쿨룩거리며 가래를 뱉고 또 가래를 뱉고 숨을 크게 내쉬며 쉬며, 원주집으로 돌아갔다. 거기서 두 가지 사건이 나를 기다리고 있었다.

하나는 박경리 선생과 그 따님이 집에 와 계셨던 것이다. 나를 그냥 떠나 보낸 게 마음에 걸려 일부러 어려운 걸음을 떼신 것이다. 나는 또 한 번 이 인연을 깊이 생각했다. 그리고 지금의 내 아내를 지긋이 바라보았다.

'이 사람이다!'

여전했다. 내 내면의 소리는 똑같았다. 그러나 내 머리는 도리질 쳤다. 나는 매골모루로 가야 한다. 그이를 불행하게 만들어서는 안 된다. 눈물이 났다.

그러다 마당에 나와 서 있을 때였다. 또 하나, 윤배 형 쪽 사람이 이종찬 선배의 긴급한 기별을 가지고 왔다.

"빨리 피신해라! 너를 잡으러 간다. 이번엔 김상현金相賢과 김옥두金玉斗 그리고 너, 셋을 보안사에서 반쯤 죽이기로 했다. 김대중은 일본에 머물러 있다. 망명할 것이다. 그러면 너는 더욱더 불리하다. 병원에 장기입원해라! 아마도 저번에 있던 마산병원이 좋겠다. 공기관이니 신빙성이 높다. 부디 살아남아라! 또 만나자!"

나는 박선생님과 따님의 따뜻한 정만을 안고 그 길로 마산을 향해 떠났다. 여전히 쿨룩거리며 숨을 몰아쉬며 버스를 타고 또 기차를 갈아타고.

마산 가포에 도착하여 하마리아 씨를 찾았다. 그리고 거기 공소에 머물렀다. 마리아 씨는 내 사정을 듣고 대구 파티마병원에 연락했다. 그곳은 가톨릭 병원이고

결혼 전 지금의 아내 김영주와 원주에서.

거기 의사들을 여럿 알고 있다고 했다. 그러나 대답은 거절이었다. 가포병원 원장도 대답은 거절이었다.

곁에 가만히 앉아 담배만 뻑뻑 피우던 닥터 구가 한마디,

"방지거(프란체스코)! 사진이나 한번 찍자고! 누가 알아? 기흉일는지도. 지금 기침하는 걸로 봐서는 가능성이 있어."

엑스레이를 찍었다. 그리고 결과를 기다렸다. 순간이 꼭 영겁 같았다. 기다리고 또 기다렸다. 창밖을 내다보고 있던 하마리아 씨가 소리를 질렀다.

"아아, 예수님, 예수님!"

나도 내다보았다. 저편 방사선과 건물에서 엑스레이 사진 한 장을 허공에 치켜들고 닥터 구가 "살았다! 살았다!" 소리소리 지르며 이쪽으로 뛰어오고 있었다.

기흉이었던 것이다. 사진은 좌우 폐가 모두 새하얗게 보였다. 마등령 천삼백 미터 고지를 거의 맨발로 넘으면서 터져버린 것이다. 기흉과 대각혈

환자는 어느 곳 어느 병원에서든 즉각 입원시켜 가료해줘야 하는 것이 법으로 규정되어 있었다.

나는 즉각 병실에 입원했고 닥터 구가 아닌 병원장이 직접 집도하여 오른쪽 가슴에 구멍을 뚫었다. 그리고 거기에 호스를 박고 그 호스로 폐포를 압박하고 있는 공기를 뽑아 침대 밑 링거병으로 들어가도록 수술을 마쳤다. 그리고 나서 병원장은 중앙정보부 마산분실에 전화로 김 아무개가 왔음을 알렸다.

분실장 김씨, 그는 '비어 사건'에 책임을 지고 그곳 마산분실로 좌천된 사람이었다. 김씨가 조정관들을 거느리고 득달같이 달려왔다. 침대 주위는 핏빛과 피냄새로 가득했다.

김씨는 숨가빠하는 나를 내려다보며 얼굴을 찌푸렸다. 병원장에게 대강 내용을 듣고는 자리를 떴다. 문을 닫으면서,

"김시인! 빨리 일어나요! 너무 겁먹지 말어! 그게 다 그거지!"

그러고는 병원장에게 가로되,

"이층쯤에 전망 좋은 곳으로 옮기셔! 이 사람 잘 치료해야 해요. 국가적 인물이니까!"

나는 즉각 이층 병실로 옮겨졌다.

아직 훤했다. 〈가고파〉의 고향, 내 고등학교 동기생 이수장 형의 아버지이기도 한 이은상 선생의 고향, 가포의 앞바다 그 위에 안개가 내리기 시작했다.

연전에 쓰루미 선생에게 내가 해준 바다 이야기가 떠올랐다.

"저 창밖의 바다는 아름답다. 특히 안개 낀 바다는 더욱 아름답다. 그러나 바다 속에 사는 생물들의 삶은 그렇게 아름답지만은 않다. 마찬가지로 안개가 걷힌 바다 위의 쓰레기들, 부표들도 그렇게 아름답지만은 않다. 아마도 어느 날인가는 현재의 한국과 일본의 바다, 그 바다의 안개가 걷히는 날이 올 것이다. 그때는 그 추한 모습까지도 각오하고 바다에 접근해야 한다. 바다는 우리 존재의 고향이니까!"

이어 7·4공동선언 직후 나를 인터뷰한 일본 《주간 아사히》의 지문이 떠올랐다.

"이 말에 김지하의 얼굴은 이상하게 일그러졌다. 네가 뭘 아느냐는 힐난이 담긴 표정이었다. 무슨 뜻일까?"

"김지하는 입을 굳게 다물어버렸다."

10월유신의 예상을 암시한 것이다.

병실 문이 사르르 열리고 친했던 가톨릭 교우 카타리나 간호원이 웃는 얼굴을 들이밀었다.

"안녕!"

215_사랑

사랑은 그때 안개 자욱한 새벽 가포 바다로부터 왔는가? 사랑은 그때 잃어버린 민주주의에 대한 쓰라린 회한으로부터 왔는가? 사랑은 그때 빛을 잃고 머언 바다로 얼굴을 숨기던 나의 삶, 우리의 그 불행한 세계로부터, 소리없는 눈물처럼, 새벽 무렵 희미해지는 고깃불들처럼, 탄식처럼 왔는가?

아아, 우리는 민주주의를 잊고 살았듯이, 사랑도 그렇게 잊고 살았다. 민주주의의 내면적 원리가 사랑이란 걸 처음으로 깨달았으니. 님의 침묵을 통해 비로소 님을 알게 되듯이, 사랑을 회복함으로써만 잃어버린 민주주의를 되찾을 수 있다는 이 기이한 반비례를 그때 비로소 깨닫게 되었으니.

낮과 밤이 엇섞이는 새벽이나 해거름에 가포의 호수 같은 바다 주변을 헤매며 사랑이 민주주의로부터, 민주주의가 사랑으로부터 별 스며들 듯, 별 돋아나듯 내 마음 안에 얽혀 움직이는 그 애틋한 천문학을 조금씩 공부하였다.

사랑의 기술을 에리히 프롬으로부터,

사랑의 분별을 힐데브란트로부터,

사랑의 신성을 횔덜린으로부터,

그러나 사랑 자체를 예수로부터, 석가로부터, 공자로부터,

사랑의 반비례를 만해 스님으로부터,

그리고 사랑의 거침없음을 원효 스님으로부터,

사랑의 개벽적인 힘을 수운 선생으로부터 조금씩 배웠으니 그때 그 무렵 나의 가포병원은 어두운 시절에 시작된 한 사랑의 공부방이었다.

바닷가에 매어놓은 배의 뱃전에서 동료 환자들과 어울려 사랑을 말했다. 나는 민주주의보다는 도리어 사랑의 깊음과 넓음과 높음을 씹고 곱씹으며 그 시절을 어찌어찌 살아냈다.

병원을 둘러싼 탱자 울타리, 마치 '위리안치'처럼 나를 세상에서 격리시켜 가두는 탱자 가시가 처음엔 여린 움모냥 조용조용히 싹트듯이 그렇게, 훗날 내 삶의 울타리요, 지남침이 될 사랑, 그 삶의 비밀이 그때 비로소 내 안에 그 보드라운 첫 움이 싹텄던 것이니, 알 수 없다. 몇 살 때던가? 서른한 살이던가? 서른두 살이던가?

아아, 늦었구나!

짙은 안개 속에서 문득 눈뜨듯이 그렇게 사랑의 씨눈이 해맑고 막연한 어떤 예감처럼 솟아올랐으니, 누군가 그때 나를 찾아오고 있었다. 누굴까? 발자국 소리 같은 싹트는 소리, 싹트는 소리 같은 발자국 소리.

어느 봄밤의 꿈결처럼,

어둠 속의 흰 비단띠처럼,

잃어버린 옛 유년의 한 소롯한 기억처럼,

때아닌 웬 햇살에 반짝이는

흰 이슬의 투명한 빛처럼

왔다.

와서는 기인 얘기도 아닌 짧은 몇 마디,

건강이 걱정되었다는 것.

와보지 않고는 마음 놓이지 않았다는 것.

와보니 주변 풍치가 너무 좋아 도리어 마음이 놓인다는 것.

그러고는 돌아갔다.

돌아간 뒤 나는 많은, 수많은, 수도 없이 많고 또 많은 생각의 여름 구름 봉오리 봉오리 위에 실려 올랐다.

그때는 그래도 아직은 몰랐다. 그 깊음과 오래도록 간직한 그 따뜻함을. 세월이 흐르고 고통의 언덕들을 넘고 넘어 참으로 삶에서 중요한 것이 무엇인가를 문득 발견하거나 문득 깨닫게 되는 그런 나이에 이를 때까지. 다만 몽롱한 예감과 희미한 자취만이 감지되었을 뿐 아직은 확실히 알지 못했고, 모른다는 것 자체도 아직 분명히 알지 못했다.

그랬다.

갓난아이 울음소리의 환청으로부터 소나무 옹이와 돌멩이 아래 부서지고 찢어지고 짓이겨진 두 갓난아이의 시뻘건 핏덩어리, 핏덩어리, 그 위에 무수한 오류와 끝없는 하자 속에서도 무언가 운명 같은 것이 거기 웬 발자국 소리같이, 강가 조약돌 위에 발을 벗고 끝없이 기다리며 부르는, 낮게 흐느끼는 휘파람 소리같이 거기 그렇게 서 있다는 것만 오로지 알고 있었을 뿐이다. 그것뿐이다. 그리고 그 앎만이 오늘날 내 눈동자의 흰 부분을 구성하였다. 면도날이 루이스 부뉴엘의 흑백 달처럼 갈라놓을 수는 없었다. 그렇다. 조그마한 저 사랑의 예감조차 그랬다.

유신이 일단 전면적 침묵을 몰고오는 데에 성공하고 정보부에서 풀려나 마산에서 서울로 올라왔을 때, 인사동의 한 이층 찻집 어둑한 귀퉁이에서 서투른 몇 마디로 청혼했을 때, 그러고는 마침내 천천히 허락이 떨어졌을 때 내가 똑 피카소의 〈우는 여인〉모냥 펑펑 눈물을 흘리며 운 것은 채 사랑 이전에 누군가에게 진실로 받아들여졌다는 것, 그리하여 장차 감히 사랑 가까이 내가 서 있을 수 있게 되었다는 것, 그것 때문이었다.

아내. 아내라는 사람의 존재.

절망과 미움이 나를 억누르던 안개 낀 가포 바닷가에서 도리어 사랑이 나에게 가까이 온 것은,

변증법인가?

모순어법인가?

음양법인가?

연기법인가?

반비례인가?

아니면 은총인가?

216_ 병실

희망이 넘칠 땐 매일매일의 삶이 기쁨일 것이다. 그러나 절망이 가득할 때에도 매일매일의 삶 자체가 곧 희망을 대신하는 즐거움일 수 있다.

기흉 수술 직후 병실로 옮겼을 때 공기와 피를 뽑아내며 누워 소리없는 미소와 함께 앓고 있는 나의 침대 곁에 앉아 하마리아, 즉 마리아 하이센베르거 씨는 나를 들여다보며 한마디 했다.

"고통에 의해 구원받는군요."

그러나 정확하게 말한다면 구원이 아니라 안도감이었다. 그때 보안사에 끌려간 김상현 씨와 김옥두 씨가 겪은 고초는 필설로 다하지 못한다고 한다. 그러니 매일매일이 꿈결같았던 것이다. 환자들로 빼곡하게 들어찬 좁은 병실에서의 나날은 자잘한 즐거움이라기보다는 차라리 큰 평화였다. 파시즘의 극악한 압제 밑에서는 판에 박인 듯한 나날의 생활 자체가 축복일 수도 있는 것이다.

더욱이 그 무렵의 병실생활은 내 생전 처음으로 사랑에 관한 공부와 묵상과 자그만, 자그마한 기쁜 깨달음들로 가득 찬 것이었다.

병실까지 들어오는 생선장수 아주머니에게 고등어를 사서 방 한복판에 있는 난로 위 큰 찌개통에 잘라넣고 고춧가루를 잔뜩 풀어 얼큰한 찌개를 만들어서 나눠먹는 즐거움도 있었고, 한꺼번에 찰떡을 몇 못씩이나 주문하여 서로 내기해 먹는 오붓함도 있었다.

병실에서는 환우끼리 말싸움이나 우김질을 하는 것조차 기꺼운 일과였으니, 아! 생각해보면 모든 것을 포기하고 전부를 근본에서부터 파악하는 사람에게 위협을 가할 수 있는 힘은 아직 이 세상에 존재하지 않는지도 모를 일이었다.

　　그렇게 한 겨울이 지나갔다. 시퍼런 탱자 울타리 위에 웬 샛노란 빛깔의 새가 와 앉아 울기 시작했다. 봄이 오고 있었고, 내 목숨을 건 판가리싸움의 날들도 조금씩 조금씩 다가오고 있었다.

217_창녕 할배

퇴원이 결정되었다. 몸도 나았고 정세도 자기들에게 유리하다고 생각했기 때문이다.

간단한 짐을 꾸려 들고 인사를 마친 뒤 병원문을 향해 가고 있을 때다.

"김선생! 김선생!"

헐떡거리며 뒤좇아온 사람은 한 병실에서 같이 요양하던 창녕 할배였다. 영감님은 도수 높은 안경 너머로 나를 지그시 바라보며 흰 봉투 하나를 내 손에 꽉 쥐어주었다.

"면목없소. 잘 가이소."

한마디를 끝으로 되돌아 병실로 가버렸다. 손과 가슴에 느껴지는 예감이 있었다. 예감부터가 이미 따뜻한 '인仁'이요, 곡진한 '예禮'였다. 돈은 지금으로 치면 한 오만 원쯤, 얼마 안 되는 금액이었으나 나에게는 수백만 원이었다.

영감님은 유신체제의 어둠 속에 갇힌 내게 미안함을 느끼고 있었던 것이다. 그 동안 병실에서 아무 말도 안 했기 때문에 잘은 몰랐으나 때때로 도수 높은 안경 너머 나를 지그시 바라보거나 옛 한학 책을 꼼꼼히 들여다보거나 하는 것으로 미루어 유생임이 분명했다. 영감님 나름으로, 경상도 양반 나름으로 미안함이 있었구나 생각하니 감개가 무량했다.

기차를 타고 서울로 오는 그날 내내 말로는 다하지 못할 이상한 따뜻함이 내 가슴에 가득했으니, 아! 그것이 바로 '민중'이라는 단어의 속뜻일까? 그 뒤 어려움에 부딪힐 때마다 영감님의 도수 높은 안경이 떠올랐고 그때마다 나는 예의 그 따뜻함을 기억해내곤 하였다. 영감님의 그 '예절'이야말로 진정한 '어짊'이 아니고 무엇이겠는가?

218_ 약혼

마산에서 돌아온 내게 그 해 맵디매운 매화꽃 이월은 바로 약혼이었다. 명동성당 근처에서다.

약혼식을 위해 조선옷으로 갈아입고 이발소에 가서 이발을 했다.

거울에 비친 나의 나이 서른세 살. 그 위에 미당의 시구 몇 줄이 어른거렸다.

횐 무명옷 갈아입고 난 마음
싸늘한 돌담에 기대어 서면
사뭇 숫스러워지는 생각, 고구려에 사는 듯
아스럼 눈감았던 내 넋의 시골
별 생겨나듯 돌아오는 사투리
……

샤알 · 보오드레—르처럼
설ㅅ고 괴로운 서울 女子를
아조 아조 인제는 잊어버려,

아, 나는 잘못 살았구나

별 생겨나듯

돌아오는 사투리.

저녁 하늘에 별 생겨나듯 돌아오는 사투리…….

한 '끝'.

한 '마지막'.

이제 사투리처럼 살아야 하는 것이다.

사투리처럼 산다는 것. 각오해야만 되었고 결단해야만 되었다.

서울 여자 같은 부산한 흐름에 휩쓸리면서도 끊임없이 고즈넉한 사투리처럼 살고자 단안을 내리는 것. 움직임과 고요, 견인堅忍이었다.

물었다.

"각오할 수 있겠소? 고생이 심할 텐데……."

대답했다.

"그만한 각오가 없을까 봐서요?"

물었다.

"때론 아주 오랜 이별이 있을 수도……."

대답했다.

"어차피 편안하리라는 생각은 하지도 않아요."

유신헌법 공포 직후다.

장모님이 며칠만 숨어 있게 해달라는 나의 간청을 거절했을 때 아내는 자기의 그 좋다는 운수를 반 쪼개 나에게 주겠다고 속으로 맹세했다 한다.

약혼식 하던 날.(1973)

어느 날 원주 가톨릭센터에서다. 함께 밥을 먹고 겨울 길가에 나서서 매운 서북쪽 바람에 휩싸였을 때 아내는 나에게서 공사가 중단된 한 커다란 건물의 골조骨組를 보았다고 한다.

왜 중단된 것일까?

왜 중단된 것일까?

모로 누운 돌부처?

거기에 자기의 운 반쪽을 떼어서 붙여준다?

바람이 들며나는 신축 공사장의 휑뎅그렁한 그 골조와 그 골조 위에 어울리지도 않게 문득 와 앉아서 지저귀는 노오란 새 한 마리, 내가 약혼식장에 들어가던 때의 생각은 그런 것이었다.

아내 편엔 장모님과 그쪽 친척 젊은이 한 사람, 《현대문학》 편집장 김수명 씨가 와 있었고, 내 편엔 어머니와 지주교님, 리영희 선생과 윤배 형님, 박현채 형님과 김이준 선배가 와 있었다.

지주교님이 한 말씀 하셨다. 어떤 각오, 어떤 결단이 있어야 한다는 뜻이었다.

자리가 이상스레 썰렁했다. 나는 내 마음 위에 자꾸만 칼을 내리며 술을 많이많이 목구멍에 털어넣었다. 지금도 그때 찍은 사진을 보면 흰 윗도리며 푸른 조끼 위에 얼굴이 새빨간 한 못난이가 술에 취해 눈을 반쯤 감고 있는 모습이 별로 깍듯해 보이질 않는다.

    하얀 바탕 위에 새파랗고 새빨간 것.
    그것이 무엇일까?
    천지비天地否인가?
    지천태地天泰인가?
    수화기제水火旣濟인가?
    화수미제火水未濟인가?
    모로 누운 돌부처?
    태극?
    궁궁?
    아니면 흰그늘?

219_결혼

　　사르트르의 한 소설이 있다. 올리비에와 이비치라는 남매의 부르주아적인 삶과 실존적 결단을 그린 소설. 그 제목은 잊었다. 다만 누이 이비치가 좋아하는 날씨에 관한 묘사가 기억에 남는다.

　　해는 있으되 안개에 가려 뿌우옇고 서늘한 대낮, 길가에 흰 수선화 화분들이 놓여 있는 도시의 한적한 한 날.

　　그날은 그런 날이었다. 사월의 한 날, 우리는 그날 명동성당의 반지하 납골당 자리에서 김수환 추기경님의 주례로 결혼했다. 긴 혼배미사가 진행되는 동안 그 무렵 내가 좋아하던 영화감독 이만희 형님과 그 조연출들인 나의 벗 김원두와 백결이 줄곧 밝은 조명등을 켜놓고 8밀리미터 카메라로 그 전 과정을 촬영하고 있었다.

　　추기경님 역시 강론에서 비록 부부간의 예절에 관한 것이긴 하나 비상한 결심과 각오를 강조하였다.

　　그러나 그날, 아름다운 그날, 그날을 생각하면 반드시 뒤따라 떠오르는 어린 시절 목포의 한 풍경이 있다.

　　목포대 바위 다른 쪽 혼마치에 있는 큰고모네 과일가게 앞, 희뿌연 날물 뿌린 한적한 거리, 길 건너편 동아부인상회 앞에는 장미며 카네이션이며 백합같이 싱싱한 꽃묶음들이 나란히 놓여 있었고 아버지가 저만큼 천천히 자전거를 타고 멀어져 가는 걸 쳐다보면서 길고 네모난 알루미늄 통에서 소금 · 깨 · 고춧가루와 후추를 뿌린 조그만 김 조각들을 꺼내 먹던 게 생각난다. 뿌우연 한적함, 꽃빛, 김맛, 천천히 멀어져 가는 침침한 아버지 모습. 이 영상은 늘 그리고 지금까지도 내 마음에 정확한 의미를 알 수 없는 묘한 느낌을 불러일으키곤 한다.

명동성당에서 결혼식 올리던 날.(1973. 4. 7)

흑백영화, 미켈란젤로 안토니오니의 〈일식日蝕〉에 나오는 이미지다.

물론 그것이 나의 결혼식을 그대로 상징하는 것은 아닐 것이다. 그러나 그 흑백의 적료寂寥함은 내 생애를 두고 줄곧 어떤 의미심장한, 아름다운 한 인상화印象畫로 인화되곤 했으니, 가령 고인이 된 천관우 선생 왈,

"참 호사스런 결혼식이었소."

그 '호사'란 말이 내 뇌리에서는 그날의 그 뿌우연 적료함으로, 그래서 도리어 하나의 호사스러운 아름다움으로 인화되곤 했다.

누군가는 가라사대,

"너무 귀족적이었지!"

그러나 그런 것은 아니다.

그것은 성당 반지하 납골당의 그 기이한 죽음의 적막 위에 장식된 흰

꽃무늬 레이스와 사제들의 붉은 망토, 장미와 분수, 대리석 돌계단과 스테인드글라스 같은 중세 유럽 스타일에서 비롯된 것이다. 그러나 무엇보다도 더 깊은 그 아름다움의 바탕에는 이비치의 뿌우연 날씨가 뿜어내는 적료함이 있었다.

그 적료함을 안고 그날 오후 우리는 섬이나 해변이 아닌 청평호반으로 신혼여행을 떠났다. 호반엔 안개가 자욱했다. 잉어회에 맥주를 한잔 마시며 뿌우연 안개를 바라보다가 갑자기 흠칫 놀랐다.

'결혼은 일생에 단 한 번뿐'이라는 사실을 새삼 깨달은 것이다.

내 마음은 꼭 그때의 물빛 같았다.

뿌우옇게 흐렸다.

호수는 점점 저물고 있었다.

흰 안개가 거뭇거뭇해지고 있었다.

검은 창유리에 등불이 타기 시작했다.

내게 새로운 삶이 시작되고 있었다.

"좋다."

나는 모든 것을 받아들였다.

220_ 원주의 나날들

매일 새벽 눈을 떴을 때 곁에 아내가 있다는 사실이 내게 기이할 정도로 큰 변화를 가져다주었다. 첫째 안정감이었고, 둘째 겸손해야 한다는 생각이었고, 셋째 깊은 자기긍정이었다.

재해대책위원회, 훗날의 사회개발위원회와 교구 기획실에서 나는 열심히 일했다. 행복했고 더 바랄 것이 없었다. 그러나 마음 한편에는 그와 정반대인 무겁고 괴로운 침통함이 더욱 깊어지고 더욱 넓어지고 있었다.

유신!

그야말로 '지극한 고통이 마음속에 있는데 날은 저물고 길은 멀다(至痛在心 日暮途遠)'였으니 옛 시인 오장환의 시에 왈,

> 무거운 쇠사슬 끄으는 소리
> 내 마음의 뒤를 따르고
> 여기
> 쓸쓸한 자유는 곁에 있으나…….

그래, 쓸쓸한 자유!
그렇다. 쓸쓸한 자유였다.
아내는 이내 첫아기를 가졌고 새 집 귀퉁이방의 낮은 장 위에 놓인, 흰

사기로 된 둥근 막사발 수반에는 늘 이런저런 예쁜 꽃이파리들이 물에 떠서 그 화사함이 내 넋 위에 일렁일렁 그늘지고 있었다.

신혼의 자유 곁에서 나는 두 가지 일을 해야만 했다. 하나는 민중생존을 위한 광범위한 교육과 조직운동이었고, 다른 하나는 차원을 달리하는 정치적 저항의 큰 물결을 조직하는 일이었다. 곧 건국대의 김병태 교수와 이우재 교수로부터 농업경제학과 협동론 등을 강의를 통해 배우고 현장의 일을 보고회를 통해 자세히 듣고 토의과정에 개입하는 일이었는데, 우선 내가 해야 할 일은 농어민과 노동자 영세민의 계몽을 위한 선전 드라마를 쓰고 만드는 것이었다.

드라마 〈진오귀〉의 집필이 끝나고 연습이 시작되었다. '진오귀'는 '오구' 또는 '오구굿'이라고도 부르는 전통 농민굿으로 악귀를 쫓아내는 내용이다. 그 양식을 확대하여 농촌의 민주화와 협동화를 가로막는 안팎의 장애물과 벌이는 투쟁을 극장이 아닌 마당에서 탈춤 형태로 극화하는 것이었다.

문화운동패의 아우들, 임진택·채희완·홍세화 등을 서울에서 불러 내리고 원주의 연극인 장상순 선배 등과 힘을 합쳐 원주 단구동 교육원 마당에서 본격적인 연습에 들어갔다.

극장이 아닌 마당이었다. '투르기(Turgie)'마저 넘어선 '판'이었다. 장 루이 바로가 시도한 권투장 링과 같은 사각형도 아니고, 브레히트식의 반원형이나 키노 드라마도 아닌, 문자 그대로 살아 생동하는 원圓, '마당' '판'에서 이뤄지는 '굿' 또는 '극'이 시작된 것이다.

근대 리얼리즘극인 극장연극은 관객의 시선을 일방적으로 고정시키는 '프로시니엄 아치'로서, 원형인 가톨릭의 미사 구조와 마찬가지로 강단이나 무대 일방으로부터 관객 일반에게 카리스마의 감성적 독재를 쏟아내거나 이념이나 명제를 강제로 세뇌하기에 꼭 알맞은 것이었다. 이 프로시니엄 극장에서 탈출하려는 유럽 연극의 몸부림이 가장 잘 나타난 것이 브레히트나 장 루이 바로의 연극들이다.

원주에서 지학순 주교님과 함께.

우리는 옛 탈춤들과 〈원귀 마당쇠〉나 〈호질〉〈야, 이놈 놀부야!〉 등을 계승하여 아예 마당에서 판을 벌이고 굿과 극을 놀고자 했다. 서구 시간관의 중대한 오류의 하나인 극 전개의 '투르기'마저 넘어서려 했고 또 애써 넘어섰으니, 이제 우리는 서둘러 '마당'이라는 공간의 의미 구성과 '판'이라는 상황에 대해 극적으로 깊이깊이 이해해야만 했다.

그것은 임진택 아우처럼 일단 '아메바'로 볼 수는 있으나, '아메바'라 하더라도 생명체인지라 무엇인가 심각한, 숨은 원리가 있을 것이다. 상황에 대한 철학적 인식이 전제되었을 것이었다.

내가 맨 먼저 착안한 것이 기왕의 탈춤에 형식화되어 있는 오방五方과 오행五行 이외에 음양과 태극 모양의 유동流動이었는데, 훗날 감옥 안에서 문득 '생명'을 깨닫고 보니 공간 역시 배우의 육체와 마찬가지로 생명체이고, 그러므로 무대공간은 배우의 '몸', 그 육체와 마찬가지로 기혈과 단전 등으로 이루어진 심층과 표층의 780여 개 혈처穴處의 대경락계大經絡系였던 것이다.

마당굿의 시간이 이미 선적인 것이 아니고 알파와 오메가의 히브루적 시종始終이나 기승전결의 아리스토텔레스적·헬라적인 회귀 또는 인도적·중국적인 순환이나 근대 유럽의 상승주의적·진보주의적 역사주의의 일방적인 진행, 나아가 저 엔트로피의 질서에서 고엔트로피의 무질서로 진행되는 팽창붕괴가 아니듯이, 공간 역시 살아 있는 경락계로서 혈처와 경락 등이 각각 제 이름과 나름의 기능 및 특징을 가진 미학적 지점들이었다. 곧 미학적 풍수학이 필요했다.

북을 울리고 장구를 치며, 때로는 날라리를 불며 굿거리 장단에 따라 춤을 추는 광대들이 자기가 서 있는 점이나 움직이는 선이나 영향을 미치는 영역 안에서 그 점·선·영역이 본디 가지고 있는 미학적 의미나 기능과 더불어 드라마와 캐릭터가 요구하는 내용을 결합하여 표현하는 것이 바로 우리의 오래되면서도 새로운 연출법이요, 그것이 다시 자기 육체의 경락계를 통과하는 의미화 과정이 새롭고 근원적인 마당굿 또는 극의 연기술이었다.

선도 서적인 《참동계參同契》에는 주역의 괘효사卦爻辭와 경락계를 일치시키는 독특하고 진정한 육체론이 실려 있는데, 이것이 또한 나를 아주 커다란, 결정적인 민족미학·민중미학, 동양의 새로운 대중미학으로 이끌었다. 즉 드라마를 이념과 희곡이 지배하는 것으로부터 탈출시킨 셈이었다.

우선 탈춤이나 굿의 열두 거리 또는 열두 마당이라는 틀 자체가 기승전결이나 헬라적 극예술론과는 촌수가 멀다. 구태여 서양식으로 말하자면

제임스 조이스의 《율리시즈》나 프루스트의 《잃어버린 시간을 찾아서》의 구성에 조금 가깝다. 토막토막 끊어지면서도 그 토막들에 나름대로 전체적인 어떤 근본 촉매가 숨어 움직이는 것. 중심 아닌 중심이라 할까? 유동적 중심이라 할까? '배치'나 '계열화'? 그것은 차라리 들뢰즈와 가타리가 '카오스모스' 또는 '카오스모시스'라고 명명한 '혼돈의 양식'에 가깝다.

이것이 뒷날 임진택·채희완 등에 의해 구체화된 민족극운동, 즉 '마당극' 또는 '마당굿' 운동의 효시였다.

그러나 이 〈진오귀〉 연습은 안팎의 사정에 의해 곧 중지되었고, 그 겨울에 박형규 목사님의 제일교회에서 임진택 아우에 의해 '청산별곡'이라는 제목으로 공연되었다. 그 뒤 내가 구속되고 나서 재일교포 청년학생들이 일본열도 전체를 순회하며 수백 회에 걸쳐 공연한 새로운 연극으로 그 맥이 이어졌다.

221_ 현장 다큐

운동의 현장이 활기를 띠기 시작했다. 우리는 이즈음 모두 다 함께 한 가지 크게 깨달은 바가 있었다. 자본주의 사회구조 안에서 그것을 조직적으로 극복하려는 운동은 특정한 경우 이외에는 대체로 순수한 동기를 가진 어느 정도의 자본이 밑받침되지 않고서는 이루어지기 어렵다는 것, 그리고 이런 자본이 붙었을 때는 철저한 교육이나 정신문화운동과 함께 현장의 조직 활동이 마치 수레의 두 바퀴처럼 서로 보완을 이루어야만 타락하거나 쇠퇴하지 않을 수 있다는 것.

농민·어민·광산노동자와 도시영세민에 대한 각종 협동적 공동체 건설, 직접 민주주의 체득, 각종 자활조직의 진행 등으로 현장이 활기를 띠고 있었고 본부 사무실은 불이 붙었다. 일꾼들이 현장에 나가지 않는 날은 교육과 보고회로 가득 채워졌다.

선전극이 어렵게 되자 우리는 곧 홍보영화 계획으로 나아갔다. 영화계 쪽과 교섭하는 일은 내가 맡았다. 그 무렵 일손을 쉬고 있던 이만희 감독과 그 조연출들인 친구 김원두와 백결이 그들이었다. 그 다큐멘터리 영화가 완성되어 시사회를 연 날, 방안이 뜬금없이 킬킬거리는 웃음으로 가득 차버렸다.

영화는 어느 마을 뒷산에 유난히 독사와 살모사가 들끓자 마을회의에서 독사들을 잡아다 한곳에 모아놓고 먹이를 주어 길러서 나중에 뱀장수들에게 높은 값에 팔아 소득을 올리기로 결정하는 내용이었다.

화면 가득 꿈틀꿈틀대는 독사들의 모습이 징그럽기도 했지만, 우리 중 누군가가 어둠 속에서 큰소리로,

"저놈들을 몽땅 고속도로에 쏟아놓고 뒤에서 우우 모는 거야! 몰고 어디로 가는가 하면 청와대로 가는 거지! 힛힛힛!"

하고 떠들어대니 낄낄거리지 않을 수 없었다. 히트 발언이었다.

참으로 독사 떼를 몰고 청와대로, 청와대로 진격하는 원주사회개발팀 전원의 싱긋이 미소짓는 얼굴, 얼굴들이 마구 겹쳐 보였다. 그 누가 있어 감히 이 독사들에게 저항할 것인가? 경찰? 군대? 어림도 없다. 그야말로 바흐친의 그로테스크 리얼리즘의 극치다.

영화는 그 밖에도 밤에 농민들이 모닥불 주변에 모여 마을회의를 열고 있는 모습, 고깃배 위에서 벌어지는 어민들의 토론 현장, 시커먼 막장에서 광산노동자 협동체의 구호를 연호하는 광부들의 웃는 모습 등을 보여주었다.

나도 가끔은 현장에 따라나섰다. 밤을 새우며 팥이 다섯 알, 콩이 일곱 알, 숟가락이 세 개, 젓가락이 아홉 개를 계산하며 떠들어대는 그들 속에서 운동현장의 직접성이 지닌 아름다움과 감동을 맛보았다.

이튿날 새벽에 밥 한술 얻어먹고 터덜터덜 버스 정류장까지 걸어가는 우리들 발 밑에 뽀오얗게 일어나던 흙먼지, 아, 그 흙먼지에 비치던 붉은 햇살, 그리고 길가의 이슬 맺힌 풀잎 위에 아롱거리던 흰 햇살, 밝아오는 동편 하늘에 넓게 퍼지던 푸른 햇살을 지금 이 글을 쓰는 일산의 오피스텔 고층

방안에서조차 잊지 못해 그리워하고 또 그리워한다.

캄캄한 유신의 암흑 속에서도 그 같은 행복을 누리는 우리들의 특권을 반드시 대중에게 돌려주어야 했다. 그런데 돌려주는 그 과정이 그때 이미 시작되고 있었다. 그 어둠의 절정에서 반유신투쟁의 뼈대가 기획·조직되고 있었던 것이다.

"전 국민, 전 민족, 전 세계가 박정희 유신을 반대하게 하자."

이것이 장선생님과 지주교님과 영주 형의 결단이었고 또 나의 결단이었다.

222_ 현해탄 저쪽

내가 병법을 읽었다고 하면 틀림없이 나무랄 사람이 있을 것이다.
"시인이 무슨 병법이람!"
그렇다. 그것은 옳은 소리다. 그리고 지금의 나에겐 그것이 백 번 옳다. 그러나 목숨을 걸었던 그때의 나에겐 그렇지도 않았으니, 이 역시 '시중 時中'이 아닐까?

우리는 박정희가 제일 괄시하지 못하는 쪽이 어디일까 생각했다. 첫째가 일본, 둘째가 미국, 셋째가 유럽이었다. 그러나 한국에 관한 한 유럽은 미국에 의해 여론이 만들어졌다. 이 역시 그 무렵 얘기다. 중요한 것은 일본과 미국의 여론이었다.

유신이 발표되고 김대중 씨가 일본으로 망명한 직후, 일본과 미국과 유럽에서 남한계의 민단도 북한계의 조총련도 아닌 제삼의 힘이 움직이기 시작했고, 이 힘이 기성세대의 경우 한민통韓民統으로, 청년학생의 경우 한청동韓靑同으로 그 모양새를 갖추기 시작했다. 이제 이 힘들과 접촉하기 시작했으니 만약 국내에서 반유신투쟁을 전개했을 때 박정희가 우리에게 손을 댄다면 이는 곧 무리수를 범하는 것이며, 전 세계적으로 반유신 노선의 포위망을 저희 스스로 가동시키는 치명적 오류가 될 것이었다.

무엇보다도 가톨릭은 세계적으로 긴밀히 조직되고 체계화된 준국가 조직이므로, 이것을 건드리는 것은 바로 유신정권에게 장기적으로는 자살을

수감되기 전 원주집에서 외국 기자와 인터뷰할 때.(1974)

뜻하게 될 것이었다. 국내에서만 보아도 가톨릭이 움직이면 개신교가 움직이고 개신교가 움직이면 자유민주주의 단체나 개인들이 움직이며, 그렇게 될 경우 바라건대 불교도 움직이고, 이어서 지식인과 기업들과 군 일부마저 움직이게 될 것이라는 다각적인 판단이 섰다. 나는 셈을 놓을 때마다 매듭에 이르러서는 이종찬 선배와 그 동료들을 꼭 생각했다.

만약 그림이 잘못 그려진다 하더라도, 하나의 강력한 전선을 만들지 못한다 하더라도 강렬한 전설 하나를 창조하게 되는 것이고, 차후에 그것이 기층민중과 대중적 민중운동에 인화성 높은 촉발제 역할을 할 것이 분명하니, 이 역시 장기적으로 또다시 반독재의 큰 파도를 일으킬 수 있는 한 근거가 되는 것이다.

그 무렵 지주교님은 자주 출국하여 해외의 여러 사람들과 접촉하셨다. 그러던 중 한청동 대표 이십여 명이 어느 여름날 갑자기 입국하여 원주교구청을 방문했다. 나는 그들 앞에서 자본주의도 사회주의도 그 장점은 다 함께 포용하고 동서양의 사상을 통합하는 새 차원의 민중민족철학을 목표로 공부하고 또 실천하라는 당부의 말을 했고, 그들로부터 바로 그것이 자기들의 활동과 생활의 목표라는 답사를 들었다. 이듬해 봄 내가 구속된 뒤 일본 내에서의 구명운동과 반유신운동, 그리고 수백 회에 이르는 〈진오귀〉 공연의 주역들이 바로 그때 원주에서 만난 한청동 그들이었다.

이 제삼의 힘의 중심에 있었던 옛 몽양 선생 제자 한 분과 장선생님 사이의 아주 조심스러운 접촉이 그 무렵부터 시작되었고, 영주 형님은 자주 일본을 왕래하며 '오적' 이후 긴 세월 동안의 김지하 구명위원회의 조직자이자 작품의 번역출판 책임자인 미야다 마리에宮田毬榮 여사, 교토대의 철학교수 쓰루미 슌스케 선생과 도쿄대의 와다 하루키和田春樹 선생, 미술평론가 하리우 이치로針生一郎 선생, 소설가 오다 마코토小田實 선생 및 소설가 오에 겐자부로大江健三郎 그룹을 자주 만나 여러 가지 좋은 교류와 지원과 합의의 결과들을 가져오곤 했다.

그 무렵의 교우관계를 기억한다. 참으로 많은 사람들을 만났는데, 그 중에 미국인 농업학자 버나드 와이드먼과 독일 스파르타쿠스 회원이었다가 나치 수용소에서 죽은 부모를 항상 자부심을 갖고 기억하는 신문잡지 프리랜서인 니콜라 가이거라는 독일 중년여성이 있었다.

니콜라는 원주에 와서 장선생과도 교분을 텄고 함석헌 선생과는 아주 절친해서 반유신투쟁이 한창일 때는 입국이 금지되는 위험인물 리스트에까지 올랐다. 지금도 나의 결혼사진에 니콜라와 함께 나의 오랜 친구인 홍콩 《파이스턴 이코노믹 리뷰》의 노먼 솔피의 얼굴이 보여 감개 무량하다.

그러나 그들 중 버나드 와이드먼이 가장 특이한 인물이었다. 한국 농업의 협업적 형태 연구가 주전공으로 매우 지적이었던 그가 알고 보니 미 중앙정보국 요원이었다. 그 외에도 몇 사람의 미국인 사업가들을 만나 일반적인 정치 얘기를 나눈 적이 있는데, 그 역시 나중에 알아보니 미 중앙정보국 요원이었다. 유신 이후 한국 내에는 미 중앙정보국 요원이 득시글득시글했고, 버나드 와이드먼도 첩보활동 때문에 마침내 추방당했다.

나는 외신과의 인터뷰를 밥 먹듯 해야 했다. 우리의 전통사상과 예술, 당시 우리의 처지와 희망을 알리기 위해서였지만, 한편으로는 외국에서의 유명세가 만약의 경우 내 목숨을 담보한다는 전략적 판단에 따른 것이기도 했다. 《뉴욕 타임스》《워싱턴 포스트》를 비롯해 일본·독일·스웨덴·프랑스의 그 숱한 언론들을 지금에 와서는 그 이름조차 기억할 수 없다.

'대통령의 적(Enemy of the President)'이라는 호칭으로 나를 보도한《타임》의 도쿄 특파원 S. 장과의 우정은 특별한 것이었다. 그의 아름다운 부인과도 한 번 같이 만났고, 재판받는 도중에 문득 뒤돌아보니 장이 방청석에 앉아 빙긋 미소 지으며 나를 격려해주기도 했다. 석방 후에도 나를 찾았고 방일중에도 만났으니 참으로 길고 질긴 우정이었다. 살기 위한 곡예라고만 여기기에는 너무나도 정다운 사람들과의 인연이었으니, 과연 나의 이 인터뷰 홍수가 가진 깊은 뜻은 무엇이었을까? 탤런트? 정치인? 솔제니친? 코즈머폴리턴?

그때 그 무렵엔 분명히 그것이 나의 사활에 관련되고 운동의 성패에 직결된 꼭 필요한 것이었으나, 지금 이 순간에 와서는 단 한마디밖에 말할 것이 없으니……

"헛되고 헛되고 또한 헛되도다."

223_ 포위

그 여름 참모들의 판단에 따라 지주교님은 일본대사와 미국대사를 차례로 만났다. 극비리에 장시간에 걸쳐. 그때 주교님은 명예와 목숨을 걸고 그 회견을 단행하는 듯했다. 그 이상은 역사에 묻어두겠다. 다만 그것이 병법상으로 불가피한 포위의 일환이었다는 것만 말하고 넘어가자.

일본이야 자국민인 다치카와와 하야카와를 구속했기 때문에 그 회견의 정신을 훨씬 넘어 연일 한국을 비판했다 하더라도, 우리가 사형을 비롯한 중형을 선고받았을 때 미국의회가 곧바로 군사지원 중단의 목소리를 높인 것이 바로 우리의 목숨을 구했다는 것, 이 사실만 지적해도 충분하겠다.

포위!

그렇다. 우리는 포위하려 했고 포위망을 짜려고 했으며 그것을 위해, 그것을 성취시켜 한 차원 높이기 위해 주교님과 나 그리고 아우들에게까지도 이른바 '슬라이딩 태클'을 주요 전술로 보편화하려 했던 것이다.

그 여름 어느 날, 나는 마산의 가포병원에 들렀다 나온 뒤 마산항 부두에 서 있었다. 거기에 왜 갔는지 지금도 기억나지 않는다. 아마도 여수 가는 배를 타려고 했던 것 같다. 그때 경찰관이 다가와 동행을 요구했다.

간단히 조사를 받은 뒤 경찰서에서 겨우 잡혀온 까닭을 알았다. 일본에서 김대중 씨가 납치됐다가 풀려나 동교동집으로 돌아온 것이다. 비상경계령이 내려졌고 철도와 항만에서는 수상한 사람을 조사했다. 우스운 일이었지만 나는 반유신운동의 적기가 가까이 다가오고 있음을 감지했다. 왜냐하면 미군 항공기가 납치범들을 위협해서 김씨가 풀려났다는 얘기를 그날 밤이던가, 오동동의 한 술집에서 마산의 한 후배에게 들었기 때문이다.

박정희는 포위될 것이다. 투쟁은 불붙을 것이다. 이 과정에서 새로운 이념과 새로운 세력이 서서히 등장할 것이다. 그 과정에서 나는 죽어도 좋다. 새로운 차원을 열기 위한 노력은 계속될 것이다. 박정희는 몰락할 것이다. 그러나 아주 서서히 몰락할 것이다. 그것은 새로운 민중의 힘과 새로운 지식인들의 리더십을 세워 이 사회의 패권을 바꾸는 서서한 전변의 과정이 될 것이다.

그러나 정말로 새로운 이념과 새로운 세력이 그리 쉽게 등장할 수 있을 것인가?

224_주석균 선생

원주에 돌아온 직후 교구청에서 불러서 올라갔더니 귀한 분이 와 계셨다. 한국 농민운동의 어버이이신 주석균朱碩均 선생이었다. 농림부 차관도 하셨고 동백림 사건 때는 억울한 옥고도 치르셨다. 우리를 가르쳤던 김병태 교수와 이우재 교수를 가르치신 선생님이었다.

선생은 지주교님, 장선생님, 영주 형님, 김병태 교수와 함께 앉아 식사를 하면서 한국 농촌의 미래에 관해 이야기를 나누고 계셨다.

우리의 미래는 농업의 협업화와 자주적 경공업을 배합하고 극히 선택적으로 중공업을 취하는 데 있으며, 박정권의 대외의존적 중공업 정책은 재벌과 유산계층을 산출할 수 있을지는 몰라도 사회모순을 심화하고 민족과 농촌경제에 파탄을 가져올 것이라는 점에 대체로 동의했다. 이 모순을 호도하고 그 파탄을 미봉하려는 술책이 바로 종신 총통제의 다른 표현인 유신이므로, 이를 저지하고 농공업에 대한 새로운 정책을 세울 수 있는 새 민주정권을 창출해야 한다는 것이었다.

이야기가 끝나고 떠날 시간이 가까워졌을 때 선생은 미소 띤 얼굴로 내게 말씀하셨다.

"곧 아이가 태어난다면서요?"

"네. 그렇게 됐습니다."

"나, 김시인에게 부탁이 하나 있어요."

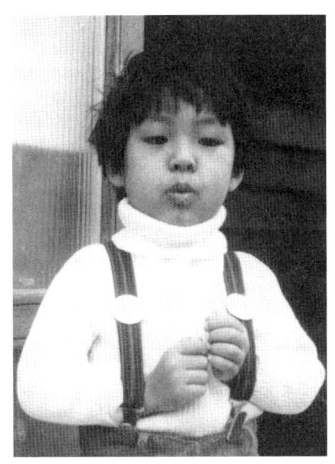

큰아들 원보의 이름은 주석균 선생이 지어 주신 것이다.

"무슨 부탁이신지요?"

"첫아이인데 그애 태어나면 내가 이름을 지어줘도 괜찮을는지요?"

"그러십시오. 저로서는 영광입니다."

"하하하! 고맙소, 고마워!"

그러고는 헤어졌다.

훗날 감옥에 있을 때 면회 온 가족에게 들으니 첫아이가 태어나자 연락을 받고 당신의 가까운 벗이며 한국 제일의 역학 전문가인 한국은행의 한웅빈 선생께 부탁했다고 한다. 한선생은 곧 사주를 듣더니 껄껄 웃으며 자기가 따로 간직한 두 개의 출중한 이름 가운데 하나를 주셨다 한다.

그것이 곧 둥글 원, 넓을 보 '원보圓普'이다. 김동리 선생이 원보의 이름을 듣고 좋다고 하시면서, 이름자는 둘로 접어서 양쪽이 똑같아야 좋은 이름이라고 했다 한다.

김원보.

내 첫애의 이름을 입 속으로 발음할 때마다 돌아가신 주선생님의 생애와 인품을 생각하게 된다. 그리고 그 누구보다도 먼저 농업의 협업화를 통해 생태계 오염을 방지할 수 있는 대안을 미리 예감하신 혜안에 마음의 깃을 여미게 된다.

그리고 한선생님께도 깊은 고마움을!

주선생님은 내 아들의 이름을 통해 한 후배에게 기억되고 싶으셨던 것일까? 아니었을 것이다. 아끼는 마음, 곧 선비의 본분인 '어짊〔仁〕'을 체현한 것 아니었겠는가!

225_ 황성모 선생

그 여름에 주교님과 나는 잠깐 내설악에 들어간 일이 있다. 주교님은 하루 주무시고 나서 속초 쪽으로 넘어가고 나만 그대로 주저앉았는데, 거기서 우연히 황성모黃性模 선생을 만났다.

황선생은 본디 서울대 문리대에서 사회학을 가르치셨고 이른바 민비, 즉 민족주의 비교연구회 지도교수이셨다. 그 민비가 정부의 탄압을 받으면서 선생까지 구속되어 재판을 받았고, 그 길로 대학을 그만두고 중앙일보로 가셨다.

어두운 숲 저편 여울물 소리가 폭음처럼 시끄러운 백담사 안쪽 이종복 선생의 별장 마루에서다. 캄캄한 밤이었다.

"어떻게 할 작정인가?"

"몇 사람은 부딪쳐 깨어져야 합니다."

"너무 과격하지 않은가?"

"과격이란 상대가 그렇지 않을 때지요. 지금 상대는 강도올시다."

"그것 때문에도 유연해야 하지 않을까?"

"유연성은 우리가 여유 있을 때지요. 지금 모두 다 숨죽이고 있지 않습니까. 그것을 깨뜨려야 합니다."

"누가 앞장서려고 하겠는가?"

"나라도 앞장서야죠."

"……."

"인간이 몇백 년 사는 건 아니잖습니까?"

"그래도 너무 강하면 부러지지."

"그 말 명심하겠습니다. 그러나 일단 침묵이 깨진 뒤에 그것을 생각하겠습니다."

"다른 방법이 없을까? 현 정권은 앞뒤 가리지 않는 파시즘일세."

"기세氣勢의 문제 같습니다."

"그럴까?"

"저는 허무주의자가 아닙니다."

"알아! 알고 있어!"

두 가지 기억이 뒤를 잇는다.

그 황선생님이 어느 날 저녁 무렵 내가 사모님께 호박잎을 밥 위에 쪄서 생된장을 얹고 밥을 싸먹으면 맛있고 몸에 좋다는 말을 하자 대뜸 말씀하셨다.

"허허허, 기본 출신이군, 기본이야."

그리고 헤어질 때 방안에 누운 채 숙취 때문에 고통받는 나를 들여다보시며 말씀하셨다.

"자넨 죽지 않아! 절대로! 필사즉생必死則生이야. 믿으라고!"

선생은 이미 고인이 되셨다.

고맙습니다. 선생님 명계에서나마 편히 지내십시오!

226_ 동생들

그 여름이 끝나고 가을 초입의 어느 날, 젊은 문인들이 모여 반유신선 언문을 발표하자고 논의에 논의를 거듭하다가 그만 무산된 적이 있다.

답답했다. 나는 그 길로 혜화동 로터리에 있는 단골 술집으로 가서 당시 재학중이던 여러 아우들을 만났다. 서중석, 유인태柳寅泰, 안양로安亮老 등이었다. 반유신투쟁의 당위성을 강조하고 문리대 쪽에서 먼저 불을 붙이라고 권유하자 찬성하는 사람이 한 사람도 없었다.

서중석 아우는 그 느릿한 말투로 왈,

"너무 급하십니다. 좀더 돼가는 꼴을 봐야지유."

더 느릿한 안양로 아우는 한술 더 떠 가라사대,

"뭣이 그렇게 급하시데유. 할 때가 되면 오직 잘할라구유!"

재빠른 유인태 아우가 이야기를 마무리했다.

"검토하겠습니다. 잘되겠지요. 안심하십시오. 다 죽은 건 아닙니다."

"그럼 됐다. 난 간다."

나는 그때 마음속으로 다짐했다. 내가 앞에 나서지는 않겠다. 비효과적이다. 누군가를 중간에 세워야겠다. 누가 좋을까? 조영래가 이런 때 있으면 참으로 좋을 텐데…….

그 길로 나는 문화운동 하는 아우들, 김민기 · 김석만 · 이상우 · 김영동 · 임진택 · 이종구 · 이애주 등이 모여 기다리고 있는 동숭동 문리대 건너

편의 '타박네'라는 카페로 갔다. 언제나 그런 건 아니지만, 예술 하는 패거리들이 비교적 훨씬 화통한 데가 있어 좋았다.

주로 화제가 된 것은 〈진오귀〉의 양식 문제였다. '마당' '판'에 대한 해석의 문제였는데 그것을 단순한 공간이 아니라 민감한 '상황적 공간'의 의미로 해석해야 옳다는 쪽으로 의견이 모아졌다. 제일교회에서 〈진오귀〉 공연이 가능하다는 얘기와 농어촌 계몽이 아닌 일반적인 사회정치 상황극으로, 좀더 짧은 음악극 같은 것이 시도되어야 한다는 얘기도 나왔다. 그 양식의 명칭도 '음악극'보다는 차라리 '소리굿'이라고 부르는 쪽이 더 좋겠다고들 했다. 민청학련 사건 직전의 소리굿 〈아구〉와 직후의 춤굿 〈땅끝〉이 태어날 무렵이었으니, 그 최초의 씨알을 의논한 셈이었다.

늘 그렇듯이 함께 마시고 함께 노래하고 함께 춤추고 함께 떠들었다. 그러고는 헤어지기가 아쉬워 함께 싸구려 여관에 들어 함께 뒹굴었다. 이른바 문학판에서 '삼박 사일'이라 부르는 행사다. 그렇게 몰려다니며 이것저것 가리지 않고 떠들어대다 보면 희한한 얘기들, 깜짝 놀랄 아이디어들이 속출하고 서로서로 닮아가는 자연스러운 수렴 현상이 일어났으

문단의 벗들과 함께. 왼쪽부터 이시영, 김윤수, 김종철, 필자, 김정환, 이호웅이다.

니, 참으로 나와 그들의 관계는 친형과 친아우 이상이었다.

그들 모두 이제는 한국문화의 중견이요, 중견 이상이다. 한 일도 많고 고생도 심했으나 한국의 민족문화운동·민중문화운동의 첫 세대로서 길이 그 영광을 누릴 것이다. 허나 지나친 욕심인지는 모르겠으나, 앞으로 할일이 더 많을 것 같다. 청년학생이 아닌, 바로 그 중견층에서 성숙하고 신중한 새 문화운동, 이른바 생명문화운동이 사이버 세계와의 적극적 역학관계 속에서 싹트고 잎새와 꽃과 열매까지 맺어야만 나와 그들이 시대적 책임을 다하는 것이 될 것이다.

아아, 그러나 여보게들! 불편해하지 말게나! 내 나이 이제 예순둘, 알다시피 환갑을 지나 이리 다시금 새 일을 제안하는 것은 내가 잘나서도 내가 엉뚱해서도 아니라네.

가만히 기억해보시게들! 낙원동이며 문화촌 입구며 신촌 근처의 싸구려 여관과 설악산 등지의 산막에서 이미 우리 머리와 우리 입으로 뱉어낸 이야기들이요, 그 씨알이나마 합의를 본 것들일세. 내가 조금 기억력이 좋은 것뿐이라네! 언어와 표현에 속지 마시게! 우리는 결국 그 길을, 그 새로운 일을 갈 수밖에 없고 또 할 수밖에 없다네!

쉽게 말해 운명이고, 어렵게 말해 천명이지! 그러나 반드시 새로운 젊은이들과 함께 가야 한다는 것만은 부디 잊지 마시게! 그것이 또한 우리의 숙명이네!

아아암!

227_천관우 선생

불광동 천관우 선생 댁에서다.

알다시피 천선생님은 당시 동아일보 이사였다. 철저한 자유민주주의자로서 자칭 우익이었다.

"나 우익이오."

가끔 그러셨다. 그러고는 술 한잔 드시면 나더러 말씀하셨다.

"김형, 아무리 봐도 좌익 같아. 그러나 다시 보면 또 도무지 좌익 할 사람이 아니야! 김형은 아마 좌우익을 합쳐놓으려 하는가 보지?"

나는 그저 빙긋 웃고 만다. 좌익이라서도 좌우익 합친 것이어서도 아니다. 다만 그러는 천선생님이 그냥 좋고, 막연하지만 그것이 내가 구하고 찾는 목표이자 이정표였기 때문이다. 그러나 잡탕 비빔밥만은 결코 되고 싶지 않았으니, 천선생님의 임나설任那說, 고조선사에 관한 몇몇 관견管見처럼 선생님 스스로 호칭하는 '우익'이 단순히 미국식 자유민주주의만을 뜻하는 게 아니며, 또한 이제부터 우리가 싹틔워야 할 새 역사와 새 이념의 전망에 걸맞은 다른 사상 또는 이념의 명칭을 발견하기가 쉽지 않다고 생각해서였다.

천선생님 스스로 가끔은 도중에 이렇게 말씀하셨다.

"이런 견해는 사회주의 쪽 사람들만이 주장할 수 있는 탁견이오. 완벽한 과학과 역사를 원한다면 사회주의 역사학과 사회학도 해둬야겠지요."

이것은 알려진 사실일까? 아니면 나만 아는 사실일까?

왼쪽이 김동길 교수, 오른쪽이 천관우 선생이다.(1972)

내가 천선생님과 함께 동지로서 행동하게 된 것은 '오적' 때 감옥에서 나온 직후 뜨거운 한여름 대낮에 동아일보사 뒤에 있는 한 대폿집에서 너털웃음을 안주로 소주로만 소주로만 배불려 대취한 이후부터다.

그 뒤 천선생님을 모시고 1971년 대통령선거 때에 부정선거 방지를 위한 전국청년학생 선거참관인단을 조직하여 투·개표 과정을 감시하기도 했다. 투표일 직전에 선생님과 이병린 변호사를 모시고 전주와 광주로 강연을 하러 갔다. 그때 두 가지 일이 생생히 기억에 남는다.

하나는 전주의 한 비빔밥집에서 천선생님이 한꺼번에 세 그릇을 드시는 걸 보고 몹시 못마땅해하는 이변호사님의 표정이 참으로 우스웠던 것과, 또 하나는 그날 밤 여관방을 두 개만 얻었는데 이변호사님이 "천선생은 코를 심하게 고니까 내 방에 와서 자라"라고 하시는데도 천선생님과 함께 자다 벼락 아닌 벼락을 맞아 새벽까지 말똥말똥 혼났던 일이다.

그 천관우 선생의 댁에서다. 정수일 형과 나는 선생님 서재 옆방에서 커다란 플래카드를 쓰고 있었다.

"유신헌법 철폐하라!"

그 이튿날 오전 종로 YMCA 일층 찻집에서 함석헌·김재준金在俊·지학순·법정法頂·이호철·김순경金順卿·정수일·김지하가 모여 내외신 기자 앞에서 유신헌법 철폐를 요구하기로 한 것이다.

그때 밖에서 장준하 선생이 왔다고 알려왔다. 천선생은 빨리 치우라고 했다. 정형이 플래카드와 페인트 통을 들고 서재로 들어가 아예 방문을 닫아걸어 버렸다. 장선생이 들어왔다. 맞이하는 천선생의 심기가 어딘지 불편해 보였다.

장선생의 표정도 굳어 있었다. 장선생은 유신헌법 철폐를 요구하는 백만인 서명운동에 대해 말씀하셨고 천선생은 그저 묵묵히 듣고만 계셨다. 뭔가 부자연스러웠다. 이래서는 안 되겠구나 싶었다. 그러나 내가 나설 계제는 아니었다. 플래카드는 이미 다 썼으니 됐고, 나는 일어서는 일만 남았다. 두 분께 절을 하고 선생 댁을 나서니 깊어가는 가을밤 귀뚜라미 소리만 처량했다.

'새로운 사상, 새로운 철학!'

사람들을 새 차원에서 묶을 수 있는 참으로 탁월한 사상, 탁월한 철학! 중얼거리며 중얼거리며 임신한 아내가 머무르고 있는 정릉 처가로 밤늦게 돌아왔다. 눈을 감은 채 잠을 청하니 잠은 오지 않고 두 거인의 그 불편해하던 표정만 떠올라 나까지 따라서 불편해졌다.

"새 차원에서 사람들을 묶을 수 있는, 아니 묶는다기보다 연결할 수 있는 새롭고 탁월한 사상과 철학!

그렇다.

그것만이 해결책이다.

그러나 그것은 아득아득 멀고 먼 세계였다. 내겐 그것을 안출할 능력도 학문도 없었던 것이다.

228_ 아내의 모습

이튿날 아침에 집을 나서면서 대문 밖까지 나와 전송하는 아내에게 그날 있을 일을 간략히 얘기해주었다. 아내는 무표정했다.

혹시 며칠 지나야 돌아올지, 또는 몇 달 동안 구치소에 가 있어야 할지 모르겠다는 말도 덧붙였다. 아내는 역시 무표정했다. 그 대신 왼손을 배 위에 갖다대었다. 일부러 그런 것은 아니었다. 아기가 노는가?

아기! 아기! 아기!

택시로 종로까지 가면서 내내 아기를 생각했다. 그러는 동안 내가 안 보일 때까지 끝끝내 문 앞에 그대로 서 있던 아내의 모습이 겹쳐서 아스라하게 떠올랐다.

마음을 강하게 먹어야만 되었다. 시선을 창밖 거리로 돌렸으나 여전히 그 모습이 지워지지 않았다. 결심을 단단히 굳혀야만 되었다. 단단히! 단단히!

장공長空 김재준 목사님이 선언문을 낭독하셨고 내외신 기자와 가진 회견도 끝났다. 연행을 선포하고 안내하는 종로경찰서 경찰관들을 따라 트럭에 올라 종로서까지 갔다.

기다렸다. 상부의 지시가 올 때를 기다린 것이다. 서에서 점심을 먹고 또 기다렸다. 밖에 어둠이 내리기 시작했다. 내 곁 벤치에 앉아 계시던 김재준 목사님의 말씀이 기억난다.

아내와 큰아들 원보.

"미스터 김, 외국에 좀 다녀오지."

"어디 그렇게 되겠습니까?"

"바쁠수록 외국 견문을 넓히는 게 중요해요. 평생 일할 텐데, 뭘."

"글쎄요. 저는 한국 땅도 다 밟아보지 못했습니다."

"내가 한번 주선해볼까?"

"이때다 싶으면 제 스스로 말씀드리겠습니다."

날이 완전히 어두워지자 종로서장이 들어와 우리를 면담했다. 그 서장은 '비어 필화 사건' 때 마산경찰서장으로 있었노라고 자기를 소개했다. 함선생님, 김목사님, 천선생님만 남기고 모두 방면했다.

인사동 입구에서 주교님, 법정 스님 등과 헤어지고 나 혼자서 터덜터덜 인사동 골동가게 앞을 걸었다.

'이제 시작이다. 문제는 아내다. 각오를 단단히 해야겠다. 그러나 아내는 끝내 이겨낼 것 같다.'

또다시 아스라하게 아내의 모습이 떠올랐다. 서둘러 택시를 타고 정릉으로 급히 돌아왔다. 아내가 문을 열고 조용히 미소 지었다. 그러고는 들릴락말락 자그마한 입안의 소리로 말했다.

"고마워요."

229_ 파도

얼마 안 있어 서울대 문리대에서 기독학생회 주최로 반유신시위가 있었다. 당국은 아직 결단을 내리지 못한 채 묵과했고, 주모자는 처벌되거나 구속되지 않았다.

그것은 파도였다. 아무리 애써 외면한다 하더라도 그 파도는 연이어 올 것이며, 그때는 처벌하거나 구속하지 않을 수 없을 것이다. 처벌하거나 구속하면 그 파도는 더 거칠어질 것이다.

반유신은 이제 구호가 아니다. 그것은 이미 자유이다. 수십 년간의 민주주의와 자유에 대한 공교육 자체가 박정희의 적이었다. 그리 호락호락할 까닭이 없는 것이다. 막으면 막을수록 거세질 것이고, 그럴수록 그 힘이 커져서 드디어는 하나의 거대한 세계적인 전선을 만들 것이었다.

따라서 개신교 학생들의 선제공격은 의미심장했다. 그것은 이미 국내외에 파장을 일으키기 시작했다.

이어서 한국기독학생총련(KSCF)과 '한국대학생 크리스천연맹'은 광주에서 대규모 수련대회를 열었다. 그곳에 초청되어 한밤중 광주에 도착했다. 찾아 찾아서 회의장인 가톨릭 대건신학교 건물에 들어선 나는 깜짝 놀랐다. 작은 홀에 남녀 대학생들과 젊은 지도자들이 발디딜 틈도 없이 가득 차서 노래하고 웃고 떠들며 발을 구르고 있었다.

첫 느낌에 벌써 한국의 청년기독교는 반유신투쟁을 통해 융성할 것임을 느꼈다. 아니나다를까 여기저기서 지난 번 YMCA 선언 이야기와 서울대 문리대 기독학생회의 시위 이야기가 튀어나오고 유신철폐의 열렬한 외침이 건물 전체를 흔들었다. 토론에서도 타궁에서도 변함없이 반유신의 열기로 뜨거웠다.

모임에서 내가 한 짧은 연설 역시 다름 아닌 민주주의자의 자존심 얘기였고, 자유의 정서 얘기였으며, 결국은 유신철폐의 당위성에 관한 것이었다. 더 이상 머물 필요도 없었다. 대만족이었으니 이제 다만 한국기독학생총련과의 연락선만 구축하면 되는 일이었다.

그곳을 나오며 나는 또 마음속으로 중얼거렸다.

'이럴 때 조영래가 있다면……'.

지난 번 문리대 시위의 주동자인 나병식羅炳湜 아우와 함께 그 건물을 떠나 캄캄한 광주천변의 한 작은 해장국집에서 기차가 출발하는 새벽녘까지 함께 술을 마시며 정확하게 나羅와의 약속일자를 잡았다.

파도는 또 왔다.

장준하 선생과 백기완 선생이 주동하는 '개헌청원 백만인 서명운동'이 그것이었다. 일차 십여 명의 명단에 내 이름이 나오는 것을 보고 그 무렵 서울신문에 있던 악어 형님이 내게 전화를 걸어왔다.

"자네를 주목하고 있어. 주의하라고!"

그러나 서명자는 계속 늘어만 가고 있었다. 이제 활동가들만이 투쟁하는 시기는 이미 지나가고 있었다. 투쟁이 대중화하고 있었다.

또다시 이번엔 조금 다른 파도가 왔다.

문인들의 반유신 선언이었다. 백낙청 교수가 주동하고 수십 명의 문인들이 참가했다. 오전 열 시경 명동성당 아래 한 찻집에서였다.

그 선언식이 끝나고 성당의 충무로 쪽 뒷문 곁에 있는 '가톨릭 전

수배령 내리기 전 강릉에서 후배들과 함께. 왼쪽에서 세번째가 필자.(1974)

진상奎眞賞 문화관'에 들러 프랑스인 사도직 협조자 콜레트 씨와 독일인 사도직 협조자 시그리트 씨를 만나 정세와 가톨릭의 사명에 대해 의견을 나누었다. 두 분 다 가톨릭이 떨쳐나서야 한다고 열변을 토했다. 그때 그 작은 건물에서부터 그 뒤 십여 년 이상 구속자가족협의회 등을 비롯한 직간접적인 유신철폐 함성의 뭇 파도가 일어날 것을 이상하게도 어슴푸레한 환영처럼 예감했던 것이 기억난다. 이곳이 운동의 한 거점이 돼야 한다고 판단했기 때문이다.

바로 그날 오후 충무로. 길가에 세워둔 웬 승용차의 문이 열릴 때 그 안에서 흘러나오는 라디오 뉴스에 귀가 번쩍 뜨였다. 유신헌법에 규정된 긴급조치 1호 발동 뉴스였다.

나는 곧바로 서울신문의 악어 형에게 연락을 취했다. 조금 있다 기별이 왔다.

"위험하다. 장준하와 백기완이 구속될 것이다. 보안사다. 아마 몹시 맞을 것 같다. 서울에 있지 말고 지금 바로 피신해라. 지금 곧 서울을 떠나라!"

나는 아내에게 전화만 한 뒤, 가톨릭시보사 건물 꼭대기에 있는 군종단의 이냐시오에게 돈을 빌려 즉각 내설악을 거쳐 동해안으로, 강릉의 외우 건축가 권혁구權赫龜 형에게로 피신했다. 강릉의 바닷가 한 쓸쓸한 여관방에서 파도 소리를 들으며 끼적거린 시 두 편이 아득한 세월 너머 지금에로 지금에로 파도쳐온다. 먼저 〈1974년 1월〉이다.

> 1974년 1월을 죽음이라 부르자
> 오후의 거리, 방송을 듣고 사라지던
> 네 눈 속의 빛을 죽음이라 부르자
> 좁고 추운 네 가슴에 얼어붙은 피가 터져
> 따스하게 이제 막 흐르기 시작하던
> 그 시간
> 다시 쳐온 눈보라를 죽음이라 부르자
> 모두들 끌려가고 서투른 너 홀로 뒤에 남긴 채
> 먼 바다로 나만이 몸을 숨긴 날
> 낯선 술집 벽 흐린 거울 조각 속에서
> 어두운 시대의 예리한 비수를
> 등에 꽂은 초라한 한 사내의

겁먹은 얼굴

그 지친 주름살을 죽음이라 부르자

그토록 어렵게

사랑을 시작했던 날

찬바람 속에 너의 손을 처음으로 잡았던 날

두려움을 넘어

너의 얼굴을 처음으로 처음으로

바라보던 날 그날

그날 너와의 헤어짐을 죽음이라 부르자

바람 찬 저 거리에도

언젠가는 돌아올 봄날의 하늬 꽃샘을 뚫고

나올 꽃들의 잎새들의

언젠가는 터져나올 그 함성을

못 믿는 이 마음을 죽음이라 부르자

아니면 믿어 의심치 않기에

두려워하는 두려워하는

저 모든 눈빛들을 죽음이라 부르자

아아 1974년 1월의 죽음을 두고

우리 그것을 배신이라 부르자

온몸을 흔들어

온몸을 흔들어

거절하자
네 손과
내 손에 남은 마지막
따뜻한 땀방울의 기억이
식을 때까지.

경포 근처의 그 바닷가. 파도는 끝없이 끝없이 밀려오고 나는 한없는 우수에 젖어 또 한 편의 시 〈바다에서〉를 끼적였다.

눈은 내린다
술을 마신다
마른 가물치 위에 떨어진
눈물을 씹는다
숨어 지나온 모든 길
두려워하던 내 몸짓 내 가슴의
모든 탄식들을 씹는다
혼자다
마지막 가장자리
핀으로도 못 메울 여미 사이의 거리
아아 벗들
나는 혼자다

손목에 패인 사슬의
옛 기억들 위에 소주를 붓고
기억들로부터 떠오르는 노여움에 몸을 기대어
하나하나 너희들의 얼굴을
더듬는다

흘러가지 않겠다
눈보라 치는 저 바다로는
떠나가지 않겠다

한 치뿐인 땅
한 치도 못 될 이 가난한 여미에 묶여
돌아가겠다 벗들
굵은 손목 저 아픈 노동으로 패인 주름살
사슬이 아닌 사슬이 아닌
너희들의 얼굴로 아픔 속으로
돌아가겠다 벗들

눈 내리는 바다
혼자 숨어 태어난다
미친 가슴을 찢어 활짝이 열고

나는 아이처럼 울부짖는다

　　돌아가겠다.

　내가 그 무렵 눈보라 속에서도 본 것은, 계속 본 것은 단 하나뿐. 그것은 끝없이 밀려오는 파도뿐이었다.

230_조영래

천시가 순환하는 것인가?

마침 절실히 필요할 때 그가, 저 유명한 조영래 아우가 출옥했다. 전학련 사건으로 복역한 뒤였다. 창백한 얼굴에 눈빛마저 조용히 가라앉아 있었다. 신촌 로터리의 한 작은 찻집에서다. 몇 개월 만엔가 서울로 돌아와서, 돌아오자마자 조영래 아우를 만난 것이다.

이때를 생각할 때마다 나는 몹시 부끄럽다. 한마디로 염치가 없었다. 방금 감옥에서 나온 사람에게 또다시 감옥 갈 일을 부탁했으니, 나라는 인간은 참으로 무자비했던 것이다. 내 딴엔 열심히 일한답시고 그리했던 것인데, 그러나 그것이 조영래 아우에게 어떤 고통을 가져다주었는가?

칠 년여의 세월을 골방에 숨어지내며 그 중에 첫아들을 낳고 또 그 중에 《전태일 평전》을 써냈으니, 나로서는 입이 열 개라도 할말이 없다.

"내가 빠지려는 게 아닐세. 나는 이 일 이후 몇 차례 물결을 더 일으켜야 한다네. 물론 자네와 함께지. 절대 노출되지 말고 통제탑을 구축하시게. 한두 사람으로 족하지 않을까? 내 생각엔 역사학과의 서중석이 신중하고 신의가 있고 기독교 쪽의 나병식이 기획력이 좋고 마당발일세. 그러나 그건 자네가 알아서 하게. 만약 내가 잡히면 자금의 출처를 불 걸세. 그래야 일이 되네. '슬라이딩 태클'이지. 자네가 잡혀도 그렇게 하게. 그러나 자네는 잘 숨어야 하네.

"부탁일세. 더 이상의 옥살이는 안 돼! 믿을 만한 통제탑이 필요해! 내가 가더라도 자네만 있으면 일은 굴러가네. 그러나 자네가 이 일을 안 할 수는 없어. 이 일은 무가내야. 안 할 수 없는 일이야!"

"내가 누구를 접촉할 것인가는 모르십시오. 나만 접촉하십시오. 돈이 어디로 갔는지도 모르십시오. 내게만 주시면 됩니다. 만약 대거 구속될 때엔 '슬라이딩 태클'이 좋은 전술 같습니다. 통제기능 이외엔 대거 피해 범위를 확대하는 것이……."

"응……."

우리는 장소를 옮겨가며 여러 차례 만났다. 그러나 더 이상 사람에 대한 얘기는 없었고, 다만 우리가 얘기한 것은 유신철폐에 대한 대안과 주장의 내용, 이른바 '삼민三民', 즉 '민족, 민중, 민생'의 명제에 대한 검토 정도, 그리고 앞으로 엮어가야 할 전선은 당 기능을 가진 전선, 즉 '전선당'이어야 한다는 것, 거기에 여러 경향들과 여러 종교들도 참여할 텐데 그 모든 주장을 아우를 수 있는 세계적 보편성을 지닌, 민족적인 민중사상의 창조를 위해 당 기능 내에서 끊임없는 토론과 논쟁이 용납될 것, 기독교·가톨릭·불교를 적극적으로 움직일 것 등등이었다.

그 무렵 지주교님이 마련하신 돈 백이십만 원을 한꺼번에 건넸다. 주교님께 누구에게 간다고 말하지도 않았고, 건네면서 누구로부터라는 말도 하지 않았다. 백이십만 원이면 그 무렵으로서는 큰돈이었다.

뒷날 조사받는 과정에서 내가 확인한 것은 돈이 서중석과 나병식에게 정확하게 갔다는 것이고, 내가 중간 연락망을 통해 나병식에게 다 불어버리라고 해서 그가 불어버린 결과 나병식 아우 주변은 엄청나게 확대되었으나, 서중석 아우는 물론 조사진이 눈치는 챘지만 내 연락에도 불구하고 묵묵부답 입을 꽉 닫아버려서 주변의 확대가 거의 없었다.

어느 날 조영래 아우가 내게 거의 귓속말처럼 낮은 음성으로 말했다.

"돈 가는 데에 마음 갑니다. 김대중 씨를 만나 돈을 조금 받아내십시오. 그러나 큰돈은 안 됩니다. 용돈 정도로. 좀 많은 정도의 용돈이요."

231_김대중 씨

존 델리. 예수회의 정일우 신부.

돌아간 우리들의 벗이자 나의 좋은 아우인 제정구諸廷垢 의원의 큰 벗 정신부. 정신부를 통해서 김대중 씨에게 연락이 갔다. 신촌에서 서강대로 들어가는 초입 한 골목에 대중 씨의 아우 대의 씨 집이 있었다.

그 집에서 이희호 여사와 함께 두 번 만났다. 첫번은 우리의 반유신투쟁이 어디까지 왔고 어디로 갈 것인지를 설명·예측하고, 대중 씨가 어떻게 해줘야 하는지를 강조하였다. 두번째 역시 이희호 여사와 함께였다.

기억한다. 밖에 흰눈이 소복소복 내리고 있었다. 대중 씨는 검은 두루마기를 입고 있었다. 내 첫마디는 다음 한마디였다.

"돈을 좀 내놓으십시오."

대중 씨에게서 돈이 나왔다. 아마 그때 돈 칠만 원 정도 아니었을까?

"이것으로 모자랍니다. 사모님도 좀 털어 내놓으십시오."

이 여사가 핸드백을 뒤져 팔만 원 가량을 내놓았다. 그것을 모아 내 주머니에 집어넣으며 나는 칼로 무를 싹둑 자르듯이 단언했다.

"이것은 절대로 자금이 아닙니다. 그냥 내 교통비를 줬다고 생각하십시오. 그리고 즉각 잊어버리십시오."

그때 김대중 씨의 눈. 마치 강도를 만난 것처럼 놀라 크게 열린 두 눈. 그 두 눈을 나는 내내 잊지 못한다. 아마 그이도 못 잊을 것이다. 생전 처음

길바닥에서 그런 날강도를 만난 것이니 잊힐 리가 있겠는가?

뒷날 내가 목동 아파트에서 병으로 누워 있을 때, 어찌 알았는지 내게 돈 백만 원과 함께 편지를 보내왔다. 또 작년 겨울 인사동에서 묵란 전시회를 할 때 청화대 부속실장을 통해 돈 삼백만 원을 보내왔다. 나는 즉각 묵란 한 점 좋은 것을 골라 대신 보냈다. 묵란 가격은 작년 말에 이백에서 사백만 원까지였다.

돈! 돈! 돈!

그이가 왜 돈에 휩쓸려 '게이트' 속으로 들어가버렸는지 잘 모르겠다. 아마도 자수성가와 고군분투의 긴 세월 동안 돈에 대한 집착이 체질화되고, 그것이 아들 삼형제에게까지 대물림된 것 아닐까?

이어서 생각나는 게 세 가지 있다.

첫번째는 '오적' 사건으로 감옥에 있다가 나왔을 때 그 동안 국회에서 나를 옹호해준 것에 대한 인사로, 그러나 그보다는 당시 내가 기획했던 반박反朴투쟁의 최전선에 세울 만한 이전투구의 야전사령관을 물색하기 위해 동교동에 갔을 때이다.

내 첫마디는 다음과 같았다.

"항간에 김선생이 '사쿠라'라는 소문이 파다합니다. 어찌 된 일입니까?"

여기에 대한 변명성 대답이 꼭 두 시간이었다. 꽤 지루했다. 그러나 몇 가지 중요한 사실은 그이가 독서가라는 점이었다. 비록 이류, 삼류 사상가의 책들이라 하더라도. 그리고 그이의 기억력이다. 총총했다. 인용이 정확했던 것이다. 문장 구사력도 괜찮았다. 또한 무엇보다도 건강이 매우 좋아 보였다.

나는 그 방에 들어가서 처음에 한마디만 했듯이 나올 때도 꼭 한마디밖에 안 했다. 할 틈도 주지 않았지만.

나의 마지막 말은 이것이다.

"어디선가 들으니 지도자가 되려면 말이 적어야 한답디다."

김대중 씨 얘기가 나왔으니 김영삼 씨 얘기가 안 나올 수 없다.

처음 만난 것은 그이가 신민당 대선후보전에 패배했던 날 밤이다. 현승일 형과 합의한 것은 '이럴 땐 패자를 찾는 법이다'였다. 그이의 비서를 통해 말을 넣고 중국집 아서원으로 가서 만났다. 술이 거나해지자 자꾸만 눈물바람을 하며 김대중 씨를 사기꾼, 도둑놈이라고 욕했다. 나는 그 자리에서 슬그머니 일어났다.

"일개 필부도 우는 것을 삼가는데 대권을 생각하는 분이 그리 쉽게 눈물바람을 하다니 실망입니다."

김영삼 씨를 두번째 만난 것은 종로에 있는 그이의 사무실에서였다. 무슨 얘기 끝에 그이의 종교관, 개신교관이 나오게 되었다.

"19세기에 종교개혁이 일어났을 때 말이오……."

무식은 죄가 될 수 없다. 그러나 종교인·지식인들을 상대해야 할 반독재투쟁 전선의 선두에 서서 '19세기 종교개혁론'을 부르짖는다면 어떻게 될까?

헤어질 때 금일봉을 내놓았다. 확실히 '도련님' 출신다웠다. 기자들에게 인기가 있는 건 이 때문인 듯도 했다. 나의 대답은 이랬다. 봉투를 그대로 돌려주면서였다.

"요즈음 형편이 안 좋아 거제의 토지까지 팔았다고 들었습니다. 이 돈은 내가 김선생께 드리는 겁니다. 보태 쓰십시오."

웃었다. 어이없어하는 웃음이었는데, 그 웃음이 바로 그이의 보석인 듯했다.

세번째는 지금의 세종문화회관 뒤편에 있는 술집 '세보'에서다. 둘 다 술이 거나했다. 김영삼 씨 왈,

"이 나라, 이 민족이 갈 곳이 어디입니까?"

유신이 있고 난 뒤다.

그이의 얼굴이 왜 그날따라 멋쟁이, 풍류객처럼만 비쳐졌는지 모르겠다. 내 대답은 나도 뜻밖이었다. 술 때문?

"이제부터의 투쟁은 진흙탕 개싸움입니다. 김선생처럼 곱상한 얼굴에 부잣집 도련님 기질로는 감당키 힘들 겁니다. 허허허!"

대단한 실례였다.

그러나 그것으로 두 김씨의 비교는 끝났다. 왜냐하면 그 무렵 김대중 씨는 일본과 미국에서 이미 망명정권을 추진하고 있었으니까.

다시 얘기가 김대중 씨에게로 돌아간다. 내가 그이를 두번째 만났을 때였다. 대좌하고 있는데 이여사가 들어와 말했다.

"홍익표洪翼杓 선생이 가물치를 보냈어요. 회를 떠놨으니 오십시오."

가물치라, 나는 별로 내키지 않았으나 대접한다니 사양하는 것도 예절은 아니라고 생각하였다. 그런데 대중 씨가 바삐 일어서며 말했다.

"그럼, 김형! 난 좀 바빠서 이만 실례해야겠소."

그이는 김지하가 아니다. 그이는 김지하와는 당연히 구별되어야 한다. 그런데 그런 구별점이 보이지 않았다. 그이는 지사나 운동가가 아니었던 것이다.

'반대편'에 누군가가 확고히 서야 한다는 게 나의 지론이었다. 왜냐하면 큰 실례이긴 하나 추기경님, 지주교님, 천관우 선생님, 함석헌 선생님, 김재준 목사님과 지식인들은 모두 다 하얗고 깨끗한 학 같은 존재들이다. 그렇기 때문에 반독재운동에 나서는 것이다. 그러나 만약 운동이 진짜 투쟁으로 고질화하고 진흙탕 개싸움으로 변한다 해도 일단 자기 목숨에 관계없는 개싸움에 목을 바칠 것인가?

이해관계가 있어야 끝까지 가는 것 아닌가? 아니, 최종점은 아니라도, 중간에 타협이 있다 하더라도, 그 타협을 또 팽개칠 수 있는 개싸움이나마 전술이 나올 사람은 정치꾼 아니겠는가? 내 생각은 그랬다.

천관우 선생님과 원주의 청강 장일순 선생님은 김대중 씨를 민주화 전선의 선두에 세우는 것을 크게 반대했다. 그것을 관철시킨 것은 순전히 나의 고집이었다.

그래서 이런 일도 있었다. 세번째 얘기다. 내가 서대문감옥에서 출옥한 뒤의 일이다. 교구청을 통해 독일대사관측에서 주교님과 나를 특별히 초청했다. 장소는 남산의 독일문화원이었다. 무슨 영화를 상연하느라 어두웠는데, 안내를 받아 한 자리에 앉은 나는 흠칫 놀랐다. 바로 내 옆자리에 이희호 여사가 앉아 있지 않은가! 그때는 대중 씨가 아직 서대문감옥에 있을 때다. 이여사의 부탁을 독일대사관의 한 문정관이 대행한 것이다. 무슨 요청일까?

이여사가 귀에 대고 소곤댄다.

"김선생이 지금 고민이 심합니다. 청와대와 중앙정보부가 타협을 바랍니다. 타협하면 미국으로 보낸답니다. 미국의 요청입니다. 어찌하는 게 좋냐고 비공식 채널로 소식이 왔어요. 김시인께 물어보라는군요. 어찌해야 하느냐고. 무어라 대답하시겠습니까? 타협의 조건은 정치활동 중단입니다. 어떻게……"

나는 곧바로 대답했다.

"전쟁과 정치는 타협이 불가피한 영역입니다. 우리네와는 다르죠. 전쟁과 정치는 모가지만 붙어 있으면 또 하고 다시 하는 것 아닙니까? 더욱이 극단적 억압 아래서는 그것이 도리입니다. 타협하라고 하십시오. 일단 중단했다가 안팎의 정세를 봐서 다시 하면 되지요."

"앞이 탁 터지는 것 같군요."

"마음을 편히 가지라고 하십시오."

그랬다.

그런데 또 이런 일이 있었다. 김대중 씨가 미국으로 건너간 뒤의 일이다. 당시 중앙정보부장이 전에 외무부장관 하던 노신영盧信永 씨였는데, 내게 네 번인지 다섯 번인지 면담을 요청했다. 나는 일절 거절하고 있었으나 이 소식을 들은 장선생님에게 크게 지청구를 들었다.

"이 사람아, 원수 아니라 악마라 하더라도 그 정도로 요청해오면 그

중 한 번쯤은 만나줘야 예절 아닌가? 우리가 그런 예절을 잃고 나면 무엇이 남겠나? 만나게!"

이래서 나는 정보부 차를 타고 서울로 향했다. 궁정동 안가. 바로 그 방, 박정희가 죽은 바로 그 방이었다. 나는 그것을 직감으로 알았다.

안락의자에서 막 일어서는 노신영 씨에게 대뜸 물었다.

"하필 왜 이 방입니까?"

"이 방을 아십니까? 어떻게 아십니까?"

"직감이지요."

"허허, 놀랍군요. 비슷하게 맞히긴 맞혔습니다만, 김시인 같은 분이 저어하실 일은 아닌 것 같군요."

노신영 씨는 듣던 대로 몸과 매너에 외교관 티가 철저히 배어 있는 신사였다. 함께 식사라도 하자고 면담을 청했다고 했다. 식사하면서 얘기를 나눴는데 주로 노신영 씨가 말을 했다.

"제 부탁은 김시인께서 외유하실 생각이 없느냐는 겁니다. 편의는 우리가 다 알아서 봐드릴 겁니다. 외국에서 견문을 넓히다 보면 조국에 대해 조금씩 안쓰럽게 생각하는 마음이 들고 어떤 방향으로 나가야 하는지도 알게 될 듯싶어서지요. 가능하겠습니까?"

나는 끝끝내 확답을 피했다. 그 얘기가 계속되는 중에 다음과 같은 놀라운 얘기가 섞여 나왔다.

"김대중 씨 잘 아시지요? 애국하는 방향이야 각기 다르니 뭘 따지겠습니까마는 요즘 우리나라의 외환 사정이 매우 나쁩니다. 그런데 자기 동산

動産 전체를 달러로 바꿔주지 않으면 미국에 가지 않겠다고 하더군요. 미국에 안 가면 어떡합니까? 큰일나지요. 그래서 바꿔는 줬습니다만, 웬 돈을 그렇게도 많이 가지고 있는지…… 그걸 모두 달러로…… 조금 서운했습니다."

사실인지 거짓인지 나는 모른다. 그리고 그 원인도 이 나라의 정치 현실에 그 원인이 있을 것이니 김대중 씨만 탓할 건 아니라고 본다. 그러나 그렇게 입장과 시각을 정리하고 나서도 뭔지 안 좋은 느낌이 남는 것은 웬일일까?

홍삼弘三……?
홍삼弘三……?

나는 대중 씨가 은퇴했던 정치 일선에 다시 복귀한다고 했을 때, 《중앙일보》에 글을 쓴 적이 있다.

"공인이 거짓말을 밥 먹듯이 하는가? 정치를 재개할 때는 그만한 사유를 국민 앞에 밝혀야지, 도둑이 담 넘듯이? 박정희나 전두환 등의 탄압 아래 있을 때와는 처신이 달라야 하는 것 아닌가!"

그것으로 나와 그이와의 관계는 끝났다. 그러나 나만이 아니다. 그이가 망명 시절에 일본에서 가장 크게 신세를 진 이와나미岩波 서점의 야쓰에安江 사장 역시, 김대중 씨에게 대정치가라면 그래서는 안 되는 것이니 도하 신문에 큰 광고를 내서 국민이 납득할 만하게 정치를 재개하는 이유를 밝히라고 했다가 일종의 절교를 당했다.

이런 것들은 또 어찌 봐야 하는가?

문제는 그가 반독재민주화 세력의 정치지도자만이 아니라 나중에는 도를 넘어 도덕적·윤리적으로까지 지도자연해왔고, 그로 인해 노벨평화상까지 받았다는 데에 있다. 바로 그것이 문제다.

하여튼 그때 그이는 돈을 내놨다. 조영래 아우의 말처럼 돈 가는 데 마음 가고, 조직투쟁에서는 돈의 출처가 상부선으로 되는 것이니 그 의도는 적중한 셈이다. 그러나 나와 조영래 아우의 그 모든 것이 바로 오늘날 같은 난장판의 원인이라고 한다면? 그렇게 지적하는 사람이 있다면? 정말 그렇다면?

그러나 그렇다 하더라도 이 점만은 명백히 해두자. 과過는 과이거니와 그이의 공功을 너무 무시하고 잊거나 끌어내리면, 그이와 함께 고통받고 그이와 함께 투쟁했던 우리 모두를 무시하고 잊거나 끌어내리는 것이 된다. 그이가 그만큼 애써 싸웠고 수없이 죽임의 고비를 넘어온 것, 그것만은 사실이 아니던가! 아닌가?

232_ 함석헌 선생

이쯤에서 볼펜을 놓고 조용히 생각하니 내 심안心眼에 웬 새하얀 영상이 떠오른다. 하얀 머리, 하얀 수염, 하얀 두루마기, 하얀 신발.

함석헌 선생님이다. 왜 통 기억나지 않던 어른이 하필이면 이 대목에서 기억의 장막을 들추고 다가오시는 걸까?

내가 선생님을 처음 뵌 것은 4·19 때 원주에서고, 가까이 모신 것은 '오적' 직후다. 누군가 내게 선생님께 인사드리러 가라고 했다. 그렇다. 누군가 내게 효창동 댁도 일러주었다. 누군가 내게 선생님을 뵙고 민족에 대해 말씀을 들으라고 했다. 누굴까?

나는 그날 낮 열두 시쯤 선생님 댁 앞에 우뚝 서 있었다. 대문도 울타리도 없었던 것 같다. 의식의 수정인가? 아니, 참으로 그런 건 없었던 것 같다. 거추장스런 인사와 예절도 생략되었던 것 같다.

흰빛, 나는 그날의 흰빛만을 기억할 뿐이다. 선생님의 흰빛, 그날 대낮의 흰빛, 자그마한 댁의 흰 벽에서 반사해오는 햇빛의 눈부심. 그것밖엔 없다. 뭐라고 하셨는지, 무슨 말씀을 들었는지조차 전혀 기억에 없다.

그리 오래 머물지도 않았던 것 같다. 선생님은 어디론가로 외출하시려던 중이었다. 흰 구두가 기억난다. 흰 구두를 신는 사람은 근자엔 없다.

흰 길. 흰 길을 가는 흰 구두. 새하얀 빛.

그 빛을 '오적'의 법정에서 또 뵈었다. 돌아보니 웃고 계셨고 곁엔 장준하 선생이 앉아 있었다. 나는 그때 노을이 붉은빛을 띠기 직전에 눈부신 흰빛으로 타오른다는 것을 기억해냈다. 그 하얀 첫 노을이 비낄 때, 나 들어 있던 서대문감옥 8사舍 상층으로부터 마주 보이는 9사 입구에서 웬 웃음소리가 크게 들리고 흰옷 입은 젊은 수인 한 사람이 비틀거리다가 흰 모래 위에 쓰러지는 환상을 보았다. 환상이었다. 한 종교지도자가 웃고 있었다. 그리고 그 웃음소리가 사라지면서 흰옷 입은 젊은이가 자꾸만 쓰러졌다.

재판이 끝나고 법정 밖 모래마당으로 나섰을 때 선생님의 흰 손이 기일게 뻗치면서 내 어깨 위에 놓였다. 교도관이 그 손을 떼어냈다. 내가 뒤돌아보았다. 그때 선생님의 이글이글 타오르는 커다란 두 눈, 그 봉안鳳眼이 교도관을 보고 있었다. 또다시 환상이 왔다. 햇빛이 붉게 물들기 시작했다. 노을이 짙게 깔리고 어디서 들개 우는 소리가 시끄럽게 들리며 구치소의 철문이 덜커덩 닫혔다. 그 웃음소리는 함선생님의 것인가?

선생님은 재판 때마다 오셨다. 나는 시작할 때 한 번, 끝날 때 한 번, 꼭 두 번씩 목례하고 선생님의 흰빛을 뵀다.

그러고는 그 뒤, 대통령선거 때 투·개표감시단으로 떠났던 대학생들이 돌아와 보고회를 열고 내가 사회를 맡았던 종로5가 기독교회관 일층 홀에서 선생님이 강연을 하셨다. 무슨 내용이었는지도 기억에 없다.

다만 선생님의 측근 제자인 박세정 형이 광주 연무대에서 벌어진 군 장교들의 부정투표 광경을 담아온 사진을 공개하며 그 행위를 고발하고 규탄하다가 끌려가던 일과 그 광경을 물끄러미 바라보시던 선생님의 그 이글이글 타오르던 두 눈, 그 봉안만이 생각난다. 봉안은 저무는 하늘녘에 크게 크게 확대되었다.

그 뒤 아카데미하우스에서 한 번, 월간《다리》편집실에서 한 번, 천주교 원주교구에서 개최된 전태일 기념 강연회에서 한 번 뵈었다. 무슨 말씀을 들었는지 하나도 기억나지 않는다.

다만 옛날 역촌동 서대문시립병원에 폐결핵으로 입원해 있을 때, 갑자기 각혈을 하고 내리 누워만 있을 때, 그때 선생님을 따르던 한 환자가 내 부탁으로《뜻으로 본 한국역사》의 한 부분, 로댕의 늙은 창녀로 한국사를 비유한 그 부분을 숨찬 목소리로 읽어주던 일만이 기억에 또렷이 남아 있다.

그리고 다만 선생님이 번역하신 칼릴 지브란의《예언자》중의 한 부분, 예언자가 오르팔레세 포구를 떠날 때의 정경만이 기억에 남아 있다.

또 하나《다리》편집실에서 내게 거듭 권유하던 책, 테야르 드 샤르댕의《인간 현상》의 주요 부분인 진화의 삼대 법칙만이 기억에 우뚝하게 솟아오르듯 남아 있다.

그러고는 유신 이후 YMCA에서 반유신선언식을 가졌다가 종로서로 연행됐을 때 이외엔 없다.

아니, 있다.

그 뒤 안양 크리스천 아카데미에서 있었던 '씨알의 모임' 연수회에서다. 그날 선생님의 흰빛은 사방으로 번지며 장준하 선생이 되고 김동길 교수가 되고, 안병무安炳茂 교수와 계훈제桂勳悌 선생과 이문영李文榮 교수로, 그리고 또 여러 제자들의 눈빛으로, 낯빛으로 변하고 있었고 창밖으로는 붉은 노을이 새빨갛게 타고 있었다.

노을 무렵에 나는 그곳을 떠났다. 장준하 선생의 자동차를 타고 선생과 함께 이야기를 나누며 서울로 올라왔다. 내가 물었다.

"함선생님에게서 무엇인가 창조적인 새 사상이 나올 듯 나올 듯하면서도 안 나온다고들 말합니다. 어찌 보세요?"

"지금의 저 모습이 그대로 바로 그 창조적인 새 사상의 하나가 아닐까요? 어찌 생각하십니까?"

"너무 성서 안에 묶여 계신 건 아닌가요?"

"그렇지도 않지요. 다석多夕 선생 이후 노자에 열중하고 계신데 그 쪽에서 뭔가 나오지 않을까요?"

"정치적 견해는 어떠십니까?"

"단순한 자유주의는 아닐 겁니다. 민족적인 바탕 위에서 성서가 계시하는 방향으로 나아가는 길에 어떤 이념 아닌 이념도 가능하지 않을까 생각도 해봅니다만……."

"선생님의 흰빛은 조선적인 겁니까?"

"그럼요. 다른 것 같습니까?"

"동학과는 무관할까요?"

"……."

나는 장준하 선생으로부터 함선생님의 정치적 전개를 보려고 했다. 7·4공동성명 직후 장준하 선생의 전율적인 발언이 기억나서다.

"모든 통일은 좋은가? 그렇다. 통일 속에는 모든 가치 있는 것들이 다 들어 있다. 공산주의와 민주주의, 자유와 평등, 번영과 복지, 이 모든 가치가 통일 속에서 결합·성취되고, 통일이 불가능할 때엔 모두 다 소멸한다."

아, 그렇다. 그 청년, 쓰러지던 노을녘의 그 청년은 바로 이 사람! 장준하였던 것이다. 그리고 그 모래밭은 척박한 분단조국이었다. 그의 통일관은 인류사의 새 차원을 여는 기폭제였으며, 지금도 역시 우리의 깃발들 가운데 하나인 것이다.

마치 흰빛이 스러지고 노을이 붉게 타다 타다가 이윽고 밤이 되듯이 그렇게 함선생님도 장선생도 이제 더 이상은 뵐 수 없다. 그러나 지금도 선생님은 내게 흰빛으로, 그리고 그 웃음소리로 남아 있다.

지브란의 예언자가 오르팔레세를 떠나듯 그렇게 떠나신 뒤 웃음소리만, 웃음소리만 흰빛으로, 흰빛으로! 그리고 서서히 타오르는 붉은 노을로, 노을로, 노을로!

233_이철 아우

어느 날 꼭두새벽에 정릉 처가로 웬 대학생 한 사람이 찾아왔다. 이철李哲 아우였다. 사연과 내력, 연고 등을 다 물어서 확인한 뒤에 간단히 안팎과 주객관적 정세를 분석하고 '삼민 테제'에 관해 이야기했다. 유인태 아우와 접촉하고 있음을 분명히 했다. 새삼 자세히 얼굴을 뜯어보니 좀 엉뚱한 데가 있고 그리 만만치 않아 보였다.

'삼민 테제'가 손문孫文을 생각나게 해서 마음에 들지 않는다고 했으나 바로 그것 때문에 도리어 테제가 되는 것이라 답했고, 완결된 세포조직이 아니라 열려 있고 계속 변화하고 발전하며 짜이는, 신축성 있고 그물망 같은 운동이 좋다는 얘기도 나왔다.

조영래 아우로부터 이철에 관한 정보를 들어 알고 있었으므로 모두 다 허심탄회하게 얘기를 나눴으나, 마지막에 가서 자금문제가 나왔을 때만은 칼로 무를 자르듯 나에겐 그런 돈이 없다고 시치미를 뗐다. 그러고 나서 한참을 묵묵히 앉아 있다가 이윽고 일어서는 그에게 낮은 소리로 내 생각엔 아마도 기독학생 쪽에서 돈이 움직일지도 모른다고 했다.

문 앞에서 헤어질 때 이철은 재일교포 학생 '조직휘' 얘기를 하면서 그를 통해 일본인 기자 다치카와, 하야카와 접촉하는 것에 대해 얘기했다. 어찌했으면 좋겠냐는 것이었다. 어찌하면 좋냐고?

내 답은 이랬다.

"이번 싸움에서 중요한 전술은 '슬라이딩 태클'이다. 만나 회견하는 것은 좋다. 그러나 행여라도 좌익적인 발언은 하지 말라. 다만 국제적인 그물망을 만든다고 생각하라."

이철 아우는 돈 문제에 관해 냉정한 나를 떠나면서 그리 밝은 얼굴이 아니었다. 떠나 보내고 나니 심한 피로감이 엄습했다. 아침도 거르고 집에서 나와 걷기 시작했다. 연락을 먼저 한 뒤 제기동까지 거의 걸었다. 제기동은 리영희 선생'댁이 있는 동네다. 동구에서 고깃간에 들러 안심 서너 근과 청주 한 병을 사들고 들어가 정중하게 인사를 차렸다.

길고 박력 있는, 극적인 내외정세 분석을 들었다. 리선생의 분석을 듣고 나면 항용 끓어오르는 용기와 함께 몇몇 구멍에 대한 조심스런 처방이 자연히 떠오르곤 해서 늘 큰 도움이 되었다. 아마 분석가로서는 리선생만 한 분이 없지 싶다. 원주의 장선생도 리선생의 분석만은 항상 존중해왔으니까.

아침 겸 점심을 얻어먹고 제기동에서 택시를 탔다. 택시 안에서 속으로 윤배 형님과 또 주거니 받거니 대화를 나누었다.

'그 사람은 나보다 훨씬 학덕이 높은 사람이올시다. 내 말을 듣겠습니까?'

그 사람이란 다름 아닌 창작과비평사의 백낙청 교수를 말하는 것이다. 윤배 형님은 내가 백교수와 소원한 것을 아시고 긴 설득, 때론 우격다짐으로라도 나와 백교수를 함께 묶으려고 해왔다. 즉 아직도 시민문학론과 중공업화의 비전을 주장하는 백교수에게 민중 주체의 민족문학론과 협동적 농업을 중심으로 자주적 경공업과 극히 선택적인 중공업을 배합하는 방향을 납득시키고 설득하라는 것이었다.

"나는 그렇게 설득할 수 있는 이론가가 아닙니다."

"허허! 해봐! 된다고! 해보라고! 낙청이도 요즘 많이 회의하고 있거든."

"하여튼 하긴 합니다만, 끝난 뒤엔 잊어버립시다. 지금의 형편만으로도 그쪽이 양심적으로 잘하고 있으니……."

나는 '오적 사건' 때 출판 직후 흥사단의 항일민족학교에서 강연했던 '민족의 노래, 민중의 노래'의 간단한 논리를 기억해내었다. 그러나 그 정도의 소박한 얘기로는 되지 않을 만큼 그의 공부는 깊었고 그래서 어려운 자리였다.

회합은 청진동의 한 찻집 귀퉁이에서였다. 독대였는데 백형의 표정이 퍽 우울해 보였다. 그나저나 나는 내가 할 말만 했다. 약 세 시간에 걸쳐 주로 나만 떠들었다. 떠들고 나서 일어나서 나왔고, 나와서는 걸었고, 걷는 도중에 잊어버렸다. 참으로 까맣게 잊어버렸다. 나와는 뭔가 다른 사람들이다. 양갓집에서 곱게 큰 사람이다. 놔둬라, 놔둬! 더 이상 집착을 가질 사람이 아니니 자기 나름으로 좋은 일 하겠지! 걸으면서 잊고, 잊고 나선 또 걸었다.

오장동 제일교회에서 그날 밤 〈진오귀〉가 아닌 〈청산별곡〉이 상연되었다. 지금은 목사님이 된 김경남 아우 등을 비롯해 젊은이들이 가득 찬 교회 안의 매우 비좁은 공간에서 극이 진행되어 마치 '앉은뱅이 연주'처럼 보였다.

그러나 그런 정도인데도 관객의 호응이 치열했으니, 아, 참으로 좋은 연극, 좋은 예술과 문학, 좋은 문화운동이 그 갈증을 채워주고 뿐만 아니라 그들을 새로운 지향과 새로운 차원으로 이끌어가는 일이 절실히 필요한 것이었다.

소위 '문화패' 아우들과는 거의 다 호흡과 얘기를 맞춘 것들이었다. 기획의 예감은 소리굿 '아구'로, 또 그 다음 춤굿 '땅끝'으로, 탈춤 공연과 풍물놀이 등으로, 등으로! 다만 나는 내가 해야 할 일만 하면 되는 것이다.

교회에서도 간부들 사이에 다치카와, 하야카와, 조직휘라는 이름들이 왔다갔다했다. 그런데 이 경우는 예감이 그리 좋지 않았다. 다치카와는 내가 이미 며칠 전 원주에서 인터뷰를 한 적이 있는 주간지 기자로서 신좌익이었으니 이미 아는 바이나, 하야카와의 정체는 무엇인가?

만약 그가 일공日共일 경우 우리 쪽에서 분명하게 '포섭'하려고 능동적인 자세를 취하는 것은 좋으나, 어벙하게 수동적인 태도로 있다가 '피포섭' 상대로서 하부선下部線으로 낙인 찍히면 아주 난처해지는 것이다. 당시에 일공과 북한 사이가 문제가 되었다. 그리고 특히 중간의 연결고리인 통역의 능력이 그리 마음 놓을 만하질 못했다. 〈청산별곡〉의 연출이자 유인태 아우의 고등학교 동창인 임진택 아우더러 유인태에게 그러한 내 의사를 전하라고 하고 곧 자리를 떴다. 피곤했다. 피로감과 함께 한없는 절망감과 환멸이 밀려오고 또 밀려갔다.

아내가 있는 정릉 처가에 돌아와 아내의 공부방 구석에 작은 술상을 하나 청해놓고 그 앞에 오뚝하니 앉았다. 이번 일, 즉 이른바 '민청학련民青學聯'이라는 반유신운동의 전말과 그 실질적 전망, 그리고 전략적 방향 등에 대해 셈을 놓기 시작했다.

밤이 깊었다. 아내는 곁에서 깊은 잠에 들었다. 누운 아내의 봉긋한 아랫배가 보였다. 셈을 쓸어버렸다. 그러고는 술을 마셨다. 조금 후 다시금 셈을 놓기 시작했다. 쓸어버리고 다시 놓고 쓸어버리고 다시 놓길 몇 번이고 몇 번이고 반복하며 퍼어런 새벽 먼동을 맞았다.

이번 일은 틀림없이 한국 현대사의 한 분수령이 될 것이었다. 투쟁은 대중화할 것이고 전열은 전선당으로 발전할 것이다. 천주교와 동학, 마르크스주의와 민족주의, 신좌익과 자유민주주의가 얽히고 설키며 갈등하고 조화되고 일치되기도 하면서 전혀 새로운 이념과 철학의 신기원이 탄력 있는 새 전략과 함께 태어날 것이다. 그것들의 각 부문이 제 머리 앞에 '민중' 자를 붙이든 안 붙이든 그건 상관없다. 또 그 시간이 빠르거나 늦어도 상관없다. 그 물결은 반드시 온다. 반드시 온다. 그것이 올 때 그 안에 나는 없어도 좋다. 잎새 하나로 떨어진다 해도 그 청청한 수풀의 밑바닥에서 거름으로 썩는다면 나의 시는 완성되는 것이다. 나의 시, 나의 몸과 행동으로 이 한반도 전체에 일대 서사시를 쓰겠다던 학생 시절의 그 맹세 말이다.

연둣빛이다. 아니, 뺨을 쓰다듬는 그 손길은 연둣빛이다. 신라의 빛, 서라벌의 빛, 연둣빛 아내의 손길이다. 나는 잠시 벽에 기댄 채 잠들고, 아내는 잠든 내 얼굴을 손으로 쓰다듬었던 것이다.

연둣빛이었다. 금빛 섞인 연둣빛!

그리고 밖은 분홍빛이었다. 푸른빛 섞인 주황 계통의 분홍빛!

234_ 테르툴리아누스

자주 해외여행을 하시던 지주교님이 종합검진을 위해 명동 성모병원에 입원하셨다. 만나자는 전갈이 와서 병원으로 갔다. 밤이었다. 병실은 불을 꺼 컴컴했다. 창밖 명동 거리에는 색색이 아리따운 보석 같은 등불들이 빛났다.

지주교님과 나는 서로 정보를 교환한 뒤, 국내와 국외에서 그물망이 잘 짜이고 있다는 것, 문제는 그것을 잡아당길 그물코 중의 그물코인 가톨릭, 한국 가톨릭, 그것도 사제단이 아직도 잘 구축되지 않고 있고, 추기경과 안동 교구의 프랑스인 뒤퐁 주교, 광주의 윤공희尹恭熙 주교와 지주교님이 서로 접근하고 있을 뿐, 주교단은 아직도 싸늘하다는 것을 확인했다.

이에 대해 내 쪽의 얘기는 주교님을 통해 청년학생이나 기타 혁신적인 세력과 가톨릭의 연결만 확실하게 되면 커다랗고 파괴력 강한 전 세계적 반유신전선이 형성될 것인데 그 연결이 문제라는 것이었다.

지주교님이 한숨 섞인 한마디를 내뱉으셨다.

"결국 나로구나."

"네. 그렇습니다."

주교님은 침대에 기대서서 바깥의 휘황한 불빛들을 내다보시며 또 한마디 하셨다.

"자네 테르툴리아누스의 말을 아나?"

"그리스도교는 피를 먹고 자라는 나무……."

"그래!"

"그렇다면……."

"내 피를 마셔야만 가톨릭이 일어설 거야. 가톨릭이 일어서야 다른 종교와 시민들, 외국 여론이 일어서고……. 결국 내 피를 봐야 해!"

"그렇다면……."

"자네, 각오는 돼 있지? 체포되거든 불어! 내가 구속돼야 해! 그래야 사제단도 주교단도 정신 차리고 수녀들 장상회도 평신도회도 다 태도를 달리할 거야!"

"건강이 안 좋으신데……."

"그게 모두 내가 흘릴 피지, 피야!"

"명심하겠습니다."

"자네, 다시 고생 좀 하게. 나와 함께 한 번 더 고생을 해!"

"그러지요. 그러나 상당한 정도로 파도를 일으킨 뒤에, 예를 들어 가톨릭 다음, 개신교, 그 다음 불교, 그 다음 지식인과 기업들, 또 군부까지……. 그렇게 되어갈 때 감옥에 가야겠죠. 너무 빨리 들어가면 우리 방향대로 뒷일이 풀려가질 않습니다."

"그건 그렇겠다."

"제가 들어간 뒤에 주교님이 들어가시게 됩니다."

"그건 알고 있어."

"건강하셔야 합니다. 그리고 해외의 많은 사제들에게 기도하고 도우라고 말씀하십시오."

"하고 있어. 그건 문제가 없는데…… 박정희가 나를 구속할 것 같질 않아!"

"그것은 장선생님과 의논하십시오."

"그래야겠지. 아까 그것을 뭐라고 했지? 넘어지면서……?"

"슬라이딩 태클이오."

"슬라이딩 태클! 슬라이딩 태클! 십자가로구나, 결국!"

나는 인사를 하고 떠났다.

중앙극장 앞을 지나 인사동으로 갔다. 인사동 한 술집에서 큰 글라스로 소주 한 컵을 마시고, 동숭동 대학로에 갈 작정으로 천천히 걷기 시작했다.

그래!

그때 나의 시 〈빈 산〉이 나왔지. 지주교님까지도 다 함께 지치고 피로했을 때……. 그리고 죽음을 각오했을 때, 그때…….

빈 산
아무도 더는
오르지 않는 저 빈 산

해와 바람이
부딪쳐 우는 외로운 벌거숭이 산

아아 빈 산
이제는 우리가 죽어
없어져도 상여로도 떠나지 못할 저 아득한 산
빈 산

너무 길어라
대낮 몸부림이 너무 고달퍼라
지금은 숨어
깊고 깊은 저 흙 속에 저 침묵한 산맥 속에
숨어 타는 숯이야 내일은 아무도
불꽃일 줄도 몰라라
한 줌 흙을 쥐고 울부짖는 사람아
네가 죽을 저 산에 죽어
끝없이 죽어
산에
저 빈 산에 아아

불꽃일 줄도 몰라라
내일은 한 그루 새푸른
솔일 줄도 몰라라.

지금도 환히 기억한다.

〈빈 산〉이 이종구 아우의 작곡으로 녹음되었을 때 문화촌 입구의 한 허름한 여관방에서 밤새도록 녹음 테이프를 틀고 또 틀어대면서 한편 소주를 마시며 눈물을 뚝뚝 흘리던 김민기 아우의 그 티없이 해맑고 짙붉은 비극적 감수성, 그리고 좋은 작품은 사람을 안 가리고 칭송하는 그의 프로페셔널다운, 예술가다운 태도…….

그리고 기억한다. 이종구의 〈빈 산〉은 70년대와 80년대 전 시기의 저항 속에서 태어난, 유일한 '클래식'으로 일관된 작품이라는 것. 이것은 내가 아니라 김민기의 평가이다.

그리고 〈빈 산〉은 아아, 참으로 나의 지친 영혼이, 죽음을 앞에 두고 부르는 영가靈歌요, 생사를 넘어선 결심이었다는 것. 여러 평론가들의 일치된 견해다.

그러나 과연 그럴까?

235_ 절두산

내 외로운 삶에서, 내 괴로운 감옥살이에서 떠나지 않고 내내 거기 그렇게 우뚝 서 있던 산봉우리 하나 있으니, 한강가의 저 시커먼 절두산切頭山이다.

옛날부터 나라의 역적을 새남터에서 목쳐 죽인 뒤 갖다버렸고, 천주교박해 때는 김대건金大建 신부의 잘린 목을 처치했으며, 상하이에서 돌아온 김옥균金玉均의 시체가 부관참시·능지처참 당한 모래밭도 바로 절두산 바로 아래 강변이다. 지금은 그 꼭대기에 성당과 기념관이 있으나 그 무렵은 아무것도 없었고 아무 표지도 없었다.

이월 바람이 몹시 불던 날, 햇살이 한강물 위에 번뜩번뜩 빛나는 한 오후에 나는 문화패의 아우들과 함께 절두산 바로 아래 김옥균의 시체가 토막나고 머리가 효수되던 모래밭 그 자리에 앉아 이별의 술잔을 나누었다. 절두산 너머 어딘가에서 아슬아슬하게 아코디언 켜는 소리가 들려왔다.

나는 소주잔을 고균(古筠, 김옥균의 호)의 반역의 자리 위에 한 번, 대건의 반역의 자리 검은 바위 밑에 또 한 번 붓고 나서, 나와 우리의 반역의 자리인 내 몸 안에도 한 번 부었다.

"나는 아무래도 감옥에 갈 것 같다. 그러나 너희들은 따라오지 말아라. 감옥에는 나 혼자 가는 것으로 만족해. 너희들이 이제부터 할 일은 내가 하려다가 못 한 일, 하고 싶지만 성공시키지 못한 일을 하고 또 성공시키는 것이다. 그것은 민중민족문화운동이며 그 중에도 특히 탈춤이나 마당굿, 풍물 같은 연행예술이다. 또 판소리나 시나위, 정악이나 민화 등이다. 힘을 모아라. 그리고 대본을 쓰기에 힘이 부치거든 황석영 씨에게 도움을 청해라. 문체에서 너희들 느낌을 제일 잘 표현할 수 있는 이가 황석영 씨다.

다시 부탁한다. 정치를 작품 안에서 표현하되 정치에 직접 뛰어들지는 말아라. 정치에 기울면 예술을 할 수 없다. 이 말을 내내 명심해다오. 부탁한다. 정치는 나 한 사람으로 그치자. 너희들은 내가 이루지 못한 꿈을, 그 예술을, 그 전통의 현대화를, 민족적 형식 속에 보편적이고 변혁적인 사상을 담아 수많은 씨알을 키워내야 한다. 마당에서, 판에서, 그리고 극장이나 공회당에 들어가더라도 그 극장, 그 공회당을 마당과 판의 원리로 역동화시켜서.

나는 이제 그만 이별해야겠다. 금방 가지 않더라도 나는 틀림없이 수배될 것이다. 잡혀가거나, 잡히지 않으면 계속 지하에서 활동한다. 정치조직은 다른 사람이 할 것이다. 나는 그와는 또 다른 일을 할 것이다. 그러나 알려고 하지 말고, 시간이 가면 자연히 알게 된다.

우리 부모님 가끔 들여다봐다오. 우리 집사람과 아기 부탁한다. 우리 아버지 가끔 술 좀 사드려다오. 부디 내가 아끼던 것들을 아껴다오. 사랑했던 사람들을 사랑해다오. 너희들은 내 후배라기보다 나의 친동생들이다. 부디 잘 있거라."

바람은 풍덩풍덩 불고 차디찬 물 위에는 햇살이 부서지고 있었다. 나는 전혀 새로운 길을 예비하고 있었다.

236_ 민청학련

문리대 아우들은 나와 한 약속을 지켰고, 조영래 아우는 자기 일을 착실히 진행했다. 전국 대도시 대학생들 사이에 민주청년학생연합이 탄생하여 어떤 대학은 시위에 돌입하고, 어떤 대학은 사전에 봉쇄되어 주동자가 체포되기도 했다.

그러나 몇 년 전 조영래·장기표 등이 전학련을 시도했고 멀리는 '민통'과 '민비'가 있었지만, 6·25 이후의 현대사에서 전학련이 성공한 것은 이번 민청학련이 처음이었다.

밖으로는 이철이 지도자였으나 실제 조직책은 유인태였고, 그 뒤엔 서중석이 서 있었으며, 서중석은 조영래와 연결되었다. 활발했던 기독학생들의 시위조직 리더는 역시 나병식이었고, 그 뒤엔 또한 조영래가 있었다.

나는 나의 구상이 성공했음을 느꼈다. 극비리에 유인태 아우를 만났다. 유인태 아우는 앞으로도 시위 등을 계속할 것이고, 특히 지방대학에까지 확산시킬 예정이므로 종교나 기타 학원의 세력이 움직여주길 기대한다고 부탁했다.

거꾸로 내 부탁은 삼민 테제는 불변이고, 일본 등 외국과의 관계는 도리어 적극적으로 나가야 하며, 구속·체포될 때는 강력하게 자기 주장을 하고 건강 조심하라는 것이었다.

그 길로 나는 원주의 장선생님께 사람을 보내 자세하게 보고하고 지주교님과 한 약속을 알렸으며, 국내외 세력과의 광활한 '전선의 '그물 짜기', 지주교님의 '슬라이딩 태클', 가톨릭의 전면적 반격을 조직해달라고 부탁했다. 윤배 형님을 통해 리선생과 이종찬 선배에게도 그와 비슷한 사정을 알렸다.

긴급조치 해제를 촉구하는 기자회견장 풍경.

나는 이제 전혀 예상 못 할 다른 일을 하면서 조영래 아우 등을 통해 조율을 해나가다가 적절한 때 붙잡히면 붙잡히는 대로, 안 붙잡히면 안 붙잡히는 대로 응전하려 했다. 우선 아내에게 "잘 참아달라! 좋은 날이 올 것이다!"라고만 말하고 헤어진 뒤, 서울 안에서 주거이동을 단행했다. 순식간에 자취없이!

모래내였다. 내가 옮겨간 거점은 그 무렵만 해도 휘언한 벌판이 많았던 미개발 지역인 모래내였다. 그 모래내 거리에서 어느 구멍가게 문짝에 나붙은 이철, 유인태, 강구철姜求晢 등의 현상 포스터를 본 것은 그 직후였다. 틀림없이 나도 수배될 것이다. 그리고 수많은 젊은이들이 잡혀갈 것이다. 일단은 됐다!

237_ 박정희의 코

긴급조치 4호가 발동되면서 신문·라디오·텔레비전 등에 박정희가 나타나 한 말씀 거룩하게 지껄였다.

"학원 주변에 고의적인 장기 학적 보유자들이 배회하며 직업적인 학생운동가를 양성하고 있는데, 나는 그들이 공산주의자임을 잘 알고 있다."

그는 자기 코를 가리키면서

"내 코는 못 속인다. 나는 냄새를 맡고 있다. 직업적 혁명가들이 배후에 있다. 이 자들을 소탕해야겠다."

나는 박정희의 코에서 무엇을 느꼈을까?

쓰루미, 즉 일본 도쿄대 철학교수요, 김지하구명위원회 위원장이었던 쓰루미 슌스케 선생이 내게 선물한 두 권의 책 《전향轉向》에서 그 '전향의 안테나'를 보았다.

박정희의 코는 그가 과거에 친일파였다가 거기에서 전향했고, 좌익이었다가 거기에서 또 전향한 뒤엔 바로 그 일에 대한 콤플렉스를 지닌 채 좌익을 때려잡는 정보업무의 참모장을 지내면서 더욱 예민해진 사정을 함축하고 있다. 그 코에 붙잡힌 존재가 바로 나였다. 그들은 나를 찾고 있었다.

그러나 그것은 틀렸다. 나는 지하조직에 속하고 프롤레타리아 독재를 통해 혁명을 수행하려는 골수 마르크스주의자가 아니며, 마르크스를 인정하는 사회주의자라 하더라도 그것은 민족주의나 가톨릭·불교·동학·신좌익 등으로 혼합된, 아직은 구도중에 있는 방황하는 시인에 불과했던 것이다. 질긴 행동은 이념 때문이 아니라 정열 때문이었던 것이다.

그러나 그 코가 바로 나의 냄새, 즉 '적극성'의 냄새를 맡았고, 그 전향의 안테나가 나를 전향시키는 쪽으로 움직였다. 전혀 뜻밖이었다. 왜냐하면 비록 사회주의·공산주의가 붕괴된다 하더라도 이미 그것을 부분적으로 포함한, 그것의 대안을 찾고 있던 나에겐 하나의 정보이지 사형선고도 전향의 메시지도 아무것도 아니었기 때문이다.

일본에서 이십여 년 전 '김지하가 전향했다'라는 소문이 돌았다는데, 그 말 자체가 우스운 것이고 그 뒤 나를 향한 극좌들의 비난 역시 오해의 산물에 불과했다. 감옥에 있는 동안 나를 지독한 빨갱이로 우상화시킨 결과인 것이다.

그러나 그렇다 하더라도 나는 위험을 느꼈으며 동시에 역설적이게도 이 운동이 대성공하리라는, 한국현대사에 하나의 분기점을 형성하는 새로운 주체들의 탄생으로 이어지리라는 예감을 했다. 그렇지만 무척 견디기 힘들고 피곤했다.

그 무렵 문득 환청처럼 갓난아기의 울음소리를 들은 적이 있다.

목숨
이리 긴 것을
가도 가도 끝없는 것을 내 몰라
흘러 흘러서

예까지 왔나 에헤라

철길에 누워

철길에 누워

한없이 머릿속으로 얼굴들이 흐르네

막막한 귓속으로 애 울음소리 가득 차 흘러 내 애기

핏속으로 넋 속으로 눈물 속으로 퍼지다가

문득 가위 소리에 놀라

몸을 떠는 모래내

철길에 누워

한 번은 끊어버리랴

이리 긴 목숨 끊어 에헤라 기어이 끊어

어허 내 못 한다 모래내

차디찬 하늘

흘러와 다시는 내 못 가누나 어허

내 못 돌아가 에헤라

별빛 시린 교외선

철길에 누워

철길에 누워.

〈모래내〉라는 시다.

충격은 난데없는 아기 울음소리로부터 왔다. 술 때문이었을까? 잠은 오지 않고 내내 울음소리의 기억에 시달렸다. 아내가 걱정되었던 것이다.

나는 전화를 걸어 김수환 추기경님과 시간을 약속하고 밤에 서울 교구청을 조심조심 찾아가 만나뵈었다. 내 부탁은 아내를 추기경님 보호 아래 성모병원에 입원시키고 추기경님께서 좀 돌봐달라는 것이었다. 추기경님은 그 부탁을 받아들이셨다. 고맙다는 인사와 함께 나는 또 그곳을 떠나 조심조심 '모래내'로 돌아왔다.

238_ 모래내

모래내에서 내가 머물렀던 곳은 영화판의 내 친구 고故 김원두의 집이었다. 나는 원두와 한방에 앉아 조용히 술을 마시며 옆방에서 눈먼 그의 동생 고 김윤두가 부는 하모니카 소리나 그애가 켜는 기타 소리를 듣곤 했다.

이상한 것은 원두의 처가 윤두를 마치 자기 애인이나 되는 듯이 거두고 돌봐주는 정경이었다. 원두의 처는 그 얼굴 모습마저 윤두를 닮아가고 있었다. 조금 병적이었다. 연민! 그것은 참으로 무서운 힘을 가지고 있었다. 그 연민은 시도 때도 없었다. 한밤중이건 꼭두새벽이건 윤두가 나직이 발음하는 '형수' 한마디에 벌떡 깨어 일어나 윤두의 침대 곁으로 달려가는 것이다. 원두도 이상했다. 원두는 때로 눈물을 뚝뚝 흘리며 그러는 두 사람 모두에게 연민을 보냈다. 그리고 원두의 딸아이. 그 아이도 조금은 병적이었다. 엄마와 삼촌을 똑같이 불쌍해했으니까.

나는 이상한 그 집 분위기에 질려서 빨리 다른 곳으로 옮기고 싶었다. 마침 기회가 왔다. 고 이만희 감독이 수십 명의 뒷스태프와 문정숙, 남궁원 두 스타와 젊은 남녀 배우 들을 데리고 전남 흑산의 홍도로 야외촬영을 떠나는데, 거기에 원두와 내가 조연출로 붙어가기로 결정된 것이다.

영화 〈청녀靑女〉의 스태프 전원이 먼저 목포로 떠나고 이감독과 원두와 나 세 사람은 그 뒤를 따라 기차로 목포까지 가는 길이었다. 기차에서 셋이 술을 마시고 마구 떠들어대며 거의 세 편의 시나리오를 말로 완성했다.

그 중 한 편의 몇 신이 기억에 남는다.

겨울 설악을 배경으로 한 영화인데 경찰에 쫓긴 주인공이 달아나다가 문득 얼어붙은 폭포 앞에 박혀 서서 이를 깨물며 가지고 있던 소총으로 폭포를 터트리는 장면이다. 폭포가 터지면서 천지사방에 물덩어리들이 덮칠 때 그 파노라마 속에 묻혀 흩어지며 경찰과 함께 온 제 애인을 향해 열쇠와 같은 마지막 한마디, "그 집은 빈집이었어. 토방에 식칼 하나만 떨어져 있고는 텅 빈 빈집이었어. 빈집이었어……." 에코, 에코. 그러고는 빙긋 미소 한 번. 내설악 산장의 실제 인물인 한 산쟁이를 모델로 한 것이었다.

그때 이감독과 원두는 나에게 운동이니 뭐니 모두 그만두고 함께 영화를 하자고 청했는데, 그것은 내가 내심 바라던 바였다. 나는 그때 영화판에 들어가 몸을 숨기고 일하면서 조영래 아우와 원주 장선생과만 연락하며 배후에서 일하다가, 어느 단계에서 붙잡히면 그런대로 대응하고 안 붙잡히면 또 그대로 새 차원에서 응전할 작정이었다. 그리고 첫번째 경우 필요하다면 내가 스스로 나가 구속될 수도 있음을 이미 각오하고 있었다. 좌우간 그때의 수배 정도는 첫 단계로서 만족스럽지 못했고 민청학련의 전 조직이 가동된 것도 아니었다.

그런데 그 뒤 얼마 안 있어 민청학련 배후에 인혁당 조직이 있는 것 같다는 발표가 나오면서, 나는 나의 조기 복귀와 조기 구속이 불가피하고, 헌병사령부나 보안사령부 등에 의한 초기 단계의 살벌함만 잠깐 지나면 구속되어서 선線을 바로 세워놓아야 한다는 사실을 절감했다.

239_ 홍도

　목포의 사촌누이 집에 들렀던 게 화근이었다. 아니, 화근이라기보다 별로 두려워하지도 않았으니 반쯤은 이미 화를 자초한 셈이었다. 마음 약한 매형이 혹시 자기 가족에게 화가 미칠까 걱정해서 일찌감치 경찰에 신고해버린 것이다. 우리가 대흑산에 묵지 않고 바로 홍도로 직행한 때였다.
　산더미 산더미 같은 물결들을 헤치며 큰 바다를 질러갔다. 홍도의 흰 동백 숲이 첫 목표였기 때문이다. 흰동백 숲은 꽃들이 이제 막 지기 시작하고 있었다. 노을녘에 검은 돌무더기와 축축한 검은 흙 위에 떨어져 누운 흰 동백들은 마치 한 불행한 여인이 짓는 갖가지 표정의 얼굴 같기도 하고, 또 흰 미륵부처들 같기도 했다. 그리고 길게길게 울리는 뱃고동에 몸을 뒤척이는 한 청년에게 떠오르는 갖가지 정감의 상징들 같았다.
　노을녘 그 숲속에서 촬영이 시작되자마자 시 한 토막이 문득 떠올랐다.

　　꽃 지는 사월
　　동백 숲 외딴 돌무더기에
　　너를 묻고 떠난다

　　길었던 기다림
　　짧았던 만남.

그날 밤 원두는 이 토막시에 곡을 붙여 기타를 동당거리기 시작했고, 눈먼 여주인공 역을 하던 '하나'라는 이름의 젊은 여배우는 너무 슬프다고 조용히 눈물바람을 했다.

영화 〈청녀〉는 앙드레 지드의 소설 《전원교향악》을 번안·각색한 것이다. 어렸을 적에 데려다 기른 눈먼 소녀를 부자가 함께 사랑한다는 삼각관계 드라마였다.

홍도 뒤편 절벽 위에서 사그라지는 노을 무렵에 먼곳으로부터 오고 있는 그 집 아들을 기다리는 눈먼 소녀의 슬픔을 촬영하던 그 이튿날 밤, 달도 별도 없는 그 새카만 밤, 술을 사러 잠깐 밖에 나갔다 돌아오던 나는 짐승을 잡기 위해 땅을 파놓고 그 위에 나뭇가지와 가마니를 살짝 덮어놓은 깊은 구덩이에 푹 빠져버렸다.

캄캄했다. 그리고 암담했다. 도무지 혼자서는 기어나올 수 없어 원두를 부르기 시작했다. 꼭 짐승 같았다. 구덩이에 빠지고 덫에 걸린 산짐승과 다를 것이 하나도 없었다. 울부짖음! 원두를 부르는 나의 외침은 거의 짐승의 울부짖음이었다.

나를 아랫목에 눕히고 무릎과 팔꿈치 등에 머큐로크롬을 발라주던 원두가 큰 눈을 끔벅이며 말했다.

"너 여기 안 왔으면 죽었다."

촬영이 끝나고 홍도를 떠날 때다. 대흑산 예리에서 그 이튿날 목포로 떠나는 배에 대려고 밤에 홍도를 떠나는데, 홰(횃불)들을 잡고 미끄러운 돌짝지에서 작은 배로 옮겨 타려고 펄쩍 뛰다가, 갑자기 미끄러지며 앞으로 확고꾸라져 노를 거는 쇠붙이에 가슴을 몹시 찍었다. 끙끙 앓으면서 뱃전에 누워 있는 나에게 횃불이 번뜩번뜩 스쳐 지나는 두 눈을 끔뻑이며 원두가 또 가라사대,

"너 여기 안 왔으면 죽었다."

그래. 아마도 헌병대나 보안사에 처음 걸려들었으면 고문에 맞아죽었을 것이 틀림없었다. 고비를 넘겼으니 이젠 잡혀가도 된다는 것일까?

그날 밤 대흑산 예리 관광여관에서 큰방에 모여앉아 노래들을 부르고 노는데, 억망으로 취한 내가 배우 남궁원 씨에게 시비를 걸기 시작했다 한다. 얼마나 심하게 시비가 붙었는가 하니 내가 남궁씨더러,

"야, 이 똥배우! 그렇게 연기할 바엔 차라리 배우 관둬! 배우라는 게 신비스러운 데가 있어야지, 넌 뭐야, 임마! 그게 얼굴이야? 떡판이지!"

하고 소리쳤단다. 그러자 남궁씨가 독한 소주를 벌컥벌컥 마시기 시작하고 나는 귀퉁이방에 가서 고꾸라졌는데, 술에 몹시 취한 남궁씨가 악을 악을 쓰며 나를 죽이겠다고 난리를 쳐서 문정숙 씨와 이감독이 말려 겨우 안정시켰다 한다.

이튿날 아침 눈을 뜨니 나를 내려다보던 원두가 또 그 큰 두 눈을 끔뻑이며 말했다.

"너 정말 여기 안 왔으면 죽었다."

이 말이 끝나자마자 방문이 열리고 웬 사내가 머리를 들이밀었다.

"실례합니다. 김지하 시인이지요?"

그는 흑산경찰서의 민경사였다.

마침내 배가 떠났다. 나는 배의 맨 위층에 있는 선장실 쇠창살에 걸린 수갑에 한 손목을 걸고 민경사와 함께 목포까지 그 먼 바다를 내내 술을 마시면서 왔다. 선장실에서 처음에는 조금씩, 그리고 차츰 잦아지면서 심한 기침이, 오래 전 가라앉았던 그 천식이 시작되었다.

혼자 웃었다. 속으로 지껄였다.

"제기랄! 내가 무슨 체 게바라야, 뭐야? 웃기네!"

그렇게 나는 내 운명을 웃으면서 왔다. 비극도 희극도 아니었다. 멀리서 검은 유달산의 바위 끝들이 보이기 시작할 때 그것이야말로 나의 운명이자 숙명이요, 또 그렇게 말하는 게 용납된다면 나의 천명이기도 하다는 느낌이 들었다.

훗날 훗날 들으니 바다 위에서 아래쪽 객실에서는 원두가 술에 취해 남궁원 씨에게 마구 퍼부어대며 남궁씨더러 경찰에 밀고했다고 욕을, 욕을……. 아! 그러는 게 아닌데…… 전혀 허물없는 사람이 욕을 봤구나…… 그러는 게 아니었는데…….

240_부두에서

배가 부두에 닿자 내리기 위해 수갑을 차고 갑판에 나오니 이감독이 브리지를 잡고 고개를 숙인 채 오열하고 있었다. 그 뒷모습에 꾸벅 절하며 인사를 드렸다.

"형님, 죄송합니다. 안녕히 계십시오."

그런데 그 곁에 서 있던 문정숙 씨가 손을 내밀어 악수를 청했다. 꼭 어디서 본 듯한 느낌이었다. 그 무렵 흔했던 독립운동 영화에서 일제에 끌려가는 투사와 한 여인이 전별하는 신 같았다. 배우는 역시 배우였다. 아주 숙연한 분위기였으니까.

원두와 제작진 및 아는 스태프들과 작별을 하고 부두로 올라서는데 그곳에 몰려섰던 군중들 속에서 여러 소리가 쏟아졌다.

"옴메, 못 보던 얼굴인디……."

"신인배우랑게! 신인이여!"

"뭔 배우가 저렇게 꾀죄죄하다냐?"

"독립투사여! 독립투사!"

웃을 수도 울 수도 없었다. 그렇다고 잘난 체하고 미소를 보낼 수도, 그렇다고 잘못한 체하고 고개를 숙일 수도 없었다. 어물쩍 속히 빠져나와 대기하던 경찰차를 타고 목포경찰서로 향했다.

이때 떠오르기 시작한 아버지의 영상! 그리고 그 숱한 민중들의 이미

지! 아, 나는 혹시 잘못 가고 있는 것은 아닌가? 영웅주의는 아닌가? 잘 가고 있는 것인가? 기침, 끊임없이 기침이 터져나왔다.

목포서 정보과장이 흐뭇이 웃으며 말했다.

"귀향을 축하합니다. 그 수갑 좀 얼른 끌르랑께!"

나는 가까스로 미소를 지었다.

"어디 잘 아시는 음식점 있는가요? 우리가 밥 한끼는 대접해야 예의잉께, 잉."

"상해식당 자장면이오."

정보과장은 또 흐뭇이 웃으며 말했다.

"입맛은 변함없지라우, 잉."

그렇게 심한 기침 속에서 자장면 한 그릇을 마저 다 못 먹고 출발하여, 그 무렵에 운행되기 시작한 고속버스를 탔다. 호송하는 두 경관은 권총을 찼고 내 손의 수갑은 소매 속으로 감추어졌다. 그 경관이 호의를 베풀어 서비스했다. 고향의 인사였다.

그날 신문이었다. 신문에는 수십 명의 민청 지도부와 인혁당 관계자들의 얼굴이 계보에 그려져 나와 있었다. 그 중 얼른 눈에 띄는 게 조영래 아우의 얼굴이었다.

아아! 만사 다 끝났다! 그 순간부터 깊은 잠에 빠져들었다. 깊고 깊은 지옥의 잠!

눈을 떴을 때는 서울이었다. 나는 그날로 정보부 6국으로 들어갔다.

241_ 제6국

1975년 2월 날짜로 된 《동아일보》 지상의 글 〈고행苦行… 1974〉, 그러니까 민청학련 사건에 연루되어 구속되고 사형을 선고받고 무기감형되었다가 십 개월여 만에 석방된 직후에 기고한 이 글은 제6국에서의 체험을 이렇게 표현하고 있다.

정보부 6국의 저 기이한 빛깔의 방들. 악몽에서 막 깨어나 눈부신 흰 벽을 바라봤을 때의 그 기이한 느낌을 언제나 느끼고 있도록 만드는 저 음산하고 무뚝뚝한 빛깔의 방들. 그 어떤 감미로운 추억도 빛 밝은 희망도 불가능하게 만드는 그 무서운 빛깔의 방들. 아득한 옛날 잔혹한 고문에 의해 입을 벌리고 죽은, 메마른 시체가 그대로 벽에 걸린 채 수백 년을 부패해가고 있는 듯한 환각을 일으켜주는 그 소름 끼치는 빛깔의 방들. 낮인지 밤인지를 분간할 수 없는, 언제나 흐린 전등이 켜져 있는, 똑같은 크기로 된, 아무 장식도 없는 그 네모난 방들. 그 방들 속에 갇힌 채 우리는 열흘, 보름 그리고 한 달 동안을 내내 매 순간 순간마다 끝없이 몸부림치며 생사를 결단하고 있었다.

못 돌아가리
한번 디뎌 여기 잠들면
육신 깊이 내린 잠

저 잠의 하얀 방, 저 밑 모를 어지러움

못 돌아가리
일어섰다도
벽 위의 붉은 피 옛 비명들처럼

소스라쳐 소스라쳐 일어섰다도 한번
잠들고 나면 끝끝내
아아 거친 길
나그네로 두 번 다시는

굽 높은 발자국 소리 밤새워
천장 위를 거니는 곳
보이지 않는 얼굴들 손들 몸짓들
소리쳐 웃어대는 저 방
저 하얀 방 저 밑 모를 어지러움

뽑혀나가는 손톱의 아픔으로 눈을 홉뜨고
찢어지는 살덩이로나 외쳐 행여는
여윈 넋 홀로 살아
길 위에 설까

덧없이

덧없이 스러져간 벗들

잠들어 수치에 덮여 잠들어서 덧없이

매질 아래 발길 아래 비웃음 아래 덧없이

스러져간 벗들

한때는 미소짓던

한때는 울부짖던

좋았던 벗들

아아 못 돌아가리 못 돌아가리

저 방에 잠이 들면

시퍼렇게 시퍼렇게

미쳐 몸부림치지 않으면 다시는

바람 부는 거친 길

내 형제와

나그네로 두 번 다시는.

〈불귀不歸〉라는 시다.

그 방들 속에서 보낸 순간순간은 한마디로 죽음이었다. 죽음과의 대면! 죽음과의 싸움! 그것을 이겨 끝끝내 투사의 내적 자유로 돌아가느냐, 아니면 굴복하여 수치에 덮여 덧없이 스러져가느냐? 1974년은 한마디로 죽음이 있고, 우리들 사건 전체의 이름은 이 죽음과의 싸움이었다.

죽음을 스스로 선택함으로써 비로소 죽음을 이겨내는 촛불 신비의 고행, 바로 그것이 우리의 일이었다. 이 죽음의 방, 이 죽음과 대면하는 방 속에서 나는 내 아들의 탄생을 알았다. 아아, 신이여! 당신의 뜻을 이제야 비로소 알겠나이다.

큰아들 원보와 작은아들 세희의 어린 시절.

잠을 재우지 않는 그 흰빛 방에서, 끝없는 기침 속에서 침묵하고 거부하고 침묵하고 거부하는 닷새가 지난 뒤 나병식이 조영래에게 돈 받은 것을 고백한 것과 조영래가 체포되지 않은 것을 드디어 알아채고, 그러나 무엇보다도 민청학련의 상부선이 이철과 유인태에게 이천여 원의 교통비를 준 대구 경북대학교 정심회正心會의 여정남이요, 여정남은 하재완 등 인혁당의 한 멤버라는 식으로 민청학련의 배후 세력이 반국가단체인 인혁당이라고 조작되고 있음을 닷새 만에 알아채고, 엿새째 되는 날 새벽부터 나는 상부의 지학순 주교에게 백이십만 원을 유신철폐를 목적으로 하는 시위 자금으로 받아 하부의 조영래에게 전달했고, 그 자금은 다시 조영래가 삼민 테제와 함께 민청학련 지도부에 전달한 것으로 안다고 진술하기 시작했다. 처음 취조를 시작했을 때의 〈민중의 소리〉 집필 여부 따위는 다 날아가버렸다.

수사 전체가 뒤집혔다. 나는 온몸의 감각으로 그것을 일일이 파악하고 있었다. 6국장 이용택은 취조관을 통해 지주교의 자금 액수를 삭감하자고 제의해왔다. 나는 코웃음으로 받아넘겼다. 사실과 진실을 빼고 나면 당신들이 나를 괴롭힐 이유나 내가 당신들에게 조사받을 까닭이 하등 없다고 대답했다. 그 일이 세 차례나 반복되었다. 심지어 지주교에게 신세 지면서 너무하지 않느냐는 따위의 너절한 타령까지 나왔다. 그러나 나는 못을 딱 박아버리고 말았다. 당신들 정 이러면 변호사 통해서 돈 깎자고 흥정한 내역을 모조리 공개하겠다고 으름장을 놓았다.

드디어 상부선, 곧 주도선이 바뀌었다. 백이십만 원의 지주교가 주도선이고 삼십여 만 원의 윤보선 전 대통령과 박형규 목사님이 부주도선으로, 인혁당은 중간과정에 개입한 것으로 바뀌었다. 심지어 최소한도로 통일전선을 구축하려 했다는 혐의조차 성립시키지 못한 6국의 완전 실패작이었다. 가슴아픈 일이지만 복수는 인혁당에게 행해졌고, 이것이 가슴아파 나는 다시금 글을 쓰고 입을 열다가 재구속되어 칠 년을 장기 수형하게 된다.

어쨌든 잠을 잘 수 있었고 곁에 배석한 헌병의 군홧발에서 비로소 벗어날 수 있었다. 끊임없는 기침, 기침 속에서 내 첫아들 원보의 탄생도 알았다. 나는 내가 왜 죽음을 각오했는지 그 이상한 까닭을 알 듯했다. 그것은 죽어갈 때가 되면 유난히 큰 솔방울을 내미는 소나무의 비밀이었고, 그것은 바로 생명의 신비였다.

생명!

그러나 아직은 생명의 뜻을 확실히는 알 수 없었다.

242_ 슬라이딩 태클

구치소로 넘어갔다. 구치소 안으로 비밀전갈이 들어왔다. 지주교님이 입국하던 중 공항에서 연행되었다가 박정희의 특명으로 석방되었으나, 며칠 후 이백여 명의 원주교구 청년신도들과 함께 상경하여 성모병원에 입원한 뒤 병실에서 '내외신 기자회견을 열고 그 자리에서 양심선언을 하셨다고. 그 내용은 유신철폐를 위한 학생시위 자금으로 김지하에게 백이십여 만 원을 준 것이 사실이며, 자신은 유신철폐를 위해 끝까지 투쟁하겠다고 선언해버리셨다고. 그 길로 정보부를 거쳐 서대문구치소로 입감되셨다고.

됐다!

그러나 주교님께는 죄송한 마음이었다. 나는 그날 밤부터 가까운 교도관들에게 이른바 '슬라이딩 태클' 전술을 전 구치소 전 사방에 속속들이 알려달라고 신신당부했다.

"혐의 사실 전부를 시인하고 조직관계를 모두 다 불어버려라! 현 정부의 파렴치성과 10월유신의 반민주성을 당당히 고발하며 접촉 범위를 최대한 넓게 진술함으로써 피해 범위를 거듭 확대하라! 피해자들은 이후 전원이 반유신활동가로 변모할 것인즉 인간적 죄스러움을 떨쳐버려라!" 등이다.

지금도 가끔 회고하며 쓴웃음을 짓는 것은 몇몇 아우들의 고답적 태도다. 전술을 이해하지 못하고 계속 진술을 거부하는 아우들의, '기미를 알아차리지 못하는 그 무병법無兵法 상태'가 답답했던 기억이 난다. 그와는 반대로 다른 그 어떤 역할과 공헌을 다 제쳐놓고도 바로 이 '슬라이딩 태클'을 파문처럼 순식간에 전역에 확산시킨 민청학련 사건 최대의 공로자를 잊을 수 없다. 아마도 지금쯤은 도리어 이것을 밝히는 쪽이 본인에게 예의가 될 것 같다.

전병용. 이 사람, 이 사람의 용기와 헌신, 희생을 잊은 사람이 있다면 그는 민주화운동의 정당성을 훼손하는 사람이 될 것이다. 그이의 미래에 밝은 빛이 쏟아지기를!

여하튼 그의 활약으로 '슬라이딩 태클'이 순식간에 물의 흐름을 바꿔 버렸다. 그 결과 소환·연행·구금·피해의 범위가 수천 명에 달하고 단 한 대의 뺨이라도 맞았던 사람은 실제로 모두 다 '반유신분자'로 변모하여 민청학련 사건을 분기점으로 국내의 반유신투쟁이 대중운동으로 전환되고, 국내외 각계 각층에 효력 있는 전선을 결성하게 되었으니, 훗날의 '민주회복국민회의'나 '민주주의와 민족통일을 위한 국민회의' 등은 다 이 같은 대중성과 전선당적 성격을 반영한 것들이었다.

그 모든 전변이 민청학련 전술의 '슬라이딩 태클'에서 비롯되었고 박정희는 확실하게 패배를 인정했으니, 이미 선포한 유신헌법을 다시금 조작적 국민투표에 부치는 코미디를 연출할 수밖에 없는 최악의 수동성에 빠져들었다.

그러나 이 역시 '솔라 패시브solar passive'였으니 햇빛의 이동에 따라 대세의 방향을 기획하는 것, 바로 이미 그런 모습으로 되어가고 있었으니, 꼭 나와 우리의 공로라고만 할 수는 없는 일이었다.

그러나 여하튼 공개적으로는 두 사람의 공로가 막대했으니 어찌하랴!

이로 인해 우리의 보석인 지주교님이 당뇨를 얻어 결국은 돌아가시게 되고, 우리의 진주였던 조영래 아우가 장장 칠 년간의 피신생활로 고초를 당하게 되었으니, 오늘에 와서 되돌아보건대 그 또한 '헛되고 헛되고 또한 헛되도다'라고 말할 수밖에 없음을 통감한다.

'슬라이딩 태클!'

지렛목인 지학순 주교님과 조영래 아우가 없었다면 그 전술은 결코 성공할 수 없었던 것이다.

'솔라 패시브!'

그렇다. 이 역시 겸허할 수밖에 없는 일이다.

243_ 인혁당

1975년 2월 《동아일보》에 발표된 〈고행… 1974〉에는 다음과 같이 쓰여 있다.

어둠 속에서
누가 나를 부른다
건너편 옥사 철창 너머에 녹슨
시뻘건 어둠
어둠 속에 웅크린 부릅뜬 두 눈
아 저 침묵이 부른다
가래 끓는 숨소리가 나를 부른다

잿빛 하늘 나직이 비 뿌리는 날
지붕 위 비둘기 울음에 몇 번이고 끊기며
몇 번이고 몇 번이고
열쇠소리 나팔소리 발자국소리에 끊기며
끝없이 부른다

철창에 걸린 피 묻은

낡은 속옷이
숱한 밤 지하실의
몸부림치던 하얀 넋
찢어진 육신의 모든 외침이
고개를 저어
아아 고개를 저어
저 잔잔한 침묵이 나를 부른다
내 피를 부른다

거절하라고
그 어떤 거짓도 거절하라고
어둠 속에서
잿빛 하늘 나직이 비 뿌리는 날
저 시뻘건 시뻘건 육신의 어둠 속에서
부릅뜬 저 두 눈이.

　잿빛 하늘 나직이 비 뿌리는 어느 날, 누군가의 가래 끓는 목소리가 내 이름을 부르더군요. 나는 뺑끼통(감방 안의 변소)으로 들어가 창에 붙어 서서 나를 부르는 사람이 누구냐고 큰소리로 물었죠. 목소리는 대답하더군요. "하재완입니다." "하재완이 누굽니까?" 하고 나는 물었죠. "인혁당입니더" 하고 목소리는 대답하더군요. "아항, 그래요?" 4상四上 15방에 있던 나와 4하四下

17방에 있던 하재완 씨 사이의 통방이 시작되었죠. "인혁당 그것 진짜입니까?" 하고 나는 물었죠. "물론 가짜입니다" 하고 하씨는 대답하더군요. "그런데 왜 거기 갇혀 계슈?" 하고 나는 물었죠. "고문 때문이지러" 하고 하씨는 대답하더군요. "고문을 많이 당했습니까?" 하고 나는 물었죠. "말 마이소! 창자가 다 빠져나와 버리고 부서져 버리고 엉망진창입니더" 하고 하씨는 대답하더군요. "저런, 쯧쯧!" 하고 내가 혀를 차는데, "저그들도 나보고 정치문제니께로 쬐끔만 참아달라고 합디더" 하고 하씨는 덧붙이더군요. "아항, 그래요!"

그 뒤 칠월 언젠가 '진찰(구치소 내의 의무과 의사가 재소자들을 감방에서 꺼내어 줄줄이 관구실 앞에 앉혀놓고 진찰하는 일과)' 받으러 나가서 차례를 기다리며 쭈그리고 앉아 있는데, 근처 딴 줄에 앉아 있던 키가 작고, 양다리 사이가 벌어지고, 약간 고수머리에 얼굴에 칼자국이 나 있고, 왕년에 주먹깨나 썼을 것 같은 사람이 나를 툭 치며 "김지하 씨지예?" 하고 묻더군요. "그렇소만, 댁은 뉘시유?" 하고 내가 묻자, 그 사람은 "지가 하재완입니더" 하고 오른손 엄지로 자기 가슴을 가리키지 않겠어요. "아항, 그래요!" 이렇게 해서 잠깐 만난 실물 하재완 씨는 지난 번 통방 때와 똑같은 내용의 얘기를 교도관 눈치를 열심히 보아가며 낮고 빠른 소리로 내게 말해주더군요. 마치 지옥에서 백년지기를 만난 듯이 내 어깨를 꽉 끌어안고. 그러나 내 귀에는 마치 한이 맺힌 귀곡성鬼哭聲처럼 무시무시하게 들리는 그 가래 끓는 숨소리와 함께 열심히 열심히.

또 그 무렵 어느 날인가 출정하다가 한 사람이 나에게 "김지하 씨지요?" 하고 묻더군요. "네, 그렇습니다만……" 하고 대답하자, "나, 이수병이

오" 하고 말합디다. "아하, 그 〈만적론〉을 쓰신 이수병 씨요?" "네!" "어떻게 된 것입니까?" "정말 창피하군요, 이거. 아무 일도 나라 위해 해보지도 못한 채 이리 끌려 들어와서 슬기로운 학생운동 똥칠하는 데에 어거지 부역附逆이나 하고 있으니…… 정말 미안합니다." "아항, 그래요!"

나는 법정에서 경북대학교 학생 이강철이 그 또릿또릿한 목소리로 분명하게 "나는 인혁당의 '인' 자도 들어보지 못했는데 그것을 잘 아는 것으로 시인하지 않는다고 검사 입회하에 전기고문을 수차례나 받았습니다"라고 하는 말을 듣고, 이른바 인혁당이란 것이 조작극이며 고문으로 이루어진 저들의 전가비도傳家秘刀의 결과였다는 것을 확인할 수 있었죠.

그 뒤 어느 날, 나는 감방 벽에 기대앉아 있었어요. 한없는 괴로움에 시달리고 있었어요. 끝없는 분노에 몸을 떨고 있었어요.

내 피를 부른다
거절하라고
그 어떤 거짓도 거절하라고

거절하라고? 그래요. 거절이죠. 어둠 속에 감추어진 진실을 빛 속에 드러내라고? 거짓을 거절하라고? 그래요. 횔덜린의 시에 있어서의 그 빛의 수수께끼. 그것은 바로 이 거절이었어요. 정말 그래요.

244_ 군사재판

별들이 앉아 구형과 판결을 내리고 있었다. 〈고행… 1974〉에는 다음과 같은 구절들이 보인다.

사형이 구형되었다. 내 뒷자리의 서경석이 한마디 했다. "웃기네." 나도 웃었다. 김병곤이의 최후진술이 시작되었다. 첫마디가 "영광입니다!" 아아, 이게 무슨 말인가? 이게 무슨 말인가? "영광입니다!" 사형을 구형받자마자 '영광입니다'가 도대체 무슨 말인가? 나는 엄청난 충격 속에 휘말려들기 시작했다. 이게 도무지 무슨 말인가? 분명히 사형은 죽인다는 말이다. 죽인다는데, 죽는다는데, 목숨이 끝난다는데, 일체의 것이 종말이라는데, 꽃도 바람도 눈매 서글서글한 작은 연인도, 어여쁜 놀 가득히 타는 저 산마을의 푸르스름한 저녁 연기의 아름다움도, 늙으신 어머니의 주름살 많은 저 인자한 얼굴 모습도, 흙에 거칠어진 아버지의 저 마디 굵은 두 손의 훈훈함도, 일체가, 모든 것이 갑자기 자취없이 사라져 버린다는데, 그런데 '영광입니다.'

성자聖者의 말이다, 그것은. 우리가 성자인가? 사형을 집행치는 못할 것이라고 생각하고 비꼬는 말이다. 그것은. 무슨 일이든 저지를 수 있는 저들의 그 독살스러움을 잘 알고 있는 우리가 다만 집행치는 못하리라고 생각하여 여유 있게 비꼬고 있을 그런 처지인가? 아니다. 그러면 무슨 말인가? 그렇다. 확실히 그렇다. 우리는 드디어 죽음을 이긴 것이다. 그 지옥의 나날, 피투성이로 몸부림치며 순간순간을 내내 죽음과 싸워 드디어 그것의 공포를 이겨내 버린 것이다. 경석이 한 사람, 병곤이 한 사람 또 나 한 사람이 이긴 것이 아니라 우리 모두가 집단적으로 이긴 것이다. 이기고 나아가 그 죽음 위에 한없이 거룩한 성총聖寵의 봉인을 씌운 것이다.

죽음을 받아들임으로써 죽음을 이겼고, 죽음을 스스로 선택함으로써 우리들, 이 집단의 영생을 얻은 것이다. 우리는 우리들 이 집단의 사슬에 묶인 가슴 속에서 비로소 타오르기 시작하는 참된 삶의 저 휘황한 불꽃을 감격에 차서 바라보고 있었다. 역사적인 순간이었다. 아니, 역사적인 것만이 아니다. 종교적인 천상의 예감이었다. 아니, 종교적인 것만도 아니다. 예술적인 감동의 극치이기도 하였다. 그렇다. 그 순간은 무어라고 차마 이름 붙일 수조차 없는, 모든 인간적인 가치와 모든 고상한 것들이 통일되는 빛나는 절정이었다. 나는 그때 어떤 이상한 영감에 접하는 듯한 느낌이 일어났다.

그리고 언뜻 단 한마디, '정치적 상상력'이라는 어휘가 내 머리와, 이상스럽게도 그와 동시에 바로 내 가슴속에 불에 달군 시뻘건 낙인처럼 아프게 아프게, 깊이깊이 아로새겨지고 있음을 느꼈다. 그렇다. '정치적 상상력!' 탁월한 의미에서의 정치와 예술의 통일. 어줍잖은 절충이 전혀 아니다. 통일! 바로 그것이다. 1963년 한미주둔군행정협정 체결 촉구 시위 때에 막연하게 문득 떠오른 적이 있던 이 말.

나는 드디어 그처럼 오랜 세월 나를 괴롭혀온 나의 민중적 운동, 정치 행동과 예술적 창조 사이의 저 미칠 것만 같은 간극을 일시에 극복해버리고 만 것이다. 숙제를 해결한 결정적 해답을 선사받은 것이다. 엄청난, 엄청난

순간이었다. 나는 그때 혼잣소리로 중얼거렸다. '감사하나이다.' 그리고 또한 말할 수 없이 '영광입니다.'

물론 지금에 와 다시 생각해보면 과장되어 있다. 그러나 '정치적 상상력'은 새로운 문화와 상상력(유희)을 통해 전혀 새로운 정치(도덕)와 경제(자연)를 찾아야 하는 전 인류의 요청이기도 한 것이다.

정치적 상상력!

이미 그것은 68혁명 때 또는 최근 마르코스의 멕시코 농민혁명을 통해서마저 신선한 빛으로 빛나기 시작했다. 그러면 과연 그것은 무엇일까?

알 수 없다. 이제부터 우리가, 특히 젊은이들이 찾아 헤매야 하는 것 아닐까? '호혜시장'이라는 신시나 '전원 일치제 민주주의'라는 '화백' 안에 그 새로움이 숨어 있는 것은 아닐까? 아닐까?

245_ 통방

감방의 뒤편 변기 바깥쪽의 창문으로 다른 감방의 벗들과 소통하는 것이 통방이다. 감방에서의 유일한 낙은 면회, 즉 접견과 통방일 터이다.

아직 선고가 나오지 않았을 때 왼쪽으로 한 방 건너 지금은 목사님이 된 서울대 법대의 김경남 아우, 그 곁에 기독교사회운동의 맹장 황인성 아우, 오른쪽으로 한 방 건너 한때 지하철 노조위원장을 하다가 지금은 녹색교통을 시작한 박중광 아우, 그 곁에 지금 국회의원인 장영달 아우, 아래층 왼쪽으로 두 방 건너 《조선일보》 논설실장이었던 류근일 선배, 오른쪽으로 두 방 건너 인혁당 하재완 씨 등이 살고 있어 좋은 통방 이웃을 이루었으니, 매일같이 통방, 통방, 통방이었다. 혹간 가다 구치소 간부에게라도 걸리면 다시는 안 하겠다고 약속한 뒤 돌아서자마자 그 일을 가지고 또 통방! 그렇다. 통방으로 해가 떠서 통방으로 해가 지는 '통방징역'이었다.

통방! 그것은 유신 시절의 매스컴이었던 '유비통신(流蜚通信, 유언비어를 그렇게 불렀다)'처럼 우리들의 '서대문통신'이었다. 각자의 집안 소식, 친구 소식에서부터 정세분석과 철학강좌까지 별의별 섹션이 다 갖추어진 거의 완벽한 매스컴이었으니, 누가 이것을 녹음이라도 했다가 풀어 시디로 내거나 출판을 했다면 틀림없는 떼돈감이었다.

그러나 그 통방도 사형을 선고하던 그 날로 잡범들과 합방을 시켜버려 자취를 감췄다. 1.75평의 좁은 공간, 더운 초여름 날씨에 여덟 명씩 들어

앉아 있자니 그보다 더한 지옥이 없는 성싶었다.

내 생전 '생태학적 필요공간'이라는 말을 처음 실감했을 때다. 사람과 사람 사이가 전선줄에 늘어앉은 참새와 참새 사이보다 더 좁아서 맨살이라도 살짝 닿는 날이면 "개새끼! 소새끼!" 하며 말싸움이 벌어지기 일쑤고, 서로 눈길이 마주치기라도 하는 날이면 "씹할 놈아! 뻑할 놈아!" 하고 대판 주먹질이 오가기 십상이었다.

나는 어엿한 감방장으로서 치국평천하의 책임을 져야 했다. 참으로 궁리에 궁리를 거듭하다가 하도 안 풀려 천하태평의 도를 공모했다. 세 사람 입에서 한마디가 동시에 터져나왔다.

"강아지!"

그렇다. 강아지만이 태평의 도였다. 강아지란 담배의 은어였다. 나는 그날로 청소를 담당하는 기결수와 담배를 거래하기 시작했다. 내 영치금에서 그 값을 빼내가는 순왕도둑 장사, 엄청나게 비싼 장사였다. 그러나 강아지가 한 모금씩 돌고 나면 여덟 명의 나팔이 일시에 빙긋이 미소 지으며 눈을 게슴츠레하니 뜨고 일대 평화와 정적의 낙원으로 들어갔던 것이니, 범법임을 뻔히 알면서도 강아지 거래를 끊을 수가 없었다.

그러다 한번은 간부에게 걸려 보안과까지 가서 시말서를 썼다. 그러나 돌아오자마자 계속되었으니, 아아! 평화란 얼마나 값지고 고귀한 것인가! 체호프의 〈담배의 해독에 관하여〉를 압도하는 〈담배의 미덕에 관하여〉를 언젠가는 집필하리라는 꿈마저 꿀 정도였다.

그러는 중에도 외부에 메시지를 내보낸 것이 도움이 되었는지는 모르겠으나,《동아일보》기자들이 이부영李富榮 형을 중심으로 자유실천선언을 하여 사내에 상주하는 정보부원을 내쫓는 데 힘을 모으고 신문 편집에 관한 간섭을 배제하는 등 자유언론수호투쟁을 벌이기 시작하여 다른 신문에까지도 번질 기세요, 야당이 국회에서 한판 떠들썩하게 벌이는 등 정국의 조짐이 심상치 않았고, 무엇보다도 가톨릭이 지속적으로 구국미사를 올리며 정의구현전국사제단이라는 암흑 속의 횃불이 타오르는 등 그야말로 야단법석, 기독교와 일반 지식인들, 대학생들이 대거 궐기하기 시작하였다.

그러나 무엇보다도 충격적인 것은 일본과 미국 여론의 변화였으니, 미국의회는 사형 등 중형과 반민주 행태에 항의하여 한국에 대한 군사원조 중단 논의에까지 반박정희 바람이 불어대고, 일본에서는 좌익과 중도계는 물론, 우익단체까지도 반박反朴 행동을 서슴지 않았다. 유럽에서도 정도의 차이가 있을 뿐 같은 정세가 반복되었고 유학생들의 반박 활동은 유명한 것이었다.

거기다 8·15 기념식 때는 재일교포 문세광文世光이 박정희를 저격했다가 실패하고 부인 육영수 여사만 죽었다. 온 나라가 장례를 치르느라 시끄러웠다. 박정희는 그야말로 사면초가였다. 이럴 때를 일러 수즉부족(守則不足), 공즉유여(攻則有餘)라 하는 것이니, 우리가 되레 공세의 여유를 틀어쥐게 된 것이다.

나는 느긋한 마음으로 책을 읽다가도 문득문득 지주교님의 영상이 떠올라 괴로웠다. 한번은 복도에서 뵈었는데, 푸른 옷을 입고 양손 열 손가락에 검은 칠을 한 채로 지장脂章, 즉 '피아노'를 치고 계셨다. 눈이 서로 마주

쳤는데 주교님이 싱긋 웃었다. 그때 나는 처음으로 푸른 옷을 입은 사제의 모습을 보았다. 뒷날 함세웅咸世雄 신부님과 문정현文正鉉 신부님을 푸른 옷의 모습으로 뵈었다. 아마 이 세상에서 가장 고귀한 사제의 모습은 죄인의 수의를 입은, 성직자의 고통 받는 그것일 듯 짜릿한 감동을 느꼈다.

우리는 단식파동을 한 번 겪은 적이 있으나 나는 만류하였으니, 이기는 싸움을 하는 사람답게 고요할 것, 겸손할 것, 그리고 모두 다 항소를 포기하고 징역 살러 갈 것을 주장했다. 불과 몇 개월 안에 상황이 끝날 것이란 연락을 몇 군데에 보내며 곁으로들 전하라고 일렀다. 불과 일주일 만에 인혁당 이외엔 사형은 무기로, 무기는 이십 년 등으로 감형되었고, 우리가 곧 항소를 집단적으로 포기하자 형이 확정되어 이감되기 시작했다.

나는 무기징역에 영등포감옥으로 이감이 확정되어 한날 다른 감옥으로 이감하는 김동길 교수님과 함께 같은 호송차를 탔다.

246_징역

영등포교도소에서 나의 무기징역이 시작되었다. 머리를 박박 깎고 맨 처음 먹방에 배방되었다. 먹방이란 글자 그대로 새카만 방이니, 밥그릇 들어오는 식구통만 열려 있고 나머지는 0.78평의 폐쇄된 방, 징벌방이었다.

왜 징벌방인 먹방에 집어넣었을까? 의문이 앞섰으나 나는 일체의 권익투쟁을 포기하기로 했다. 바로 옆방에는 박형규 목사님이 계셨다. '아항! 가장 미움 받는 두 사람이로구나!' 그런 생각은 했지만 나도 목사님도 아무 말 안 했다.

온종일 식구통을 바라다보는 날들이 계속되었다. 식구통만이 늘 열려 있어 새카만 속에서 네모난 하얀 외줄기 빛이 쏟아져 들어오고 있었다.

그 무렵에 하루는 문득 '우주에로 뻗어가는 외줄기 하얀 길, 나의 운명'이라는 말이 떠오르고, 십여 년 전 4월혁명 직후 한밤중에 수원농대 앞길에서 체험한 그 끝없는 흰 길의 환영이 다시금 떠올랐다.

그것이 무엇을 의미하는지 나는 알 수 없었다. 그러나 그것이 무언가 나의 피할 수 없는 운명과 직결되는 것임에는 틀림이 없는 것 같았다. 그 후 천주교 교리방에서 자고 제본공장에서 징역을 살 때 그 흔해빠진 종이로 직접 만든 수첩에 그 환영을 그대로 써놓은 것, 나중에 문제가 되어 칠 년간 수형생활을 하게 만든 두 권의 수첩 속에 바로 그 흰 길의 운명이 그대로 있다. 뒷날 서대문감옥에서 참선을 하던 중에도 보았고, 또 훗날 해남에서, 그 훗날 '흰 그늘'의 체험에서도 되풀이된 이상한 환상이었다.

나머지 일들은 모두 다 그렇고 그렇다. 다만 교리방에서 자던 무렵, 바로 곁에서 김원영이라는 독특한 아이가 있어 나를 '형님! 형님!' 하고 따랐던 것이 기억난다. 베트남에서의 양민학살범이었다. 나를 형님으로 모시고 싶다고 했다. 우울하면서도 가슴에 한이 깊은 주먹 출신이었다.

나는 그 무렵 처음으로 가족 접견이 허락되었다. 아내는 초췌한 모습이었다. 말이 없는 대신 속으로 심한 고통을 받고 있음이 역력했다.

그러나 아기!

우리 아기!

재판 때 잠든 모습을 한 번 보고 두번째가 바로 영등포감옥에서 접견할 때였다. 이번엔 눈을 뜨고 있었는데, 한마디로 표현하라면 '묘하다'였다.

물론 어느 애비치고 첫아들이 특별하게 생겼다고 생각하지 않는 이 없겠으나, 이 아이는 정말 특별하게 생긴 것 같았다. 허허허, 불출이 따로 없구먼!

생각해보니 죽어가는 소나무에 솔방울이, 그것도 크고 덩실한 솔방울이 많이 달리는 이치와 같았다. 나는 죽어가고 있었을까? 그랬는지도 모른다. 아마 그때쯤, 그리고 조금 지나 국민투표를 할 때쯤 민주회복국민회의가 태동할 무렵쯤은, 그리고 김재규 정보부장의 시해사건 직전에나, 김대중 씨 등을 포함한 총살 대상 천여 명의 리스트까지 작성한 것 등 박정희가 나를 죽이려고 생각한 자취가 분명한 것을 보면…… 그랬는지도 모른다.

어떻든 간에 나는 평안한 마음으로 징역을 살았다. 죽은 듯이 고요하게……. 그때 영등포감옥엔 박형규 목사님, 한국기독교교회협의회(KNCC) 총무인 김동완 목사, 미술사학자 유홍준 아우, 중국학자 백영서 아우 등이 있었다. 그리고 긴급조치 1호로 장준하 선생과 함께 구속된 백기완 선생이 살고 있었다.

그러던 중 유신헌법의 가부可否를 묻는 국민투표가 있었으니, 우리는 모두 다 석방이 멀지 않았음을 알고 있었다. 매우 추운 어느 겨울날 밤, 예상대로 우리는 마침내 석방되었다.

247_ 석방

인혁당과 이현배, 유인태 아우 등을 제외한 전원이 석방되었다. 영등포감옥 문 앞엔 거의 모든 내외신이 집결했다. 문을 열고 나오자마자 여기저기서 플래시가 터졌고, 나는 가까운 문우들에 의해 갑자기 공중으로 높이 헹가래쳐졌다. 그러고는 끝없는 끝없는 질문의 홍수.

"소감은?" "느낌은?" "얼굴이 수척하다. 갑자기 밖으로 나온 느낌은?" "이제부터는?" "현 정부에 대해서는?" "앞으로도 유신철폐운동을 계속할 것인가?" "심한 고문을 당했는가?" "이번에 태어난 아들에 대해서는?" "솔직한 지금 심경은?"

끊임없이 쏟아지는 질문들에 대해 내가 한 대답은 두세 가지밖에 생각 안 난다.

"내가 미쳤든지, 세월이 미쳤든지, 둘 다 미쳤든지 하여간 알 수 없다. 사형에 무기징역 등을 선고하고 십 개월 만에 석방하는 건 미쳤다고밖에 볼 수 없다. 누구겠는가? 미친 쪽은."

"이제부터 서서히 어둠 속에 갇혔던 잔혹한 사실들이 모두 다 터져나올 것이다. 그 터져나오는

영등포구치소에서 출소했을 때. (1975)

순서에 따라 현 정권도 서서히 붕괴해가기 시작할 것이다. 서서히!"

김상현 씨가 눈에 보였다. 김상현 씨, 가족과 함께 천주교 서울교구청 김추기경님께로 인사하러 갔다.

방에 들어서자 추기경께서 한 잔의 위스키를 주셨다. 그것을 마시니 머리 속과 온몸이 후끈하게 달아오르며 한결 개운해졌다. 나는 조금 들떠 있었다. 가라앉히지 않으면 실수할 것 같았다. 인사를 끝내고 재빨리 정릉에 있는 처가로 돌아갔다.

영등포구치소에서 출소하여 원주집으로 돌아와 원보와 함께 한 단란한 때.(1975)

아내와 아기와 장모님과 아기의 고할매가 모두 잠들었다. 추운 겨울날 영등포감옥 앞에서 진종일 떨며 견뎠으니 지칠 만도 하다. 나는 전등 아래 오도카니 앉아 새벽을 기다리고 있었다. 새벽 네 시, 통금 해제 사이렌이 울리자 나는 일어나 아직도 캄캄한 거리를 걷기 시작했다. 아득한 곳에서 먼 동이 터오는, 그러나 아직은 밤이 가시지 않은 거리에서 보고 싶은 사람이 있었으니, 윤배 형님. 돈암동까지 걸어나가 홍대 앞 극동방송국 쪽으로 가는 택시를 잡아탔다. 차 속에 앉아 스쳐가는 밤거리를 내다보며 생각에 잠겼다.

오늘 나는 옥문을 나온 작은, 피 묻은 손가락이다. 그 길고 긴 넋과 육신이 함께 해방되는 그날에의 기다림이 꾀 많은 마귀의 간지奸智에 의해 장난

질당하고, 그 장난 덕으로 옥문 밖에 내동댕이쳐진 잘린 손가락이다. 껍질이다. 넋 잃은 육신일 뿐이다. 내 넋, 그토록 일치된 내 넋은 어디에 있나? 밤거리엔 바람만 분다. 내 넋은 어디에 두고 와 이 빈 밤거리를 내 텅텅 빈 육신만이 바람에 불려다니나?

아아, 아직도 해방되지 않은 나의 벗들, 장이 부서지고 빠져나간 채 어둠 속에 두 눈을 부릅뜨고 웅크리고 있는 그 가래 끓는 목소리들, 나의 정다운 도둑님들, 헤어질 때 울던 그 베트남에서의 양민학살범. 나는 바로 그들이었다. 그들이 바로 나였다. 그래! 그렇다. 내 넋은 그 감옥에 두고 왔다. 빈 껍질만이 왔다. 내 넋이 거기서 울고 있다. 통곡하며, 해방시켜달라고, 다시금 다시금 일치되자고 통일되자고 미친 듯이 내 육신을 부르고 있다. 서로 만나자고 외치고 있다. 내 넋이 나를 오라고 손짓하고 있다. 바람 찬 잿빛 거리에 텅 빈 내 육신만 홀로 바람에 이리저리 굴러다닌다.

가자! 내 넋을 찾으러 가자! 가서 옥문을 열고 내 넋을 해방시키자! 해방시켜 울며 부둥켜 안자! 일치하자! 일치하자! 통일하자! 통일하자! 내 넋을 만날 때까지 내 육신은 싸우리라. 그것이 매질 아래 산산조각이 나 흩어져 저 바람결에 사라져 없어져 버릴 때까지.

《동아일보》의 〈고행… 1974〉의 마지막 부분이다.

248_사제단

새벽 부옇게 동이 터올 무렵에 극동방송국 앞에 있는 댁에서 윤배 형님을 만났다. 정좌하고 앉은 형님 뒤편 벽에 긴 일본도가 한 자루 얹혀 있었다. 삼엄했다. 형님 눈과 생각에 비친 그간의 세상에 대해 알고 싶었다. 형님은 세 가지를 말했다. 첫째는 사제단이었다.

"거, 사제단 말이야! 거, 참 멋있어. 그러나 너무 유럽 냄새가 나! 조선 냄새가 날 수 없냐? 민족적 사제단 말이야. 그래야 통일 주체도 되지."

둘째는 원주였다.

"앞으로 리영희 선생이 원주 장선생을 만나러 자주 걸음할 텐데 양쪽 입장을 조율할 수 없냐? 국민회의의 실질적인 지도력을 형성할 수 없냐 이 거야!"

셋째는 이종찬 선배의 군부였다.

"괜찮아! 믿고 잊어버려! 잊지 않으면 건강에 해로워! 괜찮을 테니까 두고보자고!"

그러고는 그 밖에 가장 걱정되는 것을 말했다.

"니가 제일 걱정이다. 너를 굉장히 노릴 거야! 이제 너 자유롭지 못할 거다."

"각오하고 있습니다."

"오늘이라도 사제단부터 만나라. 그 뜻 알겠지?"

"네."

내 발은 명동성당의 아침미사를 목표로 가고 있었다. 눈부신 아침, 창으로 흘러드는 햇빛과 조명에 빛나는 새하얀 미사. 그 미사는 만원이었다. 입구 쪽에서 뒷전에 서서 바라다본 성당 내부는, 그리고 미사는 참으로 숭고하고 장엄했다. 그러나 바로 그때 내 생전 처음으로 시커멓고 불길한 어떤 것이 거룩한 흰 자리 위에 서려 있음을 보았다. 충격이었다. 환영?

사제단과 약속을 밤시간으로 정해놓고 나는 걷고 또 걸었다. 시커먼 불길한 것, 흉측한 것이 새하얀 자리, 그 거룩한 형상 위에 덮여 있었다. 그것! 그것은 여러 가지 함의를 갖고 있었다. 나는 치를 떨었다. 무슨 뜻일까?

나는 몹시 지쳐 있었다. 그러나 잠들 수 없었고 쉴 수도 없었다. 그 시커멓고 흉측한 것도 우선은 제쳐두었다. 응암동 성당에서 함세웅 신부를 처음 만났다.

우리는 함께 보신탕집에 가서 보신탕을 한 그릇씩 먹고 몇 잔의 소주를 하며 아주 간결하게 중요한 의견만 교환했다. 먼저 토착화. 토착화 노력은 장기적으로 진행될 것이다. 근로대중에 관한 것. 중요하지만 아직은 잘 모르겠다. 민주회복국민회의. 함신부가 대변인이었다. 그런데 아마도 이제부턴 김시인이 대변인을 맡아줄 수는 없을는지 등등.

그날 밤. 명동 전진상문화관에서 사제단 신부 십여 명과의 상견례가 있었다. 날짜와 얘기 내용들이 헛갈린다. 그날도 그랬으나 지금까지도 그 시커먼 불길한 어떤 것이 자꾸만 개입했고 지금도 간섭하는 것 같아 정확한 기억이 아닌 듯도 하다. 그러나 대충 있었던 일만 요약한다.

그날 밤. 그 자리에서 지속적인 반유신 민주화운동은 국민회의를 지도부로 하여 진행할 것, 그 과정에서 농민·노동자·여성·실업자·저소득층과 정치적으로 불만이 있는 중산층의 이익과 견해를 대변하는 여러 기구들을 사제단의 노력으로 교회 안팎에 구성할 것, 그리고 지금부터라도 남북간의 화해와 연합을 주도적으로 추진할 수 있는 민족적 주체를 국민회의 안에서 모색할 것 등을 강조했던 것 같다.

그때 그 자리.

기억이 섬세해진다. 두 사람의 신부.

문정현 신부님은 "그렇게 하지, 뭘!"이었고, 정호경 신부님은 "하하하, 좋은데"였다. 그리고 나는 몇 번이고 몇 번이고 감사하다는 인사를 하고 물러나 정릉으로 돌아왔다.

깊이깊이 잠들었다. 그런데 악몽으로 끊임없이 잠꼬대했다고 한다. 시커먼 그 어떤 것?

내가 가톨릭을 그만두게 된 몇 가지 동기 중의 첫번째 동기다. 그러나 이것만은 지주교님께도 얘기하지 않았다. 아마 내 짐작으로는 이 시커먼 불길한 것과 흰 길의 환영은 그 후 아득한 뒷날 '흰 그늘'에서 그 분열이 통합되는 건 아닐는지?

249_여론

나는 재판 도중 이철·유인태 부분에서 재일교포 조직휘와 일본인 다치카와·하야카와 두 사람의 진술을 녹음한 것을 들었다. 민청학련의 조직자 두 사람에게 결정적으로 불리한 발언을 늘어놓고 있었다.

그때 나는 세 사람의 일본 관계자들에게 몹시 분개했다. 그 분노가 일본 언론과의 회견에서 터져나왔다. 쓸데없이 끼어들어 한국 내부의 문제를 더 어렵게 만들었다고 강하게 비난한 것이다. 아마 일본인들은 상처를 받았던 것 같고, 다치카와와 하야카와 두 사람을 환영하기 위해 준비중이던 하네다 공항에서 긴자까지의 국민행진이 취소되었다. 일본인 친구들의 나에 대한 비난이 연일 쏟아졌다. 나는 거듭되는 일본 언론과의 회견에서 그들과 그들을 대하는 일본 국민들의 엉터리 영웅숭배를 비판하는 내용을 더욱더 강하게 주장했다.

하루는 《요미우리 신문》의 한국 특파원이 찾아왔다. 그 이름이 '단도_{丹藤}'. 그는 그 무렵 내가 만난 어느 일본인 기자보다도 일본적 민족감정에서 자유로운 사람이었다. 그는 일본인 두 사람의 실수와 신의의 부족을 시인하고 나서, 그럼에도 불구하고 진보적 세계주의자로서 의무를 수행하려 했던, 유치하나마 가상스러운 행태에 대해 너그럽게 이해해줄 수 없느냐고 부드럽게 말해왔다.

나는 그를 유심히 바라보았다. 그렇다. 내가 바라던 것은 바로 그런 태도였다. 나는 곧 그들의 선한 의도를 인정하고 그들이 캄캄한 지하실에서 겪었을 고통에 대해 한민족을 대표해서 사과하였다. 그리고 일본 국민과 나의 벗들에게 그 두 사람을 따뜻이 맞이해 달라고 부탁했다. 요미우리 특파원은 웃으며 돌아갔고 그것으로 일본과 나의 갈등은 끝이 났다.

훗날 방일중에 그를 만났고, 그 후 십 년 가까이 중국 특파원을 지내며 쓴 중국에 관한 비판적인 책을 선사받기도 했다. 그는 중국의 부패를 지적하면서도 상승하는 중국의 잠재력을 인정하고 겉은 화려하나 실제로는 가라앉고 있는 일본에 대한 비판을 서슴지 않았다. 우익《요미우리 신문》의 오랜 기자임에도 불구하고.

나는 일본인들의 이런 태도가 좋다. 긍정과 부정, 이것과 저것이 함께 공존하는 살아 있는 사람! 이것이 양심적인 일본 지식인의 얼굴이었다.

250_기독교회관

기독교회관 일층 홀이 가득 차 있었다. 그날 함석헌 선생님을 비롯해 기독교 신자들과 목회자들이 민청학련과 긴급조치 위반 구속자 전원을 초대하고 환영하는 자리였다. 한마디씩 하라는 자리인데 내가 한 말은 대강 이런 것으로 기억된다.

"그들은 내게 이런 말을 했습니다. '우리는 이미 독을 삼켰다. 소화하면 살고 소화 못 하면 우리는 죽는다. 우리가 못 할 일은 없다. 그런데 너희들은 뭐냐?' 이 말을 잘 생각해보십시오. 잘 생각하면 답변이 나올 것입니다."

그 뒤의 기독교회관과 기독교. 그것은 참으로 눈부신 운동과정이었으니, 걸음걸음이 그들의 용기 있는 사랑과 믿음과 희망으로 빛나는 우리의 현대사다.

나는 말할 수 있다. 그들 기독교인들은 약을 삼켰고 또한 그것을 소화했다. 단 하나 그들에게 거는 더 큰 희망이 있다면 그것은 초보적인 '원리주의', 그 '펀더멘털리즘'을 하루빨리 넘어서서 동양 및 한국사상과 좀더 깊고 좀더 넓은 화해를 모색하라는 것뿐이다.

251_ 원주에서 보낸 며칠

지주교님은 나보다 며칠 늦게 출옥하셨다. 그날, 지주교님이 원주에 도착한 날은 원주시민 거의 반 이상이 거리로 뛰쳐나와 환영하는 인파로 북적대었다.

주교님은 차에서 내려 여러 신부님들, 여러 평신도 지도자들 그리고 나와 함께 원동성당으로 행진하였다.

지금도 기억한다.

중도에 한 청년이 주교님 앞에 와서 외투를 벗어 길에 깔았다. 예수의 예루살렘 입성이었다.

호산나! 호산나! 주의 이름으로 오시는 이여! 찬미 받으소서!

'호산나'는 '우리를 즉각 구원하소서'라는 뜻이다. '즉각!' 아아, '즉각' 말이다!

내 눈이 무엇인가, 누구인가를 찾아 헤매다가 문득 머무른 그곳에 청강 장일순 선생님이 손으로 눈물을 닦으며

민청학련 사건으로 투옥되었다가 석방된 뒤 지주교님과 함께 한 퍼레이드에서.(1975. 2. 19)

서 계시었다. 그것이 원주였다. 민중의 영원한 고향, 호산나의 원주! 원주는 결국 최수운과 최해월의 땅이기도 했으니, 최수운 선생의 시에 이런 구절이 있다.

       푸른 강물의 넓고 넓음이여　　　　　青江之浩浩兮
       소동파가 나그네와 함께 풍류를 놀도다.　蘇子與客風流

이 한 구절로 하여 원주는 또한 청강의 땅이요, 풍류의 땅이니, 주인공 동학과 나그네인 서학이 서로 함께 명상과 변혁의 통전인 풍류선도風流仙道에 귀의하는 개벽과 혁명의 땅인 것이다.

252_ 동교동

국회의원 김상현 씨는 요사이엔 나와 격조하지만 본디 아주 가까웠을 뿐 아니라 내가 존경하는 행동가의 한 사람이다. 이론이나 셈보다 발과 몸이 더 빠른 사람이니, 그것으로 신의와 예절의 탑을 쌓은 이였다.

그이가 기별하여 원주에서 서울로 갔다. 그이를 만나서 그이의 소망대로 내외신 기자들을 다 부르고 함께 동교동 김대중 씨 댁에 갔다. 그것은 하나의 전략이었다. 그것은 김대중 씨를 국민회의의 자타가 공인하는 선봉으로 자리매김하려는 전략이었다.

그러나 내가 그것을 자랑하고자 지금 말하고 있는 것은 결코 아니다. 우리의 한걸음 한걸음에 결코 우연은 없었고, 신념과 전략, 새 이념에 대한 타는 목마름과 같은 지향과 피 어린 전술적 현실 파악이 함께 했음을 젊은이들에게 알리기 위함이다. 현대사가 공백으로 보이는 헛점을 우선 몇 가지 점에서라도 넘어서라는 것이다.

때론 너무 꾀 부린다고, 너무 계산속이라고 욕하는 분들도 있을 것이다. 그러나 병법, 특히 동양의 병법은 약한 자의 지혜의 체계다. 우리는 너무나도 착하고 약한 자들이었으며, 우리가 대결하는 자들은 참으로 너무나도 너무나도 독하고 강한 자들이었으니, 예수님마저도 우리의 병법의 필요 불가결함을 예시하여 "뱀처럼 슬기로워라"라고 하지 않았던가! 다만 동시에 우리에게는 '비둘기의 순결'이 요구되었으니 비난이나 걱정을 한다면 그것의 여부를 두고 해야 할 것이다.

우리는 과연 순결했던가?

거기에 대한 자신이 내겐 없다.

바로 그 시커멓고 불길한 것은 무엇이었을까? 훗날 그토록 긴 세월 나를 괴롭혔던 환상이라는 이름의 병의 조짐이 아니었을까?

또한 나는 그때 조금치라도 순결했을까?

나는 공개적으로 김대중 씨를 만나는 것이 두려웠다. 나는 틀림없이 재구속될 것임을 알고 있었기에 고문이 두려웠다.

나는 동교동으로 가는 차 속에서 김상현 씨에게 내가 김대중 씨를 만나고 집을 나서다가 문 앞 계단에서 뒤로 넘어질 터이니 당신이 기자들 앞에서 나를 껴안으라고 부탁했고 그가 그러기로 약속했다.

잔꾀 부린다고 욕을 먹어도 할 수 없는 일이다. 우선은 살아야 하고 병신이 되지 않은 채로 일을 해야 한다. 일! 그것만이 나의 삶이었다.

나는 기자들 앞에서 김대중 씨를 가리키며 말했다.

"이 사람을 잘 보시오. 이 사람은 우리의 선봉입니다."

김대중 씨는 이 말을 받아서 이렇게 말했다.

"김시인은 우리의 정신적 대변자입니다."

그것이 그대로 국내외에 보도되었다. 그리고 일어서서 나는 걸어나왔고 계단에서는 뒤로 넘어졌다. 김상현 씨가 뒤에서 나를 껴안았다. 이것도 그대로 국내외에 보도되었다.

내가 출옥 이십팔 일 만에 재구속된 곳은 제6국이 아니라 타공국打共

局인 제7국이라는 것. 비록 잠은 안 재웠지만 그 무시무시한 타공의 지하실에서 고문은커녕 뺨 한 차례도 맞지 않았다는 것. 이것을 알리고 싶다.

아아, 그러나 참으로 쓴웃음 이외엔 아무것도 남는 것이 없으니, 이런 일들을 두고 '헛되도다'라고 성경은 읊조린 것이 아니던가!

다시 한 번 조용히 발음해보자!

'헛되고 헛되고 또한 헛되도다!'

253_서울역

나는 그 이튿날 장모님을 모시고 아기와 아내와 함께 장모의 에스언니 되시는 분의 하동집으로 쉬러 내려가고자 서울역으로 나갔다.

서울역에서 마침 마산 옛집으로 내려가시는 박형규 목사님 부처를 우연히 만났다. 같은 열차를 타고 내려가면서 목사님에게 귓속말로 들은 얘기는 다음과 같다.

"장준하의 얘기야. 박정희가 우리 사건 전체의 브리핑을 받고 나서 한 말이 '우리가 두 놈에게 당했다. 박형규와 김지하만 구속해서 꽉 묶어놔라!'라고 했다는 거야. 어쩔 텐가? 하동에서 올라오지 말지! 길게 쉬라고! 쉬어도 일은 돼갈 테니까."

나는 대답을 하지 않았다.

마산역에서 목사님과 헤어지고 우리는 하동까지 갔다.

목사님의 얘기, 장준하 선생의 전언傳言은 정확했다. 각오한 바였다. 그래! 하동에서 좀 쉬어보자! 푹 쉬어보자!

254_ 하동

    거의 까푸라졌다. 밤이고 낮이고 간에 며칠을 내리 잤다. 그 집 주인장에게 정보부에서 전한 말은 "고맙다"와 "오래만 있어달라"였다고 한다.
    며칠 동안 먹고 자고 먹고 자고 했다. 며칠이 지나 식구대로 지금은 공원이 된 섬진강변의 너른 백사장으로 놀러 나갔다.
    이곳! 이 백사장은 동학당의 갑오혁명 때 혁명의 흡혈귀라고 불렸던 과격무쌍한 김개남포金開男包가 들어와 양반족속이나 아전배들을 이천여 명이나 학살했던 곳이다. 붉은 피가 백사장과 강물을 온통 물들였다 한다.
    그 붉은 피가 흘렀던 물, 지금은 가없이 푸르기만 한 섬진강물에서 시조차 느끼지 못할 만큼 나는 긴장해 있었고, 지쳐 있었고, 예민한 폭력적 감각에 휘둘리고 있었다. 영민한 바깥 주인장은 이미 우리가 내려온 그 이튿날 부산으로 떠나버리고 집엔 여자들만 있었다.
    그래. 동학은, 동학의 역사는 나와 무슨 관계, 현재의 우리들과 무슨 인연이 있는 것일까? 내가 그때 생각한 것, 본 것은 하나밖에 없었다. 아직 흑백이었던 텔레비전에서 꿈꾸는 듯한, 약에 취한 듯한 눈초리의 가수 김추자의 고혹적인 노래와 몸짓 그것뿐, 다른 아무 생각도 없었다.
    그런 중에 김상현 씨가 들이닥쳤다. 사연은 단 하나였다. 민주회복국민회의가 다가오는 새로운 선거, 김상현 씨 말로는 미국의 압력 때문에도 새로운 선거가 불가피하다는 것이었는데, 그 선거에 진짜 야당으로 출마할 것이 확실시되자 김영삼 씨와 양일동 씨를 비롯한 여러 야당 지도자들이 너도 나도 뛰어들어 지방의 국민회의 지부를 제멋대로 조직하고 있다는 것이었다. 이 며칠 사이에 진전된 상황이라고. 이것을 막지 않으면 안 되는데, 김대중 씨는 지금으로서는 소수요, 약세인지라 아무래도 내가 올라와 회의의 대변인을 맡으면서 실질적으로 조직을 장악해야 한다는 것이었다.

나는 일단 대답을 피하고 잠깐 틈을 내어 한밤의 강변으로 나갔다. 생각을 해보기도 전에 이미 대답은 나와 있었다. 김대중 씨가 회의에서 강세를 장악하게 되는 것은 자기 힘만으로 되는 것이 아니라 장선생 그룹과 지주교님, 가톨릭 사제단과 윤배 형에 의한 리영희 그룹, 그리고 장차 이종찬 선배 등에 의해 포진될 것이다. 이것이야말로 윤배 형님의 소망이자 장선생님의 희망사항이 아닌가! 내가 다시 감옥에 들어가는 것은 기정사실이다. 그러나 국민회의 대변인 자격으로 구속되어야만 한다. '슬라이딩 태클'이 아니라 이젠 명분의 싸움이요, 도전이며, 동시에 기세의 전투다.

아, 나는 꼭 그렇게 실천하였다.

그러나 호치민 세력에 의한 베트남의 함락을 그 누가 예감이라도 했겠는가? 세계정세와 미국의 태도가 돌변하고 국민회의가 자진 해산해버렸으니, 드디어 나의 칠 년간에 걸친 길고 긴 외길의 고난이 시작된 것이다.

255_ 민주회복국민회의

장모님만 하동에 그대로 머물고 나는 김상현 씨와 아내, 아기와 함께 부산을 거쳐 서울로 돌아왔다.

부산의 한 호텔에서의 일이다. 김상현 씨가 하도 이끌어 나, 아내, 아기가 다 함께 호텔의 한 사이키델릭 클럽엘 들어갔다. 귀가 찢어지는 듯한 전기음악에 어른도 정신이 산란한데 아기가 계속 잠을 자고 있었다. 아무리 건드려도 마치 죽은 듯 반응이 없었다. 아기를 뚫어지게 바라보며 나는 길고 긴 한숨을 쉬었다. 아내에게 한마디 했던 게 기억난다.

"이 아기는 제 애비의 불행에 대비하고 있는 것일까?"

"무슨 소리예요? 무슨 일이 있어요?"

"아니오. 너무 평온하게 잠든 것이 도리어 슬퍼!"

이튿날 저녁, 청진동의 한 과자점에서 만난 함신부님이 내게 정식으로 국민회의 대변인을 맡아달라고 부탁하며 대변인이 조직적인 문제까지 떠안을 수밖에 없는 사정을 이해해달라고 말했다. 그 다음날부터 내 이름으로 회의의 공식적인 결정들이 발표될 것이라고 했다.

나는 그날 밤 광화문 동아일보 이층 편집국에서 농성중인 동아투위 친구들을 방문해 격려하고 또 잇달아 조선일보 투위가 농성중인 국제극장 뒷골목의 한 여관에서 투위의 리더인 임재경 선배와 신홍범 형을 만나 격려하였다.

그 자리에 조선일보 방회장과 조폭의 거인 '아라이' 씨가 찾아왔다. 나는 인사하고 일어서면서 '아라이' 씨의 귀에 대고 잠깐 속삭였다.

"몸을 건드리면 안 됩니다. 몸만 안 건드리면 우리가 감사히 생각하겠습니다. 평안하십시오."

그 이튿날 아침, 하루 일정으로 원주에 가 지주교님과 장선생님께 국민회의 일을 보고하고 상의하고자 고속버스 터미널로 나가다가 마침 정릉으로 들어오던 경찰차에 연행되어 성북서를 거쳐 그날 저녁으로 중앙정보부 제7국으로 들어갔다.

들어가면서 차 속에서 짐작했다.

첫째가 회의 대변인 결정 소식.

둘째가 김상현 씨의 하동 방문.

셋째가 장준하 씨의 제보대로의 사정.

넷째가 동아일보 등에 발표한 인혁당 관계 발언들.

이 네 가지는 생각했으나, 그 밖에 결정적으로는 7국이 원주집을 덮쳐 몇 권 안 되는 사회과학 책들과, 그보다도 한 교도관을 통해서 원영이가 빼돌린 두 권의 옥중수첩에 나의 새로운 사상에 관한 전체 구상 중 마르크스주의에 대한 언급 부분이 있어 반공법에 저촉되어 있는 줄은 새까맣게 모르고 있었다.

256_제7국

옆방엔 누가 있을까? 나직한 울음소리가 들린다. 뱃전에 걸린 녹슨 닻에 감긴 해초들이 스적이는 듯한 기이한 울음소리, 이어졌다 끊겼다 들려오는 저 소리!

문득 흐린 전등 불빛 아래 국방색의 허공 위에 눈알 빠진 아버지의 검푸른 얼굴이 떠오른다. 아버지! 아버지! 아버지가 옆방에 끌려와 고문을 받고 있는 것인가?

또 울음소리가 나직이 옆방에서 들려온다. 이어졌다 끊겼다 들려오는 저 소리! 나는 사흘째 못 자고 있다. 극도로 지쳐 입안이 다 해어지고 입술이 부르텄다. 눈알이 뜨거워서 주체할 수가 없다.

잠이 들면 깨우고 잠이 들면 또 깨우고. 눈을 뜨면 눈알 빠진 아버지의 환영! 겨우겨우 정신을 수습하여 나직이 묻는다.

"우리 아버지가 와 계십니까?"

"무슨 헛소리! 당신 아버지가 여기 왜 와?"

"잠 좀 자고 합시다."

"당신, 호강하는 줄 알아! 몸이 안 좋다고 걱정하는 사람이 많아서 그나마 최대한 봐주는 거야! 잠 좀 안 잔다고 죽지는 않아!"

취조는 계속되었다. 밤낮으로 계속되었다. '양파 까기'다. 거의 똑같은 질문이 끝없이 반복되다가 대답이 전과 조금치라도 다르면, 바로 그 다른 지점부터 파고들어 다시 시작하는 것이다. 악명 높은 '양파 까기'다.

책임자는 두 사람이었다. 한 사람은 스포츠맨 같은 건장한 체격에 완강한 턱을 가진 임전무퇴형. 아마도 구월산 유격대원들이 저런 얼굴이었을 것이다. 아니나 다를까, 별명이 '구월산'!

또 한 사람은 빼빼 마른 체격에 눈이 날카로워 꼭 면도날 같은 사람. 나는 나중에 나 혼자서 그에게 별명을 붙였으니 '걸어다니는 면도날', 유식하게 영어를 붙이자면 '워킹 레이저 walking razor'!

나 들어간 첫날 첫마디는 '면도날'이 내뱉은 것이었다.

"니가 인혁당 대변인이냐?"

일반 취조관들이 들어와 그 자리에 없는 두 사람에 대해 겁주는 말들을 많이 늘어놓았으니 그 두 사람, '구월산'과 '면도날'이 바로 남한 최고의 타공 명수들이란 거였다.

초점은 역시 사회주의였다. 옥중수첩에 사회주의 관련 어휘들이 여러 가지가 있었으니 그들은 그것을 가장 유력한 증거물로 들이댔다. 그들의 주장은 '가톨릭에 침투한 공산주의자'라는 것이고, 내 주장은 '일종의 민족적인 기독교 사회주의의 모색 과정'이라는 것이었다. 또 그들이 주장하는 것은 모색 과정에 있는 사람이 나처럼 그렇게 확신에 차서 용감하게 투쟁할 수는 없다는 것이었으니 베트남 공산주의자들이 불교를 끌어들이듯 내가 공산주의를 위한 투쟁에 가톨릭을 끌어들이고 있다는 것이었다. 제2차 바티칸 공의회 문헌들과 교황들의 노동회칙, 제3세계 회칙 등을 아무리 설명해도 막무가내였다.

3차, 4차, 5차 조서로 거듭거듭되면서 이전 조서는 차례차례로 파기된다. 조금씩 조금씩 자기들의 주장을 내 대답을 통해 관철시키면서 끝없이 끝없이 손가락에 인주를 발라 조서에 지장을 찍는 과정이 일주일 동안 잠을 안 재우고 계속되었다.

결국은 피로감의 절정에 이르러서 잠을 재워준다는 조건으로 '가톨릭에 침투한 공산주의자'라는 그들의 주장에 반쯤 동의하는 형식으로 어물어물 취조가 끝났다.

잤다. 그리고 깼다.

잤다. 그리고 깼다.

잠을 자고 나니 사람 얼굴이 비로소 보였다. 일선 취조관이었는데 황해도 출신의 계장이었다. 성미가 어지간히 눅은 편이어서 보기만 해도 웃음이 날 듯한 표정이었다.

그이가 되풀이하는 말 중에 이해 못 할 어휘가 있었으니 '메사니'란 말이었다. 전라도 말 같으면 '거시기'일까?

"메사니, 당신 사상이란 기 왔다갔다하는 기야? 거, 메사니, 웬 사상이 기렇게 복잡해? 나, 메사니, 공산주의자요 해버리면 안 되나, 그거?"

거기에 대한 내 대답도 지금 생각해보면 코미디였다.

"뭐 떡입니까? 꿀꺽하게……."

"메사니, 머이 기리 복잡하냐 말이야? 간단히 하자구, 간단히!"

"사상이라는 게 생각인데, 생각이란 게 원래 복잡한 것 아닙니까?"

그들은 조사 도중 잠깐 나를 석방할 듯한 눈치를 보였다. 거짓이 아니라 어디 가서 쉰다는 조건으로 인혁당 문제만 걸어놓고 방면하려고 했던 것이다. 그만큼 그들 자신도 전문가답게 나를 무슨 '주의자'로 보지는 않았으니, 내 주장처럼 복잡한 사상의 모색 과정에 있음을 시인했던 것이다. 옥중수첩이 사실 그러했다. 다만 나를 무력화시킨다는 게 그들의 목표인 듯했다.

그러나 아마도 베트남 함락 때문인 듯 며칠 만에 태도가 싹 바뀌었다. '구월산'이 말했다.

"조금만 고생하라구! 뭐 얼마 가겠어?"

구치소로 넘어가기 직전에 그들은 최종길崔鐘吉 교수가 떨어져 죽은 자리를 보여주었다. 여러 가지 변명을 늘어놨으나 내 첫 짐작으로도 고문에 시달리다 못 견디어 몸을 던진 것 같았다.

제7국! 제7국! 지하실! 지하실!

빙빙 돌아 몇 층을 내려가야 있는 그 무시무시한 지하실! 그 지하실에서 벗어나 서대문으로 이송되는 차 속에서 느낀 해방감!

지하실에서 감옥으로의 이동에 불과한데도 그처럼 화안한 해방감을 느꼈으니, 참으로 인간의 자유란 무엇이며, 억압과 파시즘이란 또 무엇인가? 그리고 공산주의란 이데올로기는 인간역사에서 그 무엇인가? 그렇게 숱한 희생자와 순교자를 내고도 완전 실패한 그 혁명을 우리는 과연 무슨 논리로 설명할 것인가?

257_노란 책

　　박정희와 중앙정보부는 결국 나를 가지고 장난질을 했다. '나는 공산주의자다'라는 제목으로 나의 마지막 진술서를 다섯 가지 외국어로 번역하여 전 세계에 배포했다. 국제적으로 완전 매장하자는 것이었다.

　　허허허! 매장?

　　참으로 가관이다. 막강한 정권을 쥐고 앉아 일개 시인 따위를 상대로 별의별 호떡 같은 짓을 부끄러움도 모르고 하고 있다니!

　　매장? 내가 언제 고대광실에 앉은 자더냐? 매장?

　　그 문서가 노란 표지로 돼 있어 그 뒤부터 그것을 '노란 책'이라고 불렀다.

　　나는 생각했다. 변호사들에게 그 얘기를 간단히 듣고 나서 나는 가만히 생각했다. 어차피 이판사판이다.

　　그래, 그렇게 생각하고 나서…… 서서히 서서히…….

258_ 양심선언

그 무렵 민주화운동 세력 쪽에는 '양심선언'이라는 표현양식이 있었다. 현실적으로, 제도적으로는 어쩔 수 없는 진실을 알리는 양식. 윤형중 신부님의 착상이었고 지학순 주교님이 그 첫 발신자였다.

나는 전 세계를 향해서 양심선언을 발신하기로 작정했다. 마음을 결정한 그 이튿날 부연 새벽녘부터 중요한 글자들을 꼬박꼬박 한 자씩 써서 밖에 숨어 있는 조영래 아우에게 보내기 시작했다.

첫번째 글자 한 자는 우리 방에 단골로 드나들던 쥐가 물고 나가 전했고, 그 다음 번 글자 한 자는 우리 방 바깥에서 늘 돌아다니는 도둑고양이가 물고 나가 전했고, 세번째 글자 한 자는 우리 방 철창 근처로 왕래하는 개미가 물고 나가 전했고, 네번째 글자 한 자는 우리 방 바깥에 아침마다 와서 시끄럽게 인사하는 참새가 물고 나가 전했고, 다섯번째 글자 한 자는 우리 방 저기 저쪽 미루나무 위에 자주 앉는 까치가 물고 나가 전했고, 나머지 글자들은 사방을 드나들거나 출옥하는 도둑님들이 하나씩 숨겨가지고 나가 조영래 아우에게 따로따로 전했다. 또 중요한 전달자요, 여러 가지로 협조한 한 사람이 있는데, 근래에 나의 치매 증세가 심하여 그 이름을 새까맣게 잊어버렸으니 참으로 참으로 예의에 어긋난다. 그러나 사람만은 어김없이 기억하고 있으니 하늘의 벌만은 면할 것 같다. 아마도 그 성씨가 김씨 아니었던가……

조영래 아우는 나의 이 친한 벗들이 물어다 준 글자들을 한자 한자 줄을 세워 꿰맞추고 거기에 엄청나게 아름답고 격조 높은 문장을 가필하여 어느 날 드디어 '양심선언'을 완성했다. 양심선언 완성 소식을 나는 지나가던 제비에게 들어 일찌감치 알고 있었다.

조영래 아우는 그것을 두 갈래로 전파했으니, 하나는 진보적인 민중단체를 통해서, 다른 하나는 가톨릭 정의평화위원회를 통해서 역시 다섯 가지 외국어로 번역하여 그 해 8월 15일에 일본, 미국, 유럽 세 곳에서 같은 시간에 전 세계 매스컴을 통해 전 인류에게 발신했다. 그 선언에는 여러 사람의 서방측 저명인사들이 동의를 표명하여 서명했으니, 사르트르·보부아르·촘스키·몰트만·카를 라너·하버마스와 일본의 오에 겐자부로와 오다 마코토, 와다 하루키, 하리우 이치로 선생 등이었다.

박정희네 동네와 중앙정보부가 발칵 뒤집혔다. 그날 저녁 나는 구치소에 들어온 정보부원들, 그 맨 앞에 선 '메사니' 계장에게 연행되어 7국으로 갔고, 초벌조사 후 그 이튿날 새벽 특수기동대에 의해 체포된 쥐·고양이·개미·참새·까치와 뭇 도둑님들이 연행되어 가서 조사받았다.

그러나 언어가 통하지 않으니 조사를 할 수 있나?

도둑님들? 도둑님들은 자기네만 아는 은어로 떠들어대니 조사를 할 수 있나?

나? 나 말이오?

나는 죽여도 시원치 않겠지만 전 세계 언론이 마구 보도를 내보내고 있고 몇 대 갈기면 금방 뒈지게 생긴 걸 어찌 매질할 수 있으리요! 그러하매

화를 참고 슬슬 구슬릴 수밖에 더 있었겠는가?

7국장께서 친히 지하실로 내려와 난데없는 경어까지 써가며 가라사대,

"김선생! 장관 한번 안 해보겠소? 여러 사람이 김선생 재능을 아까워하는데 어떻소? 우리와 협조해서 큰일 한번 안 해보겠소? 농담이 아니오!"

이 사건은 이렇게 끝났다.

그러나 양심선언은 러시아 말로까지 번역되어 저 악명 높은 '노란 책'을 자취없이 쓸어냈으니 그 뒤 나의 팔자는 어찌 됐을까?

허허허!

호강했을 리는 만무하고……

허허허허허!

259_ 문세광의 방

구치소로 이송되어 며칠째 그곳이 어디인지도 모르고 잠을 잤다.

꿈에 박정희를 만났다. 그는 배를 타고 멀리 도주하고 있었다. 그런데 곁에 있던 자가 칼을 던져 돛줄을 끊어버렸다. 배는 돛들이 제멋대로 놀며 뱅뱅뱅 돌다가 마침내 구름 사이로 자취를 감췄다. 가까스로 깨어나서 가만히 살펴보니 전에 문세광文世光이 들어가 있던 방이다.

내가 민청 사건 때 들어와 두번째 있던 사방이 바로 문세광이 있던 사방의 맞은편 한 층 아래 사방이어서 그 방을 특수 장치로 리모델링하는 걸 올려다봤으니……. 감방문 바로 위에는 텔레비전 모니터가 달려 있고 문 바로 옆에는 흰 벽이 깎이고 그 안에 아마도 녹음기로 보이는 무슨 시커먼 기계가 하나 들어앉아 있었다. 그 문세광의 방은 서대문감옥에서도 가장 중요한 오지여서 일본 적군파赤軍派로부터 문세광이나 나 같은 자를 보호하기에 안성맞춤인 요해처要害處였다.

그 뒤 심심하면 그 방에 문세광이 와서 놀다갔다. 하는 얘기가 항용 똑같아서 내가 졸기 시작하자 그 뒤부터는 오지 않았는데, 맨날 하는 말이 자기는 박정희 자작극의 괴뢰도 아니고 김일성 음모극의 괴뢰도 아니며 그저 한 사람의 재일교포로서 10월유신이 나자 민족적 울분 때문에 박정희를 없애겠다고 다짐한 사람이라는, 나도 아는 얘기를 한이 맺혀서 한이 맺혀서 자꾸만 자꾸만 반복해서 드디어는 내가 끔벅끔벅 졸게 된 것이다.

문세광이가 오지 않자 한번은 일본 적군파에 속하는 키가 후리후리한, 검은 옷과 검은 복면의 닌자忍者 두 명이 창살 사이로 슬며시 들어오더니 나를 프랑스로 데려가겠다고 딱딱 끊어서 말했다.

나는 그들에게 나라는 사람은 본디부터 조국을 워낙 사랑하므로 그렇게는 할 수 없으니 당장 돌아가달라고 살살 달랬다. 밤새 국제주의적 의무사항을 으르딱딱 웅변하더니 푸른 새벽이 오자 갑자기 흰 연기로 변해서 자취를 감췄다.

또 그 다음엔 어느 날 한밤중에 노 젓는 소리가 내내 들려와 창살 밖으로 내다봤더니 《보물섬》에 나오는 외다리 선장 실버가 조각배에 술과 담배를 잔뜩 싣고 창문가에 다가와 배를 대는 것이 아닌가!

우선 반가워서 술 한 모금에 담배 한 대를 맛있게 먹고 나서 가만 생각하니 이것은 체통 문제라 실버에게 고맙지만 사양하겠다고 극구 사정하여 돌려보낸 일도 있었다.

이런 일들은 대체로 밤에 일어났고 일 년 반 넘게 그 흔해빠진 '이스라엘 무협지(성경을 가리키는 도둑님들 은어)'마저 주지 않는 데다 접견도 금지, 통방도 금지, 운동도 금지, 금지, 또 금지여서 할 수 없이 낮시간에는 3부로 나누어 시간을 죽였다.

제1부는 아침부터 열두 시까지 '민족통일 문제 구상', 제2부는 열두 시부터 네 시까지 이십대에 《청맥》부탁으로 쓰려다가 중단한 동학혁명 서사시를 구상하고 잊기 쉬운 뼈대들을 나만 아는 암호로 흰 벽 위에 젓가락 갈아 만든 대꼬챙이로 긁어서 표시하는 집필 시간으로, 그리고 제3부는 저

녁밥 먹고 나서 다섯 시부터 취침 때까지 서정시와 현대 한국의 '반골열전反骨列傳'을 머릿속으로 쓰거나, 아니면 추억하거나, 아니면 비판하거나, 아니면 그냥 멍청히 앉아 있거나, 아니면 귀를 기울여 창밖에서 오가는 도둑님들 통방 내용으로 미루어 도둑님들의 삶에 관한 내 스타일의 '율리시즈'를 구상하거나, 아니면 그것도 하지 않거나…… 뭐, 그랬다. 이것들이 나의 근 일 년 반 동안 대강의 일과였다.

260_ 안팎

그러나 그런 지나치게 인간 냄새가 나는 따위들보다 훨씬 훨씬 재미나고 우주생태학적인 일과는 우선 나의 〈양심선언〉 운반자들인 참새·개미·까치 들과 함께 쥐·파리·모기·빈대며 풀·돌·물·연기·구름·흙과 도둑님들 그리고 역사 속의 반골들과 통방하고 통방하고 또 통방하며 슬카장 노는 것이었으니, 한번은 이 일과를 시로 지어 입 속으로 중얼중얼 외위대다가 출옥 이후 술김에 기억해내서 글을 쓴 바 있는데 그 제목이 왈 〈안팎〉이었다.

그러나 말처럼 그렇게 즐거운 것만도 아니었으니 갇힌 사람으로서, 석방의 가능성과 그 시기가 그야말로 '기약할 수 없는' 어쩔 수 없는 유수幽囚의 시절이라 슬픈 감성이고 울적한 사유일 수밖에 어쩔 도리가 없었던 것이다. 그래, 어쩔 도리가!

1
새 속에서 묶인 내가
날으는 새 본다
노을로 타는 새 나 본다
핏발로 타는 내 눈 속에서 노을로 타는
날으는 묶인 새 본다

내가 끝끝내
나팔 소리 울리면 스러져갈
새.

2
참새라면 쥐라면 파리 모기 빈대라면
풀 돌 물 연기 구름이라면
한줌 흙이라면
차라리 아예 태어나지 말았더라면
태어나도 노을진 어느 보리밭 가녘
귀 떨어진 돌부처로 모로 누웠더라면
일그러진 오지 그릇 속
텅 빈 기다림으로나 기다림으로나
거기서 항시 멈췄더라면
차라리
먼저 간 벗
가느다란 그 한 올
머리카락이었더라면.

3
입안에 신침 괴는 날은 틀림없이
귤 넣어주셨고
발 시리다 싶은 날은 어김없이
털양말 넣어주셨다
면회는 한 달에 단 한 번
편지는 써본 일도 받은 일도 없는 긴 세월
내 몸과 당신 몸 바꾸어
어머니는 부처 이루셨나.

4
얘야
괜찮다
교도소 벽돌담 위에 풀꽃님도 피시니 괜찮다
건너편 병식님 계시던 방 창살 사이
가죽나무님도 자라신다 아주 괜찮다
아침엔 참새님 와서 악쓰시고
저녁엔 쥐님 와서 춤추시고
이 빈대 모기 파리 구더기님도 계신다
옆방에 그 옆방에 도둑님들 잔뜩 계시고

황공하옵게도 내 앞엔 간수님도 한 분 계신다
괜찮다
얘야
이만하면 견딜 만하니
염려하지 마라
네 하느님께도
그렇게 말씀 올려라

5
벽 속에 누군가 누워 있는데
거기 내가 누워 있는데
창살 너머 민들레 씨 가득히 날고
마룻장에 깊이 새긴 빈 장기판
밖에서 소리 없이
온종일을 누군가가 걷고 있는데
내 속에 걷고 있는데
내가 그 속에 걷고 있는데.

이 〈안팎〉 속에서 '모로 누운 돌부처'가 나왔다. 모로 누운 돌부처! 모로 누운 돌부처! 부처로되 돌부처요, 누웠으되 모로 누웠으니 열반에 든 부처 같으나 그렇지를 않다. '모'란 '잘못'을 뜻하는 우리말이고 '모나 개'라는 안 좋은 뜻이 '모' 속엔 들어 있으며 또 '개'도 '도'도 못 되는 '모'란 말이다.

　나는 결국 그 고생을 하다 가만 생각해보니 필경 '모로 누운 돌부처'에 불과했다는 뜻이다. 그러나 돌부처임은 틀림없으니, 그 가는 길은 아득한 우주 너머 흰 그늘의 길임이 또한 틀림없으니······.

261_ 소리들

할 말이 있을 것이다.

어떻게 미치지 않고 견뎌냈느냐? 어떻게 죽지 않고 살아 나왔느냐? 그렇게 긴 시간 인간 접촉이 끊어지면 어떻게 사람이 살 수 있단 말이냐? 에잇! 무슨 숨겨둔 얘기가 또 있겠지!

물론 있다. 이제부터 얘기하겠다.

지금도 기억에 남는 사람은 '문화상품권'으로 유명한 김준묵 아우다. 김준묵 아우는 성공할 것이다. 왜냐하면 김준묵 아우는 그때 내가 있는 사방의 아래층에 있었는데, 그렇게 사방팔방이 차단당한(허허허, 내 방 창문만이 아니라 내가 있는 한 사동 전체 모든 방의 창문에 철판을 때려붙여 막아버렸다. 일본 적군파가 주일 한국대사관에 서대문감옥을 습격해서 나를 해방하겠다는 삐라를 뿌린 것에 대한 대응이라 한다. 허허허허허!) 내 귀에 들리라고 일부러 저녁만 되면 매일 일과 삼아서(아아! 그 성의가 놀랍고 놀랍다!) 건너편 사동의 친구를 불러내어 그 무렵 밖에서 일어난 일과 여러 소문, 각오, 생각 들을 죽 하니 큰소리로 연설하듯 늘어놓는다. 나는 가만 앉아서 세상 돌아가는 속내를 다 알게 되는 것이다. 그러나 얼마 안 있어 이것도 들통이 났는지 저녁에 준묵 아우의 목소리가 들리지 않게 되었다.

또 있다. '여호와의 증인'의 '똥퍼 장씨'다. 병역 거부로 들어와 똥 푸는 징역을 살고 있는 장씨가 그쪽으로만 오면 큰소리로 주어, 목적어 등을 애매하게 하고 호칭 없이 내용만 상징적으로 떠들어댄다. 나는 그 방면엔 이미 도사가 되어 앉은 자리에서 다 해석하고 만다. 어찌 세상에 대해 접촉 단절이라고 하랴! 참새와 쥐와 개미까지 협조하는데 만물의 영장인 사람이 어찌 나를 그대로 내팽개쳐 두겠는가?

또 있다. 이름 모를 도둑님들이 악을 악을 쓰면서 나를 욕하는 소리다.

"야! 김지하, 이 개새끼야! 요 며칠 전에 미국의회에서 한국문제 심각하다고 떠들어댄 것도 모르냐, 이 새끼야! 그것도 모르는 게 무슨 빠삐용이야, 이 얼간이 같은 새끼야!"

"야! 이 씨팔놈의 김지하야! 어저께 연대 앞에서 화염병이 사백 개 터진 걸 아냐, 모르냐? 이 더러운 먹물 새끼야!"

이런 식이다.

또 있다. 전라도 조폭의 앞뒤 세 우두머리가 오기준과 조양은과 김태촌인데 난 김태촌은 만난 일이 없고, 오기준과 조양은은, 평소에 삼천리 독보권을 가진 처지에서였겠지만, 바나나 카스테라 같은 맛있는 먹을 것을 잔뜩 들고 와 내 방의 담당교도관에게 다 준다. 그러면 교도관은 혼자 먹기에 양이 너무 많아 나에게 나눠주거나 눈치를 채고는 그냥 내게 넘기곤 한다. 그 중간 중간에 내게 하는 것 같지 않게 잡담하듯 세상 소식을 떠들어댄다. 그래도 전라도랍시고 의리 지키는 거겠지? 그게 아니다. 그 무렵엔 양심선언 때문에 내가 조폭 세계에서 '빠삐용'으로 통하고 있어서다.

또 있다. 내가 '뽕짝' 좋아하는 걸 다 알고 도둑님들이 저녁 통방 시간에 나와 가요경연대회를 여는 것이다. 때론 눈물이 날 때도 있었다. 왜냐하면 노래 직전에 '헌정'을 하는 친구가 있어서다.

"'빠삐용' 형님께 〈돌아와요 부산항에〉를 한 곡조 바칩니다."

구치소 뒤 안산이 다 떠나가게 갈가마귀 소리소리 큰소리로,

꽃피는 동백섬에
봄이 왔건만
형제 떠난 부산항에
갈매기만 슬피 우네
오륙도 돌아가는
연락선마다
목메어 불러봐도
대답 없는 내 형제여
돌아와요 부산항에
그리운 내 형제여!

하도 많이 들어서 입으로 줄줄 외울 정도로 많은 '헌정'을 받았으니 울기도 여러 번이다.

출옥 직후 나를 환영하는 자리에서 내가 그 노래를 불렀더니 그걸 어찌 알았느냐고 모두들 놀랐는데 내가 물어 왈,

"그게 누구 노래지?"

"조용필이야."

"조용필…… 조용필……."

내가 그 무렵 한국방송공사에 있던 한국 최고의 다큐멘터리스트라는 정수웅 형에게 조용필을 만나보고 싶다고 했더니 만나게 해주었다. 여의도의 한 맥주집에서다.

조용필 아우가 처음 만난 내 얼굴을 가만히 바라보더니 왈,

"저는 대중가수예요."

자기를 낮추어 겸손해하는 말이었다.

내가 바로 대답하여 왈,

"나는 대중시인일세."

그러나 내 말은 나를 낮추는 게 아니라 도리어 나를 한없이 높이는 말이었다.

왜 그랬을까? 나는 이른바 대중에게 빚이 너무 많아서였다.

그러나 지금도 이가 갈리고 치가 떨리는 음악이 하나 있으니 감옥 내의 그 끝없는 확성기 소리로 떠들어대던 박정희의 소리 〈나의 조국〉이다.

인용하지 않겠다.

조건반사라 하던가? 하도 많이 들어놓으니 걸레질 하면서도, 걸으면서도 흥얼흥얼 〈나의 조국〉이었다.

그러하매 나는 그 긴 세월 동안 박정희에게 한 마리의 흰쥐였다. 단지 내가 도리어 쥐를, 유신 시대에 저항하지 않고 조금이라도, 심지어 변소에 앉아 '씨팔' 소리 한 번도 없이 조용히 산 사람들보다는 양심선언의 글자 한 자를 운반하던 그 쥐를 도리어 더 낫다고 생각하는 차이가 있을 뿐이다.

아아! 그 어떤 우스꽝스러운 일도, 서글픈 일도 이렇게 세월이 지나면 모두 다 빛바랜 한낱 이야깃거리로밖엔 안 남는 이 시간이라는 이름의 지속이여!

262_성경

성경! 그 '이스라엘 무협지'가 허가되어 들어오는 날 나는 재판이 곧 열리리라는 것을 직감했다. 그래서 읽고 또 읽었다. 강호의 영웅 소식인 듯, 소림사의 무술 연단하듯, 배고픈 놈이 밥 찾듯이, 목마른 놈이 물 찾듯이 그렇게 맛있게 맛있게 성경을 먹고 또 먹었다. 불과 몇 달 안에 세 번, 네 번씩 읽어 주요 부분은 거의 외우다시피 했다. 하기사 읽을 거라곤 달랑 그것뿐이었으니까.

그 결과 이제까지 이 세상에 태어난 인간 가운데에 가장 아름다운 인간이 예수라는 결론에 이르렀고 신약과 구약 자체가 온통 채색화가 되었으며 현묘한 리듬으로 가득 찬 서정서사시가 되었으니, 아마도 인류의 문학사에서 최고의 작품이 아닌가 생각되었다.

나는 또 머릿속으로 김지하식의 '다이제스트 성경'을 구성하였다. 즉 재판정에서 검사와 변호사와 판사, 증인 들이 할 법한 말들을 먼저 나 스스로 각각 대여섯 갈래로 예상하고 거기에 대한 나의 대답을 또한 각각 대여섯 갈래로 요리조리 마련했으니, 그것이 모두 성경에 근거를 둔 것이요, 특히 예언자들의 중요한 예언은 몇 장 몇 절까지도 달달달 외워서 척척 인용할 정도까지 되었다. 어떤 부분은 그 신학적 해석까지도 내 멋대로 해댔으니 성경도 성경이려니와 아무것도 곁에 없는 감옥의 공空, 무無, 허虛야말로 그 결과가 어떻든 간에 무서운 창조자임을 뼈저리게, 사무치게 알 수 있었다.

그리고 밖에서 읽었던 공의회 문헌이나 교황 회칙, 내가 읽은 몇 권 안 되는 신학 책들이 그 의미가 환하게 짐작되고, 그 신비가 투명하게는 아닐지라도 대충은 이해되는 때도 있었다. 더욱이, 물론 초보적이긴 하나, 어떤 부분은 동양적인 지혜와의 융합이 가능하다는 깨달음 비슷한 것도 때론 맛보기까지 하였다. 모두가 한마디로 하면 이른바 '활동하는 무無'의 창조력이었다.

이런 상태에서 재판이 시작되었다. 내 기억에 남아 있는 재판은 한 판의 연구발표였다. 성경과 문헌, 회칙의 인용으로 시작해서 내 나름의 래디컬한 제멋대로의 판단과 해석으로 끝이 나곤 했으니, 이 세상의 창조 중에 죽지 않기 위해서, 막판에 몰려 오직 살고자 행하는 필사의 창조 이상으로 옹통진 것은 없지 않나 싶다.

하기사 재판 전에 나의 옥중수첩 두 권을 가지고도 이미 새로운 민중신학을 구상한 서남동徐南同 선생의 작업도 있었으니, 지금 생각해보면 그 경우의 창조적 배경 역시 민중세력 전체의 죽기살기 판가리싸움에 있었던 것 같다.

재판의 성격은 간단했다. 저쪽은 나를 공산주의자로 낙인찍는 법적인 전투에서 이기는 것이고, 내 쪽은 그 법적 전투에서는 지더라도 박정권을 세계에 고발하는 전쟁에서는 이기는 것이었다.

재판은 꼭 일 년을 끌었다. 판사는 결국 유죄를 선고했으나 선고 직후 법복을 벗어버림으로써 역설적으로 나의 무죄를 입증했다.

그만하면 된 것이다. 박정권의 10월유신 밑에서, 더구나 반공법 아래서 그 이상 무엇을 더 바랄 수 있었으랴!

263_ 재판 소묘

또한 재판은 그 동안 못 뵈었던 여러 벗들과 가족을 접견하는 기회이기도 했다. 법정은 그때 나의 한 우주였다.

진검승부의 절벽 위였지만, 나는 이미 내 목을 떼서 감방에 두고 왔으므로 두려움은 별로 없었다.

불쌍한 사람은 아내. 속을 태워서 얼굴에 기미와 주근깨가 잔뜩 끼어 있었고, 첫날엔 나를 태운 호송차가 법정에 붙어 있는 '비둘기장'을 벗어날 때에 눈물을 흘리는데, 그녀가 예전에 나의 우는 모습을 비유하던 피카소의 〈우는 여인〉처럼 눈물방울이 얼굴 바깥 사방팔방으로 튀어나갔다. 아기의 얼굴은 샛노랬는데, 나중에 들으니 재판이 열릴 때만 되면 아버지 보러 간다고 긴장해서 잠을 못 자곤 했다는 것이다.

어머니와 장모님 얼굴도 수척했다. 또 원주의 벗들과 멀리 사는 근태 숙부의 얼굴도 그리 좋지는 않았다. 그 중에도 감사한 것은 재판마다 방청해서 꼬박꼬박 일어나 내게 절을 하던 화가 방혜자 선배의 고마움이다. 방선배는 옛날 미술학교 데모 때의 동지이기도 했고, 그때의 별명이 '잔 다르크'였는데 내가 결혼 전에 사람을 만나러 다니다 지치고 배고프고 돈 떨어지면 동숭동 문리대 뒤에 있던 선배 댁에 가서 신세를 진 일도 여러 번 있었다.

검사와 판사가 하기 싫은 악역을 억지로 하고 앉아 있는 모습이 역력했다. 다만 변호사들, 그때는 박세경 · 이돈명 · 조준희 · 이세중 · 홍성우 ·

황인철 씨 등 기라성 같은 변호사들이 주르르 포진해서 날카롭고 여유만만한 질문과 당당한 법정 발언으로 기세를 올리고 있었다.

딱한 것은 증인들이었다. 누구보다도 반공법과 국가보안법 위반으로 징역중에 있어 머리를 박박 깎은 손정박 형이 중앙정보부와 검찰의 협박과 압력에 못 이겨 나를 공산주의자로 인정하는 울적한 대답을 했을 때 내가 증인 심문에서 한 말은 다음과 같다.

화가 방혜자 선배 전시회에서 방선배와 함께.

"나는 물론이지만 증인도 역시 공산주의자는 아니라고 생각한다. 무슨 혁명적 공산주의자가 그렇게도 허약한가? 역시 증인은 공산주의자가 아니라 혁명적 공산주의자가 되려고 했던 '사상의 유충幼蟲'에 불과하다. 나 역시 유충이다. 다만 나는 증인보다 좀더 복잡하다. 목표가 공산주의자가 아니고 그 과정에서 공산주의의 어떤 부분을 긍정하는 것뿐이다. 마음과 몸 다 같이 건강하길 바란다."

또 한 증인은 신상초申相楚 씨였다. 그는 유정회維政會 국회의원으로 내 수첩을 감식하여 내가 철저한 공산주의자라고 증언한 사람이다.

그러나 그도 역시 '오적' '비어' 등의 사건 때는 나를 만났을 때 "어느 누구라도 당신을 반공법으로 몰려고 하면 내가 스스로 나서서 변호하겠다"라고 기염을 토하던 인물이다.

내가 수첩의 증거물에서 공산주의적인 것과 반공산주의적인 것을 둘 다 지적하고 이 둘 사이의 관계가 변증법이냐 아니냐를 묻자 그는 명쾌한 대답을 못 하고 자꾸 땀만 씻었다.

내가 대신 대답했다.

"서양에서는 그것을 '옥시모론oxymoron', 즉 모순어법이라 하고 동양에서는 그것을 음양법陰陽法이라 한다. 음양법은 변증법인가?"

확실치는 않다. 이게 그때의 질문인지, 다른 날 다른 사람과 나눈 이야기인지, 하여튼 내 기억으로는 그렇다. 내 신경이 잔뜩 곤두서 있었던 것만은 틀림없다. 여기에도 그이는 대답을 못 했던 것 같다. 하긴 그날이 덥긴 더웠다. 그러나 그이는 땀을 너무 많이 흘리고 있었다. 술 때문이었다.

마지막 증인은 소설가 김승옥 형이었다. 그이는 나를 공산주의자로 보는 건 나를 모르기 때문인데, 4월혁명에서부터 보아야 나를 똑바로 알게 된다고 하면서 문리대 벤치 시절에 있었던 우리들의 그 숱한 낭만적 사건들을 말했다.

나는 웃었다. 그러나 그 웃음은 '우는 웃음'이었으니 '우음'이었다. 너무도 신선해서였다. 마치 봄날의 향기 짙은 라일락이나 여름날의 푸르른 마로니에 밑에 서 있는 듯했으니……

문학평론가 김병익 선배와 소설가 선우휘 선생의 감정서 또한 내게는 고마운 지원이었다.

재판은 '칠 년 징역형'의 선고로 일 년 만에 끝났다. 선고 직전의 세 시간에 걸친 최후진술에서 지금 기억에 남는 것은 단 한마디뿐이다.

"나를 구박하는 자들을 용서해달라. 그 용서의 표시로 이 성탄 주간에 흰 함박눈을 펑펑 쏟아내려 달라"였다. 나머지는 별로 기억에도 없지만 모두 그렇고 그런 소리들이었다.

264_ 공부 1

　재판은 그들의 승리로 돌아갔다. 유죄 판결이었으니까.
　그러나 재판의 정치적 결과는 나의 승리로 돌아왔다. 그 과정 전체가 나의 사상적 모색 과정을 그대로 드러내었으니까.
　책이 들어오기 시작했다. 진정한 내 공부의 시작이었다. 동서양의 수많은 책을 읽었다. 그 길고 긴 시간, 나는 그저 책 읽은 것밖에 한 일이 없는 듯싶다. 지금의 나의 지식은 거의가 그 무렵의 수많은 독서의 결과다. 그러나 일반적인 독서 이외에 내가 참으로 힘을 집중해서 '공부'한 것이 네 가지였으니, 첫째가 생태학 스케치, 둘째가 선불교, 셋째가 테야르 드 샤르댕의 사상, 넷째가 동학이었다.
　첫째의 생태학은 맨 먼저 일반적인 환경생태학부터 들어가 공공경제학을 거쳐 드볼과 세션즈의 심층생태학의 소개서로, 거기서 다시 루돌프 바로와 머레이 북친의 사회생태학 입문서적 방향으로 나아갔다. 생태사회주의니 생태마르크스주의니 기타 이것저것 독일 녹색운동의 새로운 가능성에 대한 전망과 소개도 접하고 녹색당과 페트라 켈리 등에 대해서도 알게 되었다.
　그러나 이 모든 것이 대충의 스케치들일 뿐이었으니 체계적이고 정확한 지식은 훗날 병사病舍로 옮긴 뒤나 출옥 후에 얻었을 것이다. 그럼에도 그 무렵의 사유와 상상력을 급전환시키는 데에는 그 토막토막의 생태학 스케치들이 결정적 촉매 노릇을 하였다.

생태학은 새로운 시대, 새로운 세대의 경전이 되어가고 있었다. 낡아빠진 역학力學이나 사회구성체주의 따위 가지고는 살아 생동하는 생성적 공간과 시간을 인식할 수 없게 되었다. 녹색운동은 새로운 변혁운동의 시발점이었고 생태학은 이 운동의 지침서였다.

그러나 생태학만 가지고서 세계와 삶의 진화를 이해하기에 인간은 너무나도 복잡하고 심오한 것이었으니, 나는 그 생태학 입문에서 자극을 받아 도리어 선禪과 불교에 관한 깊은 내면적 지식과 무의식적 지혜를 갈구하게 되었다. 생태학, 특히 사회생태학이 새로운 사회변혁론의 근거라면 선불교야말로 인간의 영적 깨달음과 영성적 소통의 철학이었다.

나는 《금강경》을 비롯한 여러 경전을 읽었을 뿐만 아니라 그것들을 외우게 되었고, 고승들의 게송과 법어 이백 수 가량을 달달 외우고 있었다.

마음에 거침없는 푸른 하늘이, 가없는 우주의 바람이, 파도치는 드넓은 바다가 문득문득 나타나기 시작했고, 거꾸로 뭇 생명의 생태학적 질병과 오염과 파괴, 죽임에 대한 연민과 자비가 어려운 것이 아닌, 아주 자연스러운 귀결로 다가왔다.

그러나 이것, 텅 빌 정도의 영적인 깊이와 사회생태학적인 것, 즉 파괴의 극복이나 생명과 평화의 새 사회 창조 사이의 관계에 대한 그 어떤 확실한 철학적·과학적 근거도 발견할 수 없다는 것. 여기에 나의 답답함이 있었으니 또한 진정으로 새로운 공부가 필요했다.

265_ 공부 2

그때 마침 내가 기억해낸 것이 함석헌 선생의 옛 권유였다. 영성과 생명, 삶의 안팎을 과학적·신학적으로 함께 이해하자면 테야르 드 샤르댕을 읽는 것이 첩경이라는 그 옛 권유였다.

나는 이효상李孝祥이 번역한 테야르 드 샤르댕 전집을 들여다가 모조리 읽기 시작했다. 그러나 두세 권 이외엔 참으로 엉터리 번역이어서 도무지 무슨 말인지를 알 수 없었다. 그래 주저인 《인간현상》과 다른 책들의 영역본을 영한사전과 함께 들여다 다시 읽기 시작했다. 주저인 《인간현상》을 다 읽는 데에 몇 달이 걸렸는지 알 수 없다. 참으로 어려운 과학서적이었다.

그러나 그 결과 테야르 드 샤르댕은 나에게 이제까지의 모색과 앞으로 나의 사상이 나아갈 길에 참으로 결정적이고 치명적(?)인 방향을 제시해 주었다. 간단히 요약해서 그것은 '우주진화의 삼대 법칙'이다.

첫째 우주진화의 내면에는 의식의 증대가 있고, 둘째 우주진화의 외면에는 복잡화가 있으며, 셋째 군집群集은 개별화한다는 삼대 법칙이었다. 첫째와 둘째는 서로 교호작용을 하는 것이니 우주진화의 외면에서 물질이나 생명의 복잡화가 진행될수록 우주진화의 내면에서 감각이나 의식이나 정신, 영성이 깊어지고 넓어지고 높아지는 것이 진화의 실상이며, 진화는 우선 종種적으로 군집화·전체화하지만, 그것은 결국 개별화하여 종래에는 각각의 특수성과 자유가 실현된다는 것이다.

나는 여기에서 생태학과 선불교 사이의 관계, 외면적 변혁과 내면적 명상의 관계, 그리고 집단과 개체, 필연성과 자유의 관계에 대한 참다운 원리를 보았다. 그러나 첫눈에도 이미 유럽인들의 잘못된 시간관, 선적線的이고 상승주의적인 알파와 오메가의 시간관, 역사주의와 전체주의에 대한 테야르의 높은 해석은 내 평가에서 즉각 배제되었으나, 그때의 감각과 감동에 비하면 그런 비평적 관점은 아무것도 아니었다.

그것을, 그것을 깨달은 날을 무엇으로 비유할까? 발 셋 달린 까마귀, 삼족오가 태양 속에서 날개를 푸드득푸드득 활개치며 날아오르기 시작한다고나 할까? 눈이 시원하게 활짝 열렸다고나 할까?

그 저명한 테야르 드 샤르댕 신부는 제2차 바이칸 공의회 실현의 배후 촉매자임에도 아직껏 가톨릭에서 공식적으로 인정을 못 받고 있다. 왜냐하면 아직도 가톨릭의 우주관은 토마스 아퀴나스의 계층구조적 우주론, 즉 '토미즘'이 지배하고 있기 때문이다. 그리고 가톨릭의 준국가주의적 위계질서는 바로 이 토미즘에 뿌리를 두고 있기 때문이다.

아아, 그러나 그 무엇보다 내가 크게 놀란 것은 어느 날 대낮, 점심을 막 받고 앉은 바로 그 정오에 문득 깨달은 것!

"아니, 이것 동학 아니야!"

그것이었다. 테야르 드 샤르댕 사상의 중핵은 바로 동학사상이었음을 크게 깨우친 것이다.

무엇이 그렇단 말인가? 테야르 드 샤르댕 사상은 매우 복잡하고 치밀하며 구체적이다. 고생물학의 고전이며 최고 최대의 과학적 진화론이기 때문이다. 그것은 가장 간단한 우주진화의 삼대 법칙 위에서 모든 것이 시작되고 모든 것이 귀결된다. 그런데 바로 그 삼대 법칙이 동학사상의 핵심이었다는 말이다.

동학의 핵심은 스물한 자 주문, 그 중에도 앞에 나오는 강령주문降靈呪文을 제치고 열세 자의 본주문本呪文에 있다. 본주문 "시천주 조화정 영세불망 만사지(侍天主 造化定 永世不忘 萬事知)"의 중핵은 또 맨 앞에 있는 '모실 시侍' 한 자에 집중되어 있다.

최수운 자신이 해설해주고 있는 이 '시' 한 글자의 뜻을 알아보자. 우선 한자로 쓰면,

"侍字 內有神靈 外有氣化 一世之人 各知不移者也"이다.

뜻은 이렇다.

'시', 즉 '모심'이라는 것은 안으로 신령이 있고 밖으로 기화가 있으며 한 세상 사람이 서로가 서로에게서 옮겨 떨어질 수 없음을 각각 깨달아 자기 나름대로 각각 실현한다는 뜻이다.

첫째, 안으로 신령이 있고(최수운)

우주진화의 내면에 의식의 증대가 있고(테야르 드 샤르댕),

둘째, 밖으로 기화가 있으며(최수운)

우주진화의 외면에 복잡화가 있으며(테야르 드 샤르댕),

셋째, 한 세상 사람이 서로가 서로에게서 옮겨 떨어질 수 없음을 각각 깨달아 자기 나름대로 실현하며(최수운)

군집은 반드시 개별화한다.(테야르 드 샤르댕)

세번째 진화법칙은 도리어 동학이 테야르 드 샤르댕보다 더 첨단적이고 도리어 최근의 진화론에 더 가깝다. 왜냐하면 종種이나 군집을 개체보다 먼저 세우는 테야르 드 샤르댕식의 발생학을 비판하고, 오히려 개체가 먼저 발생하되 그 개체의 내부에 있는 자율적인 전체성에 따라 개체들이 자기 나름의 전체, 자기 나름의 군집, 자기 나름의 종을 실현한다고 주장하는 자유의 진화론, 자기 선택과 자기 조직화의 진화론이 훨씬 더 과학적이고 선진적인 까닭이다.

내 안에서 내 생각의 파도가 내 생각의 주체로 한없이 하얗게 하얗게 밀려오고 있었다.

테야르 드 샤르댕은 지금으로부터 꼭 오만 년 전에 직립사유인(호모 사피엔스 에렉투스), 즉 똑바로 서서 걷고 의식하고 감각하며 사유하는 인간들 중에서 생각하는 것을 생각하는 인간, 즉 사유를 사유하는 반성적 인간(호모 사피엔스 사피엔스)이 출현하여 언어가 생기고 문명이 시작되었다고 고생물학적·고고학적으로 증명하였다.

그런데 최수운은 현생 인류가 나타난 것, 즉 최초의 개벽이 오만 년 전이라 못박고, 다시 오만 년이 된 지금에 와서 신인합일적神人合一的 신인간, 즉 '신인神人'이 개벽, 즉 후천개벽한다고 했다. 테야르 드 샤르댕과 최수운 둘 다 똑같이 현금과 같은 인류의 탄생이 오만 년 전이라고 본 것이다.

파도는 또 왔다.

테야르 드 샤르댕은 바로 그 '호모 사피엔스 사피엔스'가 '호모 사피엔스 에렉투스'의 한복판에서 태어나는 사건, 즉 가시적인 외모는 전부 호모 사피엔스 에렉투스인데 비가시적인 내면의 뇌세포 속에서 자의식이, 그 극히 일부의 뇌세포 속에서 반성의식反省意識이 마치 별 뜨듯, 꽃봉오리 열리듯 반짝 하고 열리는 그 순간을 내면과 외면 양측에서 동시에 파악하는 논리가 바로 '아니다, 그렇다' 'No, Yes'의 생명논리임을 주장하고 또 그렇게 적용하여 그것을 증명한다. 이것은 생명철학의 절정인 베르그송과 현대 생물학의 고전인 그레고리 베이트슨, 그리고 가시적 차원과 비가시적 차원 사이의 인식에서 사용되는 '그렇다'와 '아니다'의 동시어법으로 귀결되는 데이비드 봄의 물리학에 두루 공통되는 생명논리인바, 최수운의 글 '不然其然(아니다, 그렇다)'의 진화론법 안에 그대로 드러나 있다. 아마도 이것은 들뢰즈, 가타리와 미셸 세르에까지 이어질 듯하다.

파도는 또다시 밀려온다.

열세 자 주문의 제2단계인 "조화에 일치하여 마음을 정한다(造化定)"는 노장과 선불교를 통합한 논리이며 도가道家의 '무위정치無爲政治' 또는 간역艮易에서 '십오일언十五一言'과 '십일일언十一一言'으로 표현하는 고대정치와 선정禪定의 자유를 결합한다.

마지막 단계의 "만 가지 사실을 안다(萬事知)"의 만사는 '수의 많음〔多〕'을 뜻하는 것으로 복희와 문왕의 역리易理의 비밀을 깨닫는《주역》의 간이簡易를 말하고 있고, 나아가 이십 년 뒤에 나오는 연산連山, 즉 지금의 논산論山 띠울마을의 김일부의《정역》을 예언하고 있다. 마지막의 '앎〔知〕'은 "스스로 노력해 앎(知其道)"과 동시에 "그 앎을 계시받음(受知其)"이라 하여《정역》팔괘가 열심의 독공(篤工, 김일부의 학문)과 눈앞 허공에 오 년 동안 나타나는 팔괘계시八卦啓示를 통합하는 내용이 되는 것이다. 이것은 《주역》 《정역》과 합해 새로운 선후천先後天의 세계역世界易의 출현을 말하고 있고, 동이의 풍류선도 또는 그리스도교적 깨달음의 핵심인 신비주의에 그대로 적합한 것이었다.

본디 우리의 풍류선도는 유불선 삼교를 아울러 가지면서〔包含三敎〕 동시에 뭇 생명을 사랑하여 진화시키는〔接化群生〕 생명의 철학이요, 생명의 사상이다.

이것이 다만 고색창연한 최치원의 주장인 줄만 알았던 내게 가장 구체적이고 현대적인 과학적 논법과 증명을 통해 나타났으니, 오호라! 나는 이미 그 파도에 풍덩실 뛰어들고 하늘에서 헤엄을 치고 논 것이었다.

나는 그때부터 며칠 동안 반은 정신이 나간 채로 살았다. 밥도 먹는 둥 마는 둥 하고 머릿속은 온통 '侍' 한 자로 꽉 차버렸다. 그리스도교적으로 말하면 '시'는 사랑이다. 그러나 '시'는 그 말 자체로서 이미 사랑보다 훨씬 더 풍요하고 올바른 범주이니 높이는 사랑이요, 섬기는 사랑이기 때문이다. 그것은 언제나 경건한 사랑 '모심'이기 때문이다. 그리고 '모심'이야말로 삶, 사람, 살림, 생존, 동양식의 생생화화生生化化와 서양식의 진화의 핵심인 것이다.

나는 머지않아 가톨릭 교회가 테야르 드 샤르댕을 공식 인정하고 동양사상과의 역동적인 통합을 통해 '동학화'하리라고 믿었다. 그리고 그렇다면 우선 내 민족과 동양의 오래고도 새로운 지혜의 보석인 동학부터 나 자신의 '모심'의 대상이 되어야 했다.

어느 빛 밝은 아침, 뻘겋게 녹슨 창살 사이에 흰 햇빛이 오묘한 느낌으로 비끼는 것을 바라보며 내 넋이 이미 서학과 동학을 탁월한 과학적 새 차원에서 통전하되 동학 쪽에 시중적時中的인 중심이 더 가 있는 '기우뚱한 균형'을 실현하고 있음을 발견하고 스스로 깜짝 놀랐다.

그날 이후 나 자신이 천도교가 아닌 원동학原東學, 내 증조부와 조부의 그 옛 동학에 돌아가 있음을, 아니 테야르 드 샤르댕의 고생물학과 최신 진화론의 과학, 서양 과학과 동양 역학의 새로운 창조적 통합, 그리고 사회생태학과 선불교를 아우른 신동학新東學으로 나아가고 있음을 놀라서, 놀라서 바라보며 몇낮 몇밤을 흥분 속에서 보냈는지 모른다. 나는 이론적으로는 이미 다시 태어난 것이다. 그것이 바로 '모심의 철학'이었다.

나는 지금도 가톨릭에 감사하는 마음을 갖고 있다. 내가 그대로 가톨릭에 머물렀으면 아마도 지금쯤 유명짜한 원로가 돼 있을 것이다. 그러나 나는 지금의 백면白面 그대로가 더 좋다. 나는 끊임없이 탐구하는 나그네인 까닭이다. 그래서 '선생님'이란 거북한 호칭보다 '형님'이라는 정겨운 호칭이 훨씬 마음에 든다.

어느 날 나는 지주교님에게 솔직히 말씀드렸다.

"저는 이제 고향으로 돌아갑니다."

"어디? 목포 말이야?"

"아니오. 동학입니다."

"천도교 말이야?"

"아니오. 내 마음속의 원동학입니다."

"좋아서?"

"네."

"그럼 그러지 뭐! 자네가 헛소리할 사람이 아니지. 오죽 생각했겠나?"

266_ 벽면증 壁面症

나는 본디 조금 웃기는 사람이다. 더욱이 내가 태어나고 자라난 전라도란 데는 청승이 심한 만큼 해학도 일상화된 곳이다. 답답하고 우울할 때는 우스꽝스러운 일들을 기억해내고 혼자서 벙글거리며 웃곤 한다. 낄낄대며 몇 년, 킬킬거리며 몇 년이었다. 그러나 그것도 한계에 이르렀던가?

어느 날 대낮에 갑자기 네 벽이 좁혀들어오고 천장이 자꾸 내려오며 가슴이 꽉 막힌 듯 답답해서 꽥 소리 지르고 싶은 심한 충동에 사로잡혔다. 아무리 고개를 흔들어봐도 허벅지를 꼬집어봐도 마찬가지였다. 몸부림, 몸부림을 치고 싶은 것이었다. 큰일이었다.

내 등뒤 위쪽에는 텔레비전 모니터가 붙어 있어 중앙정보부와 보안과에서 나의 일거수 일투족을 스물네 시간 내내 다 지켜보고 있으니, 조금만 이상한 행동이나 못 견디겠다는 흉내라도 냈다 하면 곧바로 소위 '구월산'과 '면도날'이 득달같이 달려와 꼬드겼다.

"김선생! 이제 그만하고 나가시지! 각서 하나만 쓰면 되는 걸 뭘 그리 고집일까?"

그럴 수는 없는 일이었다. 무슨 결말이 나든 결말이 나야만 나의 태도에 전환이 있을 수 있는 것이었다. 그러니 이거 큰일 아닌가!

참으로 이런 경우를 두고 '뜨거운 양철지붕 위의 고양이'라고 부르는 것이겠다. 그나마 천만다행인 것은 그 증세가 네댓새 간격을 두고 주기적으로 온다는 점이었다. 그 고비만 잘 넘기면 네댓새는 또 괜찮았다. 그러나 근본적으로 무슨 방도를 내야지, 이것 참 큰일났다 싶어 매일 궁리를 해봤으나 별 뾰족한 수가 없었다.

그런데…….

마침 봄이었다. 아침나절 쇠창살 사이로 투명한 햇살이 비쳐들 때 밖에서 날아 들어온 새하얀 민들레 꽃씨들이 그 햇살에 눈부시게 반짝이며 하늘하늘 춤추었다. 그것.

그리고 또 쇠창살과 시멘트 받침 사이가 빗발에 홈이 패어 그 홈에 흙먼지가 날아와 쌓이고 거기에 멀리서 풀씨가 날아와 앉은 뒤 또 비가 오면 그 빗방울을 빨아들여 무럭무럭 자라나니, 그것을 일러 '개가죽나무'라 한다. 그것, 그 개가죽나무가 그날따라 유난히 푸르고 키가 크고 신기하기까지 했다.

그날, 운동을 나갔다가 붉은 벽돌담 위에서 무엇인가를 발견했다. 담 위에 점점점점점, 무슨 점들이 찍혀 있어 눈살을 모으고 자세히 보니 풀들이었는데, 하이고! 그 꼴에 풀마다 쬐끄맣고 노오란 꽃망울을 하나도 빠짐없이 다 달고 있는 게 아닌가!

눈이 아프고 속이 울렁거리기 시작했다. 감방에 돌아와 앉자마자 울기 시작해서 두세 시간은 족히 울었을 것이다. 우는 동안 내내 허공에서 '생명! 생명! 생명!' 하는 에코가 들려왔다.

생명!

그렇다. 저런 미물들도 생명이매 '무소부재無所不在'라! 못 가는 곳 없고 없는 데가 없으며 봄이 되어서는 자라고 꽃까지 피우는데, 하물며 고등생명인 인간이 벽돌담과 시멘트 벽 하나의 안팎을 초월 못해서 쪼잔하게 발만 동동 구른대서야 말이 되는가?

생명의 이치를 깨닫고 몸에 익힌다면 감옥 속이 곧 감옥 바같이요, 여기가 바로 친구들과 가족이 있는 저기가 아니던가!

눈물 속에 아롱대는 시뻘건 철창을 물끄러미 바라보며 나는 드디어 결단을 내렸다.

참선이 가장 좋은 '생명연습'이다. 참선 책을 들여다보자!

이리해서 들여온 책들을 통해 참선하는 방법을 익히기 시작했고, 그 무렵에 채워넣기 시작한 몇 방 건너 같은 사동에 옛날 청담靑潭 큰스님의 수좌首座를 하던 한 사람이 들어와 있어 그이와 어거지 통방을 하여 몇 가지 꼭 알아야 할 참선 방법을 얻어듣고 난 뒤에 마침내 어느 날 방바닥에 퍼질러 앉아 가부좌를 꽉 틀었다.

하루 사등식四等食 한 덩이와 물 두 컵만 들면서 종일 정좌하고 잘 때도 가부좌를 튼 채로 잠이 들었다.

267_ 백 일

아아! 인간의 내면이란 도대체 그 얼마나 복잡한 것인가!

참선하기 이전에는 인간에 대해 거의 아무것도 몰랐다고 말할 수밖에 없다. 한 사흘 동안 앞이 컴컴한 어둠이 계속되다가 한 나흘은 새하얗게 눈부신 햇살 아래 흰 갈대밭이 나타나고, 한 닷새 시커먼 시궁창 속에 있다가는 한 엿새 새푸른 하늘가에서 흰 종이학을 날리곤 했다. 빛과 어둠이, 육욕과 증오가, 그리움과 혐오감이, 이승과 저승이 그렇게 서로서로 반대되고 모순되는 것들이 차례로 뒤집히거나 아니면 한꺼번에 뒤섞여 대립하거나 혼재하는 거였다. 거뭇거뭇하면서도 새하얀, 아득한 우주의 먼길이 다시 보였다. 아! 그리고 바로 내 뒤에 있는 문짝 밖에서 나를 감시하고 있는 교도관의 온몸에 구멍이 숭숭 뚫려 그 구멍에서 누우런 고름이 질질 새거나 아니면 그 구멍으로 새된 소리를 내며 건조한 바람이 마구 꿰뚫고 지나가거나, 이상하고 기괴한 형상들이 어떤 의미를 짓거나 그랬다가 육각의 눈 결정체로 바뀌었다 다시 무지개로 해소되거나 했다.

그러다가 문득 아무것도 없는 허공이 며칠씩 계속되며 삶의 어떤 비밀 같은 것이 나타나기도 하고 웬 숫자 같고 부호 같은 것들이 보이기도 했다. 한번은 문학 하는 한 친지의 얼굴이 똑 고아 같은 쓸쓸한 표정을 하고 '죽음'이라는 형상으로 나타났다가 일주일 만에 스러지기도 하고, 한 날은 밤에 취침 나팔 소리가 꽥 하고 크게 울리자 갑자기 머리 위쪽을 날카로운 독수리 발톱이 콱 움켜쥐고 펄쩍 날아올라 내 몸이 벌떡 따라 일어섰다가 쿵 하며 나가떨어진 일도 있었다.

그렇게 백 일이 갔다.

그 사이 가족과 변호사들이 번갈아 와서 밥을 먹으라고, 긴 과정이니 몸에 충실해야 한다고 그렇게들 걱정했으나 내겐 통하지 않았다.

나는 어느 날 가족 접견 전에 흰 벽 위에서 측근 부하 하나가 박정희에게 총질하는 형상을 보았다. 그 직후 접견을 하는데 어머니가 가톨릭의 전주교구 시위 때에 생긴 일을 몹시 흥분해서 말씀하셨다. 경찰관들이 수녀의 두건을 마구 벗기고 목을 잡아 끌고 갔다는 거였다. 수녀에게 두건은 정조와 같은 것이다.

이 얘기에 순간적으로 화가 치민 나는 가족들에게 박정희가 총 맞아 죽더라고 말해버렸다. 그때 교도관 복장을 하고 입회했던 정보부원이 서둘러 나를 떼밀고 사방 안으로 들어와 접견이 중단되었다.

또 하루는 이젠 고인이 된 황인철 변호사가 접견할 때 무엇인가 심각한 표정으로 무슨 말을 할 듯 할 듯하다가 결국은 못 하고 못내 아쉬워하고 서글픈 얼굴로 돌아간 일이 있었다. 그 접견에서 돌아올 때 복도에서 마주친 유명한 '꼴통(구치소에서도 말 안 듣고 사고 내기로 유명한 반항자)' 하나가 나더러 소리쳤다.

"부산 마산 왕창 와장창창창! 돌멩이 화염병이 쑴쑴쑴! 총알이 빠방 빵빵빵!"

알았다. 그만하면 알아들었다. 폭동이다! 민중 반란이다!

방에 돌아오니 밖에서 웬 도둑님들끼리 통방하는 소리가 들렸다. 나더러 들으라고 하는 거였다.

"부산, 마산에서 경찰서를 때려부수고 불을 싸질렀대!"

아항! 알았다.

그러면 그러면 황변호사의 얼굴은……?

그렇다. 무엇인가 각오를 해야 한다. 내겐 참선밖에 없다. 죽더라도, 죽임을 당하더라도 웃으며 죽을 수 있는 길은 참선밖에 없다.

나중에야 안 일이지만, 그 무렵 청와대 경호실장 차지철이는 반정부 인사 천여 명의 총살 리스트를 만들고 있었다고 한다. 원주의 장선생님은 경찰청에서 그 리스트 작성에 참가한 경무관이던 한 중학 동창생에게서 "김지하는 포기하게"란 말을 듣고 매일같이 산에 올라 사흘 동안을 울면서 울면서 〈아침이슬〉을 부르셨다고 한다.

그렇게 백일이 갔다.

다른 건 다 잊었어도 날짜 가는 것만은 속으로 꼬박꼬박 세고 있었다. 꼭 백 일째 되는 날이었다. 맑고 밝은 가을날이었다.

268_ 독재자의 죽음

그날.

시월 이십몇 일이던가? 그게 바로 10 · 26 직후였다. 점심 무렵 구치소 소내 방송에서 웬 낯선 목소리가 웬 낯선 소리를 되풀이하고 있었다. 나는 역시 좌선중이었다.

"고 대통령께서…… 고 박대통령께서…… 고인께서……."

도대체 저것이 무슨 소리일까?

'고'라니? '고'라니? '고'라니?

'고'가 무슨 뜻일까?

나는 서서히 일어나 문으로 가서 문짝에 바짝 몸을 붙인 채(위에 있는 텔레비전 모니터의 시계視界에서 벗어나기 위해 문짝에 몸을 바짝 붙이는 게 나의 버릇이 되었다) 교도관에게 물었다.

"저게 무슨 소리요?"

교도관이 사방을 둘러보더니 오른손으로 자기 목을 탁 끊는 시늉을 하며 말했다.

"탁!"

또다시 끊는 시늉을 하며 말했다.

"탁!"

"에엥? 누가?"

교도관은 오른손 엄지를 높이 세웠다.

"엇! 박정희가?"

교도관은 오른손을 얼른 입에 갖다댔다.

"쉬잇!"

나는 아주 낮은 소리로 또 물었다.

"누가? 응, 누가 그랬어?"

교도관은 입을 꽉 다문 채 아무 말도 하지 않았다. 모르는 것 같았다. 박정희가 죽은 것만은 분명하다. 그것도 누구에겐가 시해당한 것이다.

그때였다. 내 속에서, 내 속 저 밑바닥에서 꼭 허공 중에 애드벌룬 떠오르듯이 그렇게 세 마디 말이 줄지어 떠오르는 것이었다.

"인생무상."

첫번째 마디였다.

"안녕히 가십시오."

두번째 마디였다.

"나도 곧 뒤따라가리다."

세번째 마디였다.

훗날 참선 잘하는 스님에게 물어봤더니 참선을 하면 그렇게 된다는 거였으니, 꼭 무슨 물체처럼 말이 밑에서부터 올라온다는 것이다.

이래서 감옥 밖의 여러 입들이 말했을 것이다.

"김지하가 박정희 죽으라고 백일기도 했구먼!"

아니다. 나는 그렇게 독한 사람은 못 된다.

그러나 가만히 생각해보니 내가 '용서'를 한 건 결코 아니었다. 그와 나 간에 언젠가는 모두 다 떠나야 할 그 '무상함'을 깨달은 것뿐이었다.

'무상'을 깨우쳤으니 '해탈'한 것 아닌가! 원, 저런, 쯧쯧쯧! 급히 먹다 체하겠다.

그날 저녁 박세경 변호사님이 접견 왔다.

"내일은 나갈 거요. 준비해둬요."

나는 믿을 수 없었다. 역시!

그 이튿날 다른 변호사님이 오셨다.

"한 사나흘 안엔 나갈 거요."

나는 안 믿었다. 역시!

잘 아는 교도관이 들렀다.

"한 일주일 안엔 나갈 거요."

생각하지 않았다. 역시!

그러나 참선은 그것으로 파장이었다.

그리고 또 얼마 안 있어 있기에 편하다는 병사로 나를 옮겨주었다.

아아! 나는 당분간 못 나가는구나!

포기했다. 포기하고 밥 잘 먹고 똥 잘 싸고 운동 열심히 하기로 했다.

겨울이 오고 있었다.

십이월이었다.